中等职业教育课程改革国家规划新教材配套用书

U0854196

数学

SHUXUE

（拓展模块）

主　　编／付　勇
副 主 编／李昌春　朱忠川　郑常秀
　　　　　彭克普
主　　审／黄　平
编写人员／刘祥英　刘静洵　刘文玲
　　　　　彭　菊　杨　柳　段　丹
　　　　　孙　殷　张复文　蔡忠红
　　　　　何红军　朱　健　帅培清
　　　　　罗　平

北京师范大学出版集团
BEIJING NORMAL UNIVERSITY PUBLISHING GROUP
北京师范大学出版社

图书在版编目（CIP）数据

中职数学：拓展模块/付勇主编．—北京：北京师范大学出版社，2010.12（2021.7 重印）
（中等职业教育课程改革国家规划新教材配套用书）

ISBN 978-7-303-11915-8

Ⅰ.中…　Ⅱ.付…　Ⅲ.数学课-专业学校-教材
Ⅳ. G634.601

中国版本图书馆 CIP 数据核字（2010）第 241645 号

出版发行：北京师范大学出版社 www.bnup.com
北京市西城区新街口外大街 12－3 号
邮政编码：100088
印　　刷：天津旭非印刷有限公司
经　　销：全国新华书店
开　　本：787 mm×1092 mm　1/16
印　　张：17.75
字　　数：265 千字
版　　次：2010 年 12 月第 1 版
印　　次：2021 年 7 月第 18 次印刷
定　　价：28.00 元

策划编辑：庞海龙　　　责任编辑：红十月工作室
责任校对：李　菡　　　责任印制：陈　涛

编者寄语

亲爱的同学们，欢迎大家使用中等职业教育课程改革国家规划新教材《数学》（拓展模块）教科书。

本教材由北京师范大学出版社出版，是专门为重庆地区升学考试或继续深造的中职学生设计的，教学内容包含“拓展知识”和“综合复习”两大板块。“拓展知识”板块包含依据2009年教育部新颁布的中等职业教育数学教学大纲编写的“三角公式及应用”“圆锥曲线”“排列与组合”三个章节，其编排形式与基础模块保持一致，设有【知识回顾】、【想一想】、【习题】、【数学园地】、【复习与小结】、【复习题】等栏目，图文并茂、别具特色。“综合复习”板块包含依据重庆市高职单独招生考试大纲编写的“代数知识”“三角函数”“向量”“平面解析几何”四个章节。每个章节都设有【知识结构】、【考点分析】、【知识回顾】、【典例剖析】、【基础训练】、【综合训练】、【拓展训练】等栏目，框架一目了然，知识目标精确，内容深入浅出，例题纵横贯通，训练层次分明。整本书的内容贴近地区考试实际，贴近师生教学实际，贴近职业生活实际，满足学生个性发展和继续学习的需要。

教材第一章由刘祥英编写，第二章由付勇、彭菊编写，第三章由杨柳、帅培清编写，第四章由李昌春、段丹、孙殷编写，第五章由郑常秀、何红军、朱健、罗放梅编写，第六章由彭克普、张复文、蔡忠红编写，第七章由朱忠川、刘静洵、刘文玲编写，主审黄平。由于时间紧迫，难免有错误之处，敬请提出宝贵意见。

编写组

目录

拓展知识

综合复习

第五章　三角函数

第六章　平面解析几何

附　　录

拓展知识

三角公式及应用

解放碑是重庆的标志建筑物之一，是重庆旅游的一张名片，位于重庆市渝中区商业区中心部位，民族路、民权路、邹容路交会的十字路口处．碑顶设时钟、方向标志和风速风向仪．该碑最初兴建于 1940 年 3 月 12 日孙中山逝世纪念日，于 1941 年年底落成，命名为“精神堡垒”以激励中华民众奋力抗争以取得胜利，抗战胜利后改名为“抗战胜利纪功碑”．1950 年由刘伯承改题“重庆人民解放纪念碑”．一位导游在解放碑前给游客提出这样一个问题：手中工具只有皮尺和经纬仪，如何测量碑高？如果学习了正弦定理，这个问题就会迎刃而解．

本章我们将在前面学习三角函数知识后重点介绍三角函数的和角、倍角公式，解三角形等内容．三角公式在工程测量、航海、天体运行等方面有着广泛应用，是重要的数学计算工具．

§1.1 和（差）角公式

1.1.1 两角和与差的余弦

知识回顾

向量内积的计算公式

已知 $\boldsymbol{a}=(a_1, a_2)$， $\boldsymbol{b}=(b_1, b_2)$，则有

$$\boldsymbol{a}\cdot\boldsymbol{b}=|\boldsymbol{a}|\,|\boldsymbol{b}|\cos\langle\boldsymbol{a}, \boldsymbol{b}\rangle,$$

$$\boldsymbol{a}\cdot\boldsymbol{b}=a_1b_1+a_2b_2.$$

观察思考

下列两个式子是否成立？

$$\cos(\alpha-\beta)=\cos\alpha-\cos\beta;$$

$$\cos(\alpha-\beta)=\cos\alpha\cos\beta.$$

我们取特殊值 $\alpha=\frac{5\pi}{6}$，$\beta=\frac{\pi}{6}$，则

$$\cos\left(\frac{5\pi}{6}-\frac{\pi}{6}\right)=\cos\frac{2\pi}{3}=-\frac{1}{2},$$

$$\cos\frac{5\pi}{6}-\cos\frac{\pi}{6}=-\sqrt{3},$$

$$\cos\frac{5\pi}{6}\cos\frac{\pi}{6}=-\frac{3}{4}.$$

因此 $\cos(\alpha-\beta)\neq\cos\alpha-\cos\beta$，$\cos(\alpha-\beta)\neq\cos\alpha\cos\beta$.

事实上，关于 $\cos(\alpha+\beta)$ 怎样用 α，β 的三角函数来表示，我们有下面的重要公式

$$\cos(\alpha-\beta)=\cos\alpha\cos\beta+\sin\alpha\sin\beta.$$

证明 由于正弦函数和余弦函数的最小正周期都是 2π，所以我们只需讨论 $0\leqslant\alpha$，$\beta\leqslant2\pi$ 的情形

在直角坐标系 Oxy 中，作单位圆，它与 x 轴的正半轴相交于点 M，以射线 OM 为始边作角 α，它的终边与单位圆交于点 A，以射线 OM 为始边作角 β，它的终边与单位圆交于 B，如图 1-1 所示.

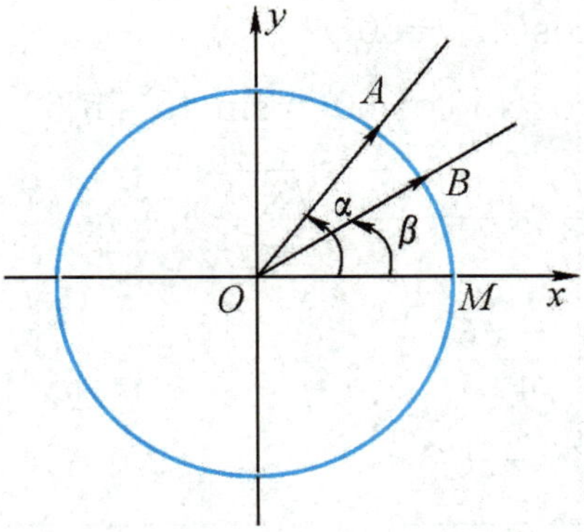

图 1-1

则有 $A(\cos\alpha, \sin\alpha)$，$B(\cos\beta, \sin\beta)$，也有

$$\overrightarrow{OA}=(\cos\alpha, \sin\alpha),\quad \overrightarrow{OB}=(\cos\beta, \sin\beta),$$

且 $|\overrightarrow{OA}|=1$，$|\overrightarrow{OB}|=1$，$\langle\overrightarrow{OA}, \overrightarrow{OB}\rangle=\alpha-\beta$，所以

$$\overrightarrow{OA}\cdot\overrightarrow{OB}=\cos\alpha\cos\beta+\sin\alpha\sin\beta,$$

$$\overrightarrow{OA}\cdot\overrightarrow{OB}=|\overrightarrow{OA}|\times|\overrightarrow{OB}|\times\cos\langle\overrightarrow{OA}, \overrightarrow{OB}\rangle=\cos(\alpha-\beta),$$

即

$$\cos(\alpha-\beta)=\cos\alpha\cos\beta+\sin\alpha\sin\beta. \tag{1.1}$$

利用周期性可以得出，这个公式对于任意角 α，β 都成立. 公式（1.1）叫**两角差的余弦公式**.

想一想

在公式（1.1）中用 $-\beta$ 代 β，会有什么结果呢？

通过思考不难发现，在公式（1.1）中用 $-\beta$ 代 β，就得到

$$\cos(\alpha+\beta)=\cos\alpha\cos\beta-\sin\alpha\sin\beta. \tag{1.2}$$

此公式即为**两角和的余弦公式**.

合作交流

观察等式两边函数名和符号的特点，有什么好的方法记忆公式吗？并与同学交流.

例 1 不用计算器，求下列各式的值：

(1) $\cos 105°$；　　(2) $\cos 15°$.

解 (1)$\cos 105^\circ=\cos(45^\circ+60^\circ)$

$$=\cos 45^\circ\cos 60^\circ-\sin 45^\circ\sin 60^\circ$$

$$=\frac{\sqrt{2}}{2}\times\frac{1}{2}-\frac{\sqrt{2}}{2}\times\frac{\sqrt{3}}{2}$$

$$=\frac{\sqrt{2}-\sqrt{6}}{4};$$

(2) $\cos 15^\circ=\cos(45^\circ-30^\circ)$

$$=\cos 45^\circ\cos 30^\circ+\sin 45^\circ\sin 30^\circ$$

$$=\frac{\sqrt{2}}{2}\times\frac{\sqrt{3}}{2}+\frac{\sqrt{2}}{2}\times\frac{1}{2}$$

$$=\frac{\sqrt{6}+\sqrt{2}}{4}.$$

想一想

将15°，75°，105°，165°如何写成特殊角的和与差？

例 2 已知 $\cos\alpha=-\frac{3}{5}$，$\alpha\in\left(\frac{\pi}{2},\ \pi\right)$，求 $\cos\left(\frac{\pi}{6}-\alpha\right)$，$\cos\left(\frac{\pi}{6}+\alpha\right)$.

解 因为 $\cos\alpha=-\frac{3}{5}$，$\alpha\in\left(\frac{\pi}{2},\ \pi\right)$，所以

$$\sin\alpha=\sqrt{1-\cos^2\alpha}=\sqrt{1-\left(-\frac{3}{5}\right)^2}=\frac{4}{5},$$

$$\cos\left(\frac{\pi}{6}-\alpha\right)=\cos\frac{\pi}{6}\cos\alpha+\sin\frac{\pi}{6}\sin\alpha$$

$$=\frac{\sqrt{3}}{2}\times\left(-\frac{3}{5}\right)+\frac{1}{2}\times\frac{4}{5}$$

$$=-\frac{3\sqrt{3}-4}{10},$$

$$\cos\left(\frac{\pi}{6}+\alpha\right)=\cos\frac{\pi}{6}\cos\alpha-\sin\frac{\pi}{6}\sin\alpha$$

$$=\frac{\sqrt{3}}{2}\times\left(-\frac{3}{5}\right)-\frac{1}{2}\times\frac{4}{5}$$

$$=-\frac{3\sqrt{3}+4}{10}.$$

例 3 证明：对任意角 α，有

$$\cos\left(\frac{\pi}{2}-\alpha\right)=\sin\alpha; \tag{1.3}$$

$$\sin\left(\frac{\pi}{2}-\alpha\right)=\cos\alpha. \tag{1.4}$$

证明 $\cos\left(\frac{\pi}{2}-\alpha\right)=\cos\frac{\pi}{2}\cos\alpha+\sin\frac{\pi}{2}\sin\alpha$

$$=0\times\cos\alpha+1\times\sin\alpha=\sin\alpha.$$

在（1.3）式中，α 用$\left(\frac{\pi}{2}-\alpha\right)$代替，得

$$\sin\left(\frac{\pi}{2}-\alpha\right)=\cos\left[\frac{\pi}{2}-\left(\frac{\pi}{2}-\alpha\right)\right]=\cos\alpha.$$

练习

1. 不查表，求值：

（1）$\cos(-165°)$；　　（2）$\cos\frac{5\pi}{12}$；

（3）$\cos80°\cos20°+\sin80°\sin20°$；

（4）$\cos17°\cos13°-\sin17°\sin13°$.

2. 已知 $\cos\alpha=\frac{4}{5}$，$\alpha\in\left[\frac{3\pi}{2},2\pi\right]$，求 $\cos\left(\frac{\pi}{3}+\alpha\right)$，$\cos\left(\frac{\pi}{3}-\alpha\right)$的值.

3. 已知 $\cos\alpha=\frac{3}{5}$，$\alpha\in\left(0,\frac{\pi}{2}\right)$，$\sin\beta=-\frac{5}{13}$，$\beta\in\left[\frac{3\pi}{2},2\pi\right]$.
求 $\cos(\alpha+\beta)$，$\cos(\alpha-\beta)$.

1.1.2 两角和与差的正弦

下面我们根据已学知识来推导两角和的正弦公式.

根据公式（1.3），公式（1.1）及公式（1.4），得

$$\sin(\alpha+\beta)=\cos\left[\frac{\pi}{2}-(\alpha+\beta)\right]=\cos\left[\left(\frac{\pi}{2}-\alpha\right)-\beta\right]$$

$$=\cos\left(\frac{\pi}{2}-\alpha\right)\cos\beta+\sin\left(\frac{\pi}{2}-\alpha\right)\sin\beta$$

$$=\sin\alpha\cos\beta+\cos\alpha\sin\beta,$$

因此，对于任意角 α，β 有下式成立：

$$\sin(\alpha+\beta)=\sin\alpha\cos\beta+\cos\alpha\sin\beta. \tag{1.5}$$

公式（1.5）称为**两角和的正弦公式**.

把公式（1.5）中的 β 用 $-\beta$ 代替，得

$$\begin{aligned}\sin(\alpha-\beta)&=\sin\alpha\cos(-\beta)+\cos\alpha\sin(-\beta)\\&=\sin\alpha\cos\beta-\cos\alpha\sin\beta,\end{aligned}$$

因此，对于任意角 α、β 有下式成立：

$$\sin(\alpha-\beta)=\sin\alpha\cos\beta-\cos\alpha\sin\beta. \tag{1.6}$$

公式（1.6）称为**两角差的正弦公式**.

合作交流

观察等式两边函数名和符号的特点，有什么好的方法记忆公式吗？并与同学交流.

例 4 不用计算器，求下列各式的值：

（1）$\sin 15°$；（2）$\sin\dfrac{5\pi}{12}$.

解 （1）

$$\begin{aligned}\sin 15°&=\sin(45°-30°)\\&=\sin 45°\cos 30°-\cos 45°\sin 30°\\&=\frac{\sqrt{2}}{2}\times\frac{\sqrt{3}}{2}-\frac{\sqrt{2}}{2}\times\frac{1}{2}=\frac{\sqrt{6}-\sqrt{2}}{4}.\end{aligned}$$

（2）

$$\begin{aligned}\sin\frac{5\pi}{12}&=\sin\left(\frac{2\pi+3\pi}{12}\right)\\&=\sin\left(\frac{\pi}{6}+\frac{\pi}{4}\right)\\&=\sin\frac{\pi}{6}\cos\frac{\pi}{4}+\cos\frac{\pi}{6}\sin\frac{\pi}{4}\\&=\frac{1}{2}\times\frac{\sqrt{2}}{2}+\frac{\sqrt{3}}{2}\times\frac{\sqrt{2}}{2}=\frac{\sqrt{2}+\sqrt{6}}{4}.\end{aligned}$$

例 5 已知 $\sin\alpha=\dfrac{5}{13}$，$\alpha\in\left(\dfrac{\pi}{2},\ \pi\right)$，$\cos\beta=-\dfrac{4}{5}$，$\beta\in\left(\pi,\ \dfrac{3\pi}{2}\right)$，求 $\sin(\alpha+\beta)$，$\sin(\alpha-\beta)$ 的值.

分析 $\sin(\alpha+\beta)$，$\sin(\alpha-\beta)$的展开式中还含有$\cos\alpha$，$\sin\beta$是未知，因此，还应该由$\sin\alpha$求$\cos\alpha$，由$\cos\beta$求$\sin\beta$.

解 因为$\sin\alpha=\frac{5}{13}$，$\alpha\in\left(\frac{\pi}{2},\pi\right)$，且$\sin^2\alpha+\cos^2\alpha=1$，所以

$$\cos\alpha=-\sqrt{1-\sin^2\alpha}=-\sqrt{1-\left(\frac{5}{13}\right)^2}=-\frac{12}{13},$$

同理
$$\sin\beta=-\sqrt{1-\left(-\frac{4}{5}\right)^2}=-\frac{3}{5},$$

所以
$$\begin{aligned}\sin(\alpha+\beta)&=\sin\alpha\cos\beta+\cos\alpha\sin\beta\\&=\frac{5}{13}\times\left(-\frac{4}{5}\right)+\left(-\frac{12}{13}\right)\times\left(-\frac{3}{5}\right)=\frac{16}{65};\\\sin(\alpha-\beta)&=\sin\alpha\cos\beta-\cos\alpha\sin\beta\\&=\frac{5}{13}\times\left(-\frac{4}{5}\right)-\left(-\frac{12}{13}\right)\times\left(-\frac{3}{5}\right)=-\frac{56}{65}.\end{aligned}$$

练习

1. 不查表求下列各式的值：

(1) $\sin\frac{19\pi}{12}$；　　(2) $\sin 75°$；

(3) $\sin 13°\cos 17°+\cos 13°\sin 17°$；

(4) $\sin 155°\cos 20°-\cos 155°\sin 20°$.

2. 化简：

(1) $\sin(\alpha+\beta)\cos\alpha-\cos(\alpha+\beta)\sin\alpha$；

(2) $\sin\left(\frac{\pi}{3}+\alpha\right)-\sin\left(\frac{\pi}{3}-\alpha\right)$.

3. 已知$\sin\alpha=-\frac{3}{5}$，$\alpha\in\left(\pi,\frac{3\pi}{2}\right)$，求$\sin\left(\frac{\pi}{4}+\alpha\right)$，$\sin\left(\frac{\pi}{4}-\alpha\right)$的值.

1.1.3 两角和与差的正切

下面我们由两角和与差的正弦、余弦公式来推导两角和与差的正切公式.

设α，β，$\alpha+\beta$都属于正切函数的定义域，则

$$\begin{aligned}\tan(\alpha+\beta)&=\frac{\sin(\alpha+\beta)}{\cos(\alpha+\beta)}\\&=\frac{\sin\alpha\cos\beta+\cos\alpha\sin\beta}{\cos\alpha\cos\beta-\sin\alpha\sin\beta}\\&=\frac{(\sin\alpha\cos\beta+\cos\alpha\sin\beta)\div\cos\alpha\cos\beta}{(\cos\alpha\cos\beta-\sin\alpha\sin\beta)\div\cos\alpha\cos\beta}\\&=\frac{\tan\alpha+\tan\beta}{1-\tan\alpha\tan\beta}.\end{aligned}$$

即

$$\tan(\alpha+\beta)=\frac{\tan\alpha+\tan\beta}{1-\tan\alpha\tan\beta}. \tag{1.7}$$

公式（1.7）叫**两角和的正切公式**.

把公式（1.7）中的β用$-\beta$代替，得

$$\tan(\alpha-\beta)=\frac{\tan\alpha-\tan\beta}{1+\tan\alpha\tan\beta}. \tag{1.8}$$

公式（1.8）叫**两角差的正切公式**，其中α，β，$\alpha\pm\beta$都应属于正切函数的定义域.

合作交流

观察等式两边函数名和符号的特点，有什么好的方法记忆公式吗？并与同学交流.

例 1 不用计算器，求下列各式的值：

（1）$\tan 15^\circ$；（2）$\dfrac{\tan 16^\circ+\tan 14^\circ}{1-\tan 16^\circ\tan 14^\circ}$.

解 （1）
$$\begin{aligned}\tan 15^\circ&=\tan(60^\circ-45^\circ)\\&=\frac{\tan 60^\circ-\tan 45^\circ}{1+\tan 60^\circ\tan 45^\circ}=\frac{\sqrt{3}-1}{1+\sqrt{3}}\\&=\frac{(\sqrt{3}-1)\times(\sqrt{3}-1)}{(\sqrt{3}+1)\times(\sqrt{3}-1)}=2-\sqrt{3};\end{aligned}$$

（2）$\dfrac{\tan 16^\circ+\tan 14^\circ}{1-\tan 16^\circ\tan 14^\circ}=\tan(16^\circ+14^\circ)=\tan 30^\circ=\dfrac{\sqrt{3}}{3}$.

注意

例 1（2）的解题过程是逆用两角和差公式进行化简.

例 2 计算$\frac{1-\tan 75^\circ}{1+\tan 75^\circ}$的值.

解 $\frac{1-\tan 75^\circ}{1+\tan 75^\circ}=\frac{\tan 45^\circ-\tan 75^\circ}{1+\tan 45^\circ\tan 75^\circ}$

$=\tan(45^\circ-75^\circ)$

$=\tan(-30^\circ)$

$=-\frac{\sqrt{3}}{3}$.

注意

在三角变换中，有时将“1”反写成某些三角函数，如 $1=\tan 45^\circ$，$1=\tan\alpha\cot\alpha$，$1=\sin^2\alpha+\cos^2\alpha$ 等.

例 3 已知 $\cos\alpha=-\frac{3}{5}$，$\alpha\in\left(\frac{\pi}{2},\ \pi\right)$. 求 $\tan\left(\frac{\pi}{4}+\alpha\right)$，$\tan\left(\frac{\pi}{4}-\alpha\right)$.

解 因为 $\cos\alpha=-\frac{3}{5}$，$\alpha\in\left(\frac{\pi}{2},\ \pi\right)$，且 $\sin^2\alpha+\cos^2\alpha=1$，所以

$$\sin\alpha=\sqrt{1-\cos^2\alpha}=\sqrt{1-\left(-\frac{3}{5}\right)^2}=\frac{4}{5},$$

$$\tan\alpha=\frac{\sin\alpha}{\cos\alpha}=\frac{\frac{4}{5}}{-\frac{3}{5}}=-\frac{4}{3}.$$

$$\tan\left(\frac{\pi}{4}+\alpha\right)=\frac{\tan\frac{\pi}{4}+\tan\alpha}{1-\tan\frac{\pi}{4}\tan\alpha}=\frac{1+\left(-\frac{4}{3}\right)}{1-1\times\left(-\frac{4}{3}\right)}=-\frac{1}{7}.$$

$$\tan\left(\frac{\pi}{4}-\alpha\right)=\frac{\tan\frac{\pi}{4}-\tan\alpha}{1+\tan\frac{\pi}{4}\tan\alpha}=\frac{1-\left(-\frac{4}{3}\right)}{1+\left(-\frac{4}{3}\right)}=-7.$$

练习

1. 不查表求下列各式的值：

（1）$\tan 75°$；（2）$\tan 105°$；（3）$\dfrac{\tan 83°-\tan 38°}{1+\tan 83°\tan 38°}$；（4）$\dfrac{1+\tan 15°}{1-\tan 15°}$.

2. 已知 $\tan\alpha=\dfrac{3}{4}$，$\alpha\in\left(\pi,\ \dfrac{3\pi}{2}\right)$. 求 $\tan\left(\alpha+\dfrac{\pi}{3}\right)$，$\tan\left(\alpha-\dfrac{\pi}{3}\right)$的值.

3. 已知 $\sin\alpha=-\dfrac{3}{5}$，$\alpha\in\left(\pi,\ \dfrac{3\pi}{2}\right)$，$\cos\beta=\dfrac{5}{13}$，$\beta\in\left(0,\ \dfrac{\pi}{2}\right)$，求 $\tan(\alpha+\beta)$，$\tan(\alpha-\beta)$的值.

习题 1.1

A 组

1. 不查表求下列各式的值：

（1）$\sin 105°$；（2）$\cos(-15°)$；

（3）$\cos 75°$；（4）$\tan\left(-\dfrac{7\pi}{12}\right)$；

（5）$\cos(17°+\alpha)\cos(43°-\alpha)-\sin(17°+\alpha)\sin(43°-\alpha)$；

（6）$\sin 88°\cos 28°-\cos 88°\sin 28°$；

（7）$\dfrac{\tan 21°+\tan 39°}{1-\tan 21°\tan 39°}$.

2. 已知 $\cos\alpha=\dfrac{5}{13}$，$\alpha\in\left(\dfrac{3\pi}{2},\ 2\pi\right)$，$\sin\beta=\dfrac{3}{5}$，$\beta\in\left(\dfrac{\pi}{2},\ \pi\right)$，求 $\sin(\alpha+\beta)$，$\sin(\alpha-\beta)$的值.

3. 已知 $\sin\alpha=\dfrac{3}{4}$，$\alpha\in\left(\dfrac{\pi}{2},\ \pi\right)$，求 $\cos\left(\dfrac{\pi}{6}+\alpha\right)$，$\cos\left(\dfrac{\pi}{6}-\alpha\right)$.

4. 计算$\dfrac{1-\tan 15°}{1+\tan 15°}$.

5. 已知 $\sin\alpha=-\dfrac{12}{13}$，$\alpha\in\left(\pi,\ \dfrac{3\pi}{2}\right)$，$\cos\beta=\dfrac{3}{5}$，$\beta\in\left(0,\ \dfrac{\pi}{2}\right)$，求 $\tan(\alpha+\beta)$，$\tan(\alpha-\beta)$的值.

B组

1. 不查表求值 $\cos 20^\circ \sin 10^\circ + \sin 20^\circ \sin 80^\circ$.

2. 已知 $\sin\alpha = -\frac{1}{3}$，求 $\sin\left(\frac{\pi}{6}+\alpha\right)$的值.

3. 已知 $\tan\alpha = \frac{3}{4}$，$\alpha \in \left(\pi, \frac{3\pi}{2}\right)$. 求 $\cos\left(\alpha+\frac{\pi}{3}\right)$，$\sin\left(\alpha+\frac{\pi}{3}\right)$，$\sin\left(\alpha-\frac{\pi}{3}\right)$的值.

4. 已知 $\cos(\alpha+\beta) = \frac{4}{5}$，$\alpha+\beta \in (0, \pi)$，$\sin\beta = \frac{5}{13}$，$\beta \in \left(0, \frac{\pi}{2}\right)$，求 $\cos\alpha$的值.

5. 已知 $\tan\alpha$、$\tan\beta$ 是方程 $x^2 - 2x - 3 = 0$ 的两个根，求 $\tan(\alpha+\beta)$的值.

§1.2 二倍角公式

知识回顾

根据所学知识填空：

$\sin(\alpha+\beta) =$ ____________________

$\cos(\alpha+\beta) =$ ____________________

$\tan(\alpha+\beta) =$ ____________________

在两角和的正弦、余弦和正切公式中，当 $\beta=\alpha$ 时，不难得出：

$\sin 2\alpha = \sin(\alpha+\alpha) = \sin\alpha\cos\alpha + \cos\alpha\sin\alpha = 2\sin\alpha\cos\alpha$；

同理，$\cos 2\alpha =$ ____________________

$\tan 2\alpha =$ ____________________

即

$$\sin 2\alpha = 2\sin\alpha\cos\alpha; \tag{1.9}$$

$$\cos 2\alpha = \cos^2\alpha - \sin^2\alpha; \tag{1.10}$$

$$\tan 2\alpha = \frac{2\tan\alpha}{1-\tan^2\alpha}. \tag{1.11}$$

其中公式（1.9）和公式（1.10）对任意角 α 都成立，公式（1.11）要求 α，2α 都属于正切函数的定义域.

因为 $\sin^2\alpha+\cos^2\alpha=1$，所以由公式（1.10）还可以得出

$$\cos 2\alpha=2\cos^2\alpha-1; \tag{1.12}$$

$$\cos 2\alpha=1-2\sin^2\alpha. \tag{1.13}$$

公式（1.9）～公式（1.13）统称为**二倍角公式**.

合作交流

观察等式两边函数名和符号的特点，有什么好的方法记忆公式吗？并与同学交流.

例 1 已知 $\sin\alpha=\frac{3}{5}$，$\alpha\in\left(\frac{\pi}{2},\ \pi\right)$，求 $\cos 2\alpha$，$\sin 2\alpha$，$\tan 2\alpha$ 的值.

解 因为 $\sin\alpha=\frac{3}{5}$，$\alpha\in\left(\frac{\pi}{2},\ \pi\right)$，则

$$\cos\alpha=-\sqrt{1-\sin^2\alpha}=-\sqrt{1-\left(\frac{3}{5}\right)^2}=-\frac{4}{5},$$

所以，

$$\sin 2\alpha=2\sin\alpha\cos\alpha=2\times\frac{3}{5}\times\left(-\frac{4}{5}\right)=-\frac{24}{25},$$

$$\cos 2\alpha=1-2\sin^2\alpha=1-2\times\left(\frac{3}{5}\right)^2=\frac{7}{25},$$

$$\tan 2\alpha=\frac{\sin 2\alpha}{\cos 2\alpha}=\frac{-\frac{24}{25}}{\frac{7}{25}}=-\frac{24}{7}.$$

例 2 不查表求下列各式的值：

（1）$\cos^2 22.5°-\sin^2 22.5°$；（2）$\sin\frac{\pi}{12}\cos\frac{\pi}{12}$；

（3）$1-2\sin^2 75°$；（4）$\frac{2\tan 15°}{1-\tan^2 15°}$.

解 （1）$\cos^2 22.5°-\sin^2 22.5°=\cos(2\times 22.5°)=\cos 45°=\frac{\sqrt{2}}{2}$；

（2）$\sin\frac{\pi}{12}\cos\frac{\pi}{12}=\frac{1}{2}\times 2\sin\frac{\pi}{12}\cos\frac{\pi}{12}=\frac{1}{2}\sin\frac{\pi}{6}=\frac{1}{4}$；

(3) $1-2\sin^2 75°=\cos(2\times 75°)=\cos 150°=-\dfrac{\sqrt{3}}{2}$；

(4) $\dfrac{2\tan 15°}{1-\tan^2 15°}=\tan(2\times 15°)=\tan 30°=\dfrac{\sqrt{3}}{3}$.

注意

例 2 的解题过程是逆用二倍角公式进行的化简.

例 3 化简：$2-2\sin^2\alpha-\cos 2\alpha$.

解 $2-2\sin^2\alpha-\cos 2\alpha=2-2\sin^2\alpha-(1-2\sin^2\alpha)=1$.

注意

$\cos 2\alpha$ 的化简公式有三个，解题时注意根据题目进行合理选择.

例 4 证明三角恒等式：

$$\frac{1+\sin 2\alpha+\cos 2\alpha}{\cos\alpha+\sin\alpha}=2\cos\alpha.$$

分析 此题的关键是利用二倍角公式，将倍角化成单角，使函数名称后的角统一.

证明
$$\begin{aligned}\frac{1+\sin 2\alpha+\cos 2\alpha}{\cos\alpha+\sin\alpha}&=\frac{1+2\sin\alpha\cos\alpha+(2\cos^2\alpha-1)}{\cos\alpha+\sin\alpha}\\&=\frac{2\sin\alpha\cos\alpha+2\cos^2\alpha}{\cos\alpha+\sin\alpha}\\&=\frac{2\cos\alpha(\cos\alpha+\sin\alpha)}{\cos\alpha+\sin\alpha}\\&=2\cos\alpha.\end{aligned}$$

例 5 已知 $\cos\alpha=\dfrac{1}{3}$，$\alpha\in\left(\dfrac{3}{2}\pi,\ 2\pi\right)$，求 $\sin\dfrac{\alpha}{2}$，$\cos\dfrac{\alpha}{2}$，$\tan\dfrac{\alpha}{2}$的值.

解 从公式（1.13）得出，$\cos\alpha=1-2\sin^2\dfrac{\alpha}{2}$，则

$$\sin^2\frac{\alpha}{2}=\frac{1-\cos\alpha}{2}.$$

已知 $\alpha\in\left(\dfrac{3\pi}{2},\ 2\pi\right)$，则$\dfrac{\alpha}{2}\in\left(\dfrac{3\pi}{4},\ \pi\right)$，所以

$$\sin\frac{\alpha}{2}=\sqrt{\frac{1-\cos\alpha}{2}}=\sqrt{\frac{1-\frac{1}{3}}{2}}=\frac{\sqrt{3}}{3}.$$

从公式（1.12）得出，$\cos\alpha=2\cos^2\frac{\alpha}{2}-1$，所以

$$\cos^2\frac{\alpha}{2}=\frac{1+\cos\alpha}{2}.$$

由于$\frac{\alpha}{2}\in\left(\frac{3\pi}{4},\ \pi\right)$，所以

$$\cos\frac{\alpha}{2}=-\sqrt{\frac{1+\cos\alpha}{2}}=-\sqrt{\frac{1+\frac{1}{3}}{2}}=-\frac{\sqrt{6}}{3},$$

$$\tan\frac{\alpha}{2}=\frac{\sin\frac{\alpha}{2}}{\cos\frac{\alpha}{2}}=\frac{\frac{\sqrt{3}}{3}}{-\frac{\sqrt{6}}{3}}=-\frac{\sqrt{2}}{2}.$$

注意

使用二倍角公式时要灵活理解二倍关系，除 2α 是 α 的二倍外，α 也是$\frac{\alpha}{2}$的二倍，4α 也是 2α 的二倍，即二倍角是相对的.

练习

1. 已知 $\sin\alpha=-\frac{4}{5}$，$\alpha\in\left(\pi,\ \frac{3\pi}{2}\right)$. 求 $\sin 2\alpha$，$\cos 2\alpha$，$\tan 2\alpha$ 的值.

2. 已知 $\cos\alpha=-\frac{1}{3}$，且 $\alpha\in\left(\frac{\pi}{2},\ \pi\right)$，求 $\tan 2\alpha$ 的值.

3. 不查表求下列各式的值：

（1）$\cos^2\frac{5\pi}{12}-\sin^2\frac{5\pi}{12}$；（2）$2\cos^2\frac{\pi}{8}-1$；（3）$\sin 15^\circ\cos 15^\circ$；（4）$1-2\sin^2\frac{\pi}{12}$；

（5）$\frac{2\tan 15^\circ}{1+\tan^2 15^\circ}$.

4. 已知 $\tan\alpha=3$，求 $\tan 2\alpha$ 的值.

习题 1.2

A 组

1. 已知 $\cos\alpha=-\frac{12}{13}$，$\alpha\in\left(\frac{\pi}{2},\ \pi\right)$，求 $\sin 2\alpha$，$\cos 2\alpha$，$\tan 2\alpha$.

2. 不查表求下列各式的值：

(1) $2\cos^2 15°-1$；　　(2) $\sin 75°\cos 75°$；

(3) $1-2\sin^2\frac{3\pi}{8}$；　　(4) $\frac{\tan 22.5°}{1-\tan^2 22.5°}$.

3. 化简：

(1) $(\sin\alpha-\cos\alpha)^2$；　　(2) $\cos^4\alpha-\sin^4\alpha$；

(3) $\left(\sin\frac{\alpha}{2}-\cos\frac{\alpha}{2}\right)^2$；　　(4) $\frac{1}{1-\tan\alpha}-\frac{1}{1+\tan\alpha}$.

4. 已知 $\tan\alpha=4$，$\alpha\in\left(0,\ \frac{\pi}{2}\right)$. 求 $\sin 2\alpha$，$\cos 2\alpha$，$\tan\alpha$ 的值.

B 组

1. 已知 $\sin\alpha+\cos\alpha=\frac{3}{4}$，求 $\sin 2\alpha$.

2. 不用计算器求 $\sin\frac{\pi}{8}$，$\cos\frac{\pi}{8}$ 的值.

3. 已知 $\tan 2\alpha=\frac{1}{2}$，求 $\sin 4\alpha$，$\cos 4\alpha$，$\tan 4\alpha$ 的值.

4. 求证：

(1) $\frac{1+\sin 2\alpha-\cos 2\alpha}{1+\sin 2\alpha+\cos 2\alpha}=\tan\alpha$；

(2) $\cos^2\alpha-\sin^2\beta=\cos(\alpha+\beta)\cos(\alpha-\beta)$.

§1.3 解三角形

一个三角形有三条边和三个角，称为三角形的六个元素，只要知道了其中的三个元素（至少有一个元素是边），就可以求出其余的三个元素. 这叫做解三角形. 本节内容我们将利用三角函数来研究任意三角形中边和角的关系，运用这些关系可以解任意三角形.

1.3.1 正弦定理

知识回顾

直角三角形 ABC 中，$\angle C$ 为直角，如图 1－2 所示，则有

$$\sin A=\frac{a}{c},$$

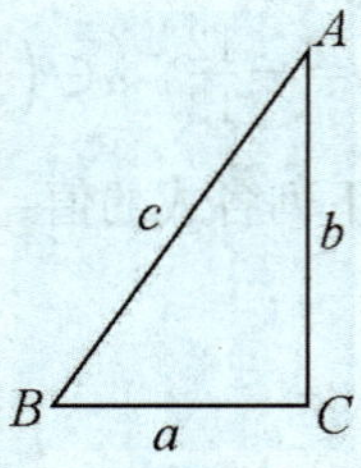

图 1－2

从而 $$\frac{a}{\sin A}=\frac{c}{1},$$

又因为 $\sin C=1$，于是由上式可得

$$\frac{a}{\sin A}=\frac{c}{\sin C}. \qquad (1)$$

观察思考

(1) 式是直角三角形中边与角的一个关系式，在锐角三角形与钝角三角形中有没有类似于 (1) 式的边与角的关系式呢？

见图 1－3，$\triangle ABC$ 是一个钝角三角形，其中 $\angle C$ 是钝角，过点 C 作 $CD\perp AB$，垂足为 D，把 $|CD|$ 记作 d，由于 $\triangle ADC$ 和 $\triangle CDB$ 都是直角三角形，因此

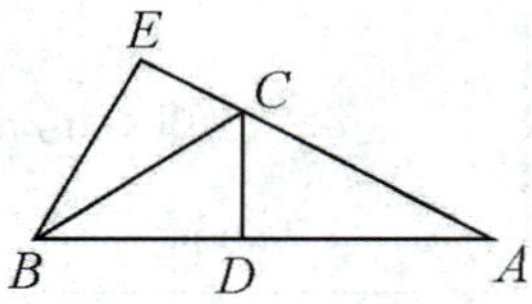

图 1－3

$$\sin A=\frac{d}{b},\ \sin B=\frac{d}{a},$$

由此得出 $$b\sin A=d=a\sin B,$$

从而 $$\frac{a}{\sin A}=\frac{b}{\sin B}. \qquad (2)$$

过点 B 作 AC 的垂线，与边 AC 的延长线交于点 E，把 $|BE|$ 记作 e，由于 $\triangle AEB$ 与 $\triangle CEB$ 都是直角三角形，因此

$$\sin A=\frac{e}{c},\ \sin(\pi-C)=\frac{e}{a},$$

由此得出 $$c\sin A=e=a\sin(\pi-C)=A\sin C,$$

从而 $$\frac{a}{\sin A}=\frac{c}{\sin C}. \qquad (3)$$

从（2）式和（3）式，得

$$\frac{a}{\sin A}=\frac{b}{\sin B}=\frac{c}{\sin C}. \tag{1.14}$$

当△ABC为锐角三角形时，也可同理求出（1.14）式.

因此在任意一个三角形ABC中，都有各边和它所对的角的正弦的比值相等．这个结论称为**正弦定理**.

从上述分析过程还可以得出△ABC的面积S为

$$S=\frac{1}{2}cd=\frac{1}{2}cb\sin A=\frac{1}{2}ca\sin B,$$

$$S=\frac{1}{2}be=\frac{1}{2}ba\sin C,$$

即

$$S=\frac{1}{2}bc\sin A=\frac{1}{2}ca\sin B=\frac{1}{2}ab\sin C. \tag{1.15}$$

也就是，任意三角形的面积等于它的两条边长及其夹角的正弦的乘积的一半.

注意

利用正弦定理解三角形，主要适用于以下两种情形：

（1）已知两角与一边，求其余两边与第三个角；

（2）已知两边和其中一边的对角，求其余两角与第三条边.

例1 在△ABC中，已知$\angle B=75°$，$\angle C=45°$，$a=\frac{3\sqrt{6}}{2}$，求$\angle A$，b，c.

解 （1）$\angle A=180°-\angle B-\angle C=60°$.

（2）由正弦定理，得

$$\frac{a}{\sin A}=\frac{b}{\sin B},$$

所以

$$b=\frac{\sin B}{\sin A}a=\frac{\sin 75°}{\sin 60°}\times\frac{3\sqrt{6}}{2}=\frac{\sin(30°+45°)}{\sin 60°}\times\frac{3\sqrt{6}}{2}$$

$$=\frac{\frac{1}{2}\times\frac{\sqrt{2}}{2}+\frac{\sqrt{3}}{2}\times\frac{\sqrt{2}}{2}}{\frac{\sqrt{3}}{2}}\times\frac{3\sqrt{6}}{2}=\frac{3(1+\sqrt{3})}{2}.$$

同理
$$\frac{a}{\sin A}=\frac{c}{\sin C},$$

所以
$$c=\frac{\sin C}{\sin A}a=\frac{\frac{\sqrt{2}}{2}}{\frac{\sqrt{3}}{2}}\times\frac{3\sqrt{6}}{2}=3.$$

例 2 在 $\triangle ABC$ 中，已知 $\angle A=120°$，$a=3$，$c=\sqrt{3}$，求（1）$\angle C$，$\angle B$；（2）S.

解 （1）由正弦定理，得
$$\frac{a}{\sin A}=\frac{c}{\sin C},$$

所以
$$\sin C=\frac{\sin A}{a}c=\frac{\sin 120°}{3}\times\sqrt{3}=\frac{1}{2}.$$

所以
$$\angle C=30°\text{或}\angle C=150°.$$

当 $\angle C=30°$时，$\angle B=180°-30°-120°=30°$；

当 $\angle C=150°$时，$\angle C+\angle A>180°$与三角形内角和矛盾，舍去.

（2）三角形面积 $S=\frac{1}{2}ac\sin B=\frac{1}{2}\times3\times\sqrt{3}\times\sin 30°=\frac{3\sqrt{3}}{4}$.

练习

1. 在$\triangle ABC$中，一定成立的是(　　).

A. $a\sin B=b\sin A$　　B. $a\sin A=b\sin B$

C. $a\cos A=b\cos B$　　D. $a\cos B=b\cos A$

2. 已知$\triangle ABC$中，$a=2$，$b=4$，$\angle C=90°$，求$\triangle ABC$的面积.

3. 在$\triangle ABC$中，$a=6$，$\angle B=120°$，$\angle A=45°$，求$\angle C$，c.

4. 在$\triangle ABC$中，已知$\angle B=45°$，$b=2\sqrt{2}$，$c=2\sqrt{3}$，求$\angle C$，$\angle A$.

1.3.2 余弦定理

观察思考

在直角三角形中，三边之间的关系用勾股定理表示为 $c^2=a^2+b^2$，在钝角三角形或锐角三角形中能否得到与勾股定理类似的关系式呢？

如图 1-4，在钝角三角形 ABC 中，从钝角的顶点 C 作边 AB 的垂线，

垂足为 D，把 $|CD|$ 记作 d，$|AD|$ 记作 c_1.

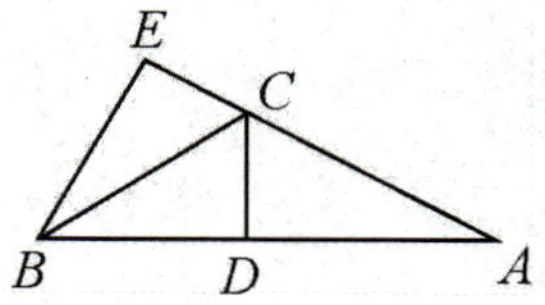

图 1-4

在直角三角形 CDB 和 ADC 中，由勾股定理和锐角的余弦定义得

$$a^2=d^2+(c-c_1)^2,$$

$$b^2=d^2+c_1{}^2,$$

$$c_1=b\cos A.$$

由此得出

$$\begin{aligned}a^2&=d^2+c^2+c_1{}^2-2cc_1\\&=(b^2-c_1{}^2)+c^2+c_1{}^2-2cb\cos A\\&=b^2+c^2-2bc\cos A. \qquad ①\end{aligned}$$

类似的方法可得出

$$b^2=c^2+a^2-2ca\cos B. \qquad ②$$

从点 B 作 AC 的垂线，与边 AC 的延长线交于点 E 把 $|BE|$ 记作 e，$|CE|$ 记作 b_1，从直角三角形 BEA 和 BEC 得

$$\begin{aligned}c^2&=e^2+(b+b_1)^2\\&=e^2+b^2+2bb_1+b_1{}^2\\&=a^2+b^2+2ba\cos(\pi-C)\\&=a^2+b^2-2ab\cos C. \qquad ③\end{aligned}$$

对于锐角三角形同理可得出①，②，③式，因此，在任意三角形 ABC 中，都有

$$a^2=b^2+c^2-2bc\cos A; \qquad (1.16)$$

$$b^2=c^2+a^2-2ca\cos B; \qquad (1.17)$$

$$c^2=a^2+b^2-2ab\cos C. \qquad (1.18)$$

即三角形任一边长的平方等于其他两边长的平方和减去这两边长与它们夹角的余弦的乘积的两倍，这个结论称为**余弦定理**.

想一想

勾股定理与余弦定理有什么关系？

由余弦定理还可得

$$\cos A=\frac{b^2+c^2-a^2}{2bc};\qquad (1.19)$$

$$\cos B=\frac{c^2+a^2-b^2}{2ca};\qquad (1.20)$$

$$\cos C=\frac{a^2+b^2-c^2}{2ab}.\qquad (1.21)$$

注意

利用余弦定理解三角形，主要适用于以下两种情形：

(1) 已知两边及其夹角，求第三条边以及其余两角；

(2) 已知三边，求角.

例 1 在$\triangle ABC$中，已知$b=8$，$c=6$，$\angle A=60°$，求（1）a；（2）$\cos B$.

解 （1）由余弦定理，得

$$\begin{aligned}a^2&=b^2+c^2-2bc\cos A\\&=8^2+6^2-2\times8\times6\times\cos 60°=52.\end{aligned}$$

所以 $a=\sqrt{52}=2\sqrt{13}$.

（2）由余弦定理，得

$$\cos B=\frac{a^2+c^2-b^2}{2ac}=\frac{\sqrt{13}}{13}.$$

例 2 在$\triangle ABC$中，已知$a=10$，$b=8$，$c=5$.

（1）求这个三角形的最大角的余弦值；

（2）判断三角形的形状.

分析 因为大边对大角，所以只需求$\angle A$的余弦值.

解 （1）因为a最大，所以最大角为$\angle A$. 由余弦定理得：

$$\cos A=\frac{b^2+c^2-a^2}{2bc}=\frac{8^2+5^2-10^2}{2\times8\times5}=-\frac{11}{80}.$$

（2）因为$\cos A<0$，所以A为钝角，所以$\triangle ABC$为钝角三角形.

练习

1. 在$\triangle ABC$中，已知$a=9$，$c=2\sqrt{2}$，$\angle B=60°$，求b.
2. 在$\triangle ABC$中，$a=6$，$b=4$，$\angle C=120°$，求c.

3. 在$\triangle ABC$中，$a^2-c^2+b^2=ab$，求$\angle C$.

4. 已知在$\triangle ABC$中，$a=6$，$b=13$，$c=12$，求这个三角形的最大角的余弦值. 并判断这个三角形的形状.

1.3.3 解三角形的应用

解三角形在科学技术、生产实际和日常生活中都有广泛的应用，我们来举几个例子：

例1 在某市进行城市环境建设中，要把一个三角形的区域改造成室内公园，经过测量得到这个三角形区域的三条边长分别为 68 m，88 m，127 m，这个区域的面积是多少？

解 设$a=68$ m，$b=88$ m，$c=127$ m，根据余弦定理的推论，

$$\cos B=\frac{c^2+a^2-b^2}{2ca}$$

$$=\frac{127^2+68^2-88^2}{2\times127\times68}\approx0.7532,$$

$$\sin B=\sqrt{1-0.7532^2}\approx0.6578.$$

应用
$$S=\frac{1}{2}ac\sin B,$$

所以
$$S\approx\frac{1}{2}\times68\times127\times0.6578\approx2840.38\ (\text{m}^2).$$

答：这个区域的面积约为 2 840.38 m^2.

例2 如图1-5，设A，B两点在河的两岸，要测量两点之间的距离，测量者在A的同侧，在所在的河岸边选定一点C，测出AC的距离是 55 m，$\angle BAC=51^\circ$，$\angle ACB=75^\circ$. 求A，B两点的距离（精确到 0.1 m).

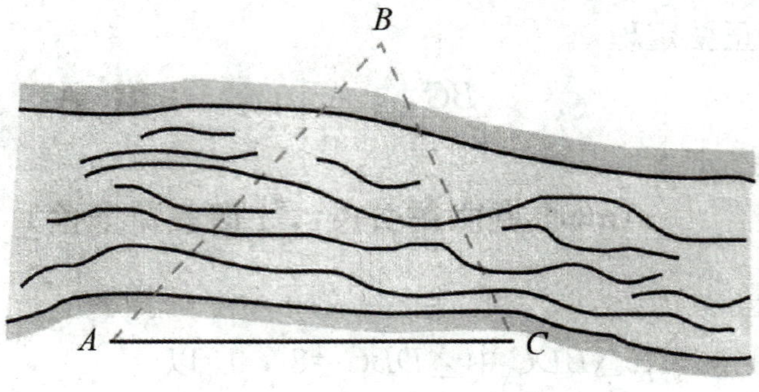

图1-5

解 根据正弦定理，得

$$\frac{AB}{\sin\angle ACB}=\frac{AC}{\sin\angle ABC}$$

$$\begin{aligned}AB&=\frac{AC\sin\angle ACB}{\sin\angle ABC}\\&=\frac{55\sin\angle ACB}{\sin\angle ABC}\\&=\frac{55\sin 75^\circ}{\sin(180^\circ-51^\circ-75^\circ)}\\&=\frac{55\sin 75^\circ}{\sin 54^\circ}\\&\approx 65.7\ (\text{m}).\end{aligned}$$

答：A，B 两点间的距离约为 65.7 m.

例 3 如图 1-6，一辆汽车在一条水平的公路上向正东行驶，到 A 处时测得公路南侧远处一山顶 D 在东偏南 15°的方向上，行驶 5 km 后到达 B 处，测得此山顶在东偏南 25°的方向上，仰角为 8°，求此山的高度 CD.

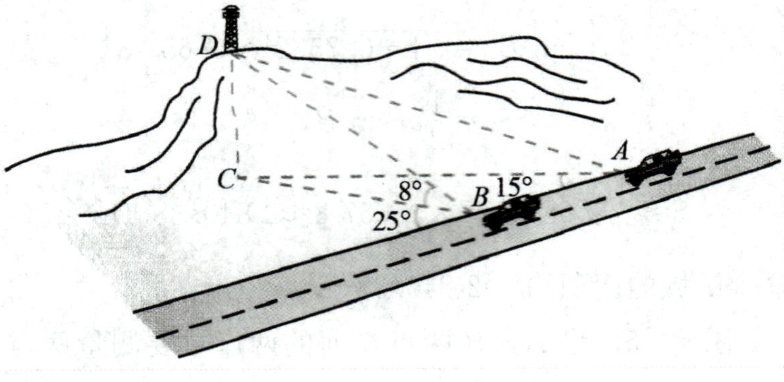

图 1-6

解 如图由题意得，在$\triangle ABC$ 中，$AB=5$，$\angle A=15^\circ$，$\angle C=25^\circ-15^\circ=10^\circ$. 根据正弦定理

$$\frac{BC}{\sin A}=\frac{AB}{\sin C},$$

$$BC=\frac{AB\sin A}{\sin C}=\frac{5\sin 15^\circ}{\sin 10^\circ}$$

$$\approx 7.452\ 4\ (\text{km}),$$

又由题意可得，Rt$\triangle BDC$ 中$\angle DBC=8^\circ$，所以

$$CD=BC\times\tan\angle DBC\approx BC\times\tan 8^\circ\approx 1.047\ (\text{km}).$$

答：山的高度约为 1.047 km，即 1 047 m.

练习

1. 一轮船在海上 A 处测灯塔 B 在北偏西 30°的方向上，以后该船沿北偏西 75°的方向以每小时 20 海里的速度行驶一小时到 C 处，从此望 B 在正北方向上，求 C 处到 B 处的距离.

2. 某人在 M 汽车站的北偏西 20°的方向上的 A 处，观察到点 C 处有一辆汽车沿公路向 M 站行驶. 公路的走向是 M 站的北偏东 40°. 开始时，汽车到 A 的距离为 31 千米，汽车前进 20 千米后，到 A 的距离缩短了 10 千米. 问汽车还需行驶多远，才能到达 M 汽车站.

3. 为了测量不能到达底部的一古塔的高 $|EF|$，可以在地面上引一条基线 MN，它和塔底在同一水平面上，且延长后不过塔底，如图所示. 现测量得 $|MN|=80$ m，$\angle FMN=60°$，$\angle FNM=75°$，仰角 $\angle ENF=30°$，求塔高 $|EF|$.

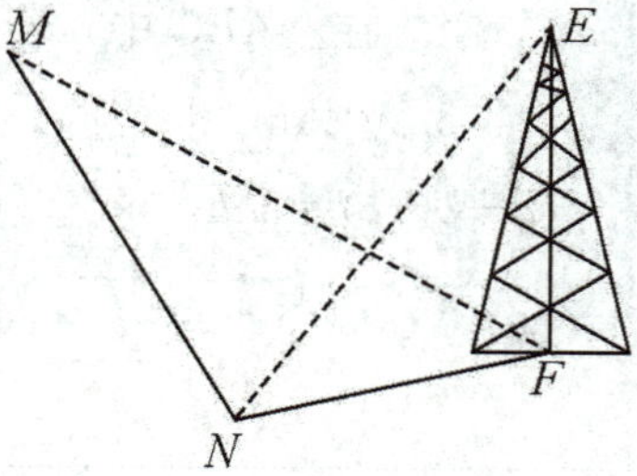

第 3 题图

习题 1.3

A 组

1. 已知 $\triangle ABC$ 中，$a=2$，$c=3$，$\angle B=60°$，求三角形的面积 S.

2. 在 $\triangle ABC$ 中，$\angle B=30°$，$\angle A=45°$，$a=\sqrt{2}$，求 b，c.

3. 已知 $\triangle ABC$ 中，$a=\sqrt{2}$，$c=2$，$\angle A=30°$，求 b，$\angle C$.

4. 已知 $\triangle ABC$ 中，$a:b:c=1:2:3$，试判断 $\triangle ABC$ 的形状.

5. 一艘船在海上 A 处测灯塔 B 在北偏东 60°的方向上，以后该船沿北偏东 45°的方向以每小时 24 海里的速度行驶半小时到 C 处，从此望 B 在正东方向上，求 C 处到 B 处的距离.

6. 如图所示，要测量一水塘两侧 A，B 两点间的距离，选择适当位置 C，用仪器测得 $\angle ACB$ 为锐角，且 $\sin\angle ACB=0.6$，$AC=20$ 米，$BC=40$ 米，求 A，B 两点间的距离（结果保留整数，已知 $\sqrt{5}\approx2.236$）.

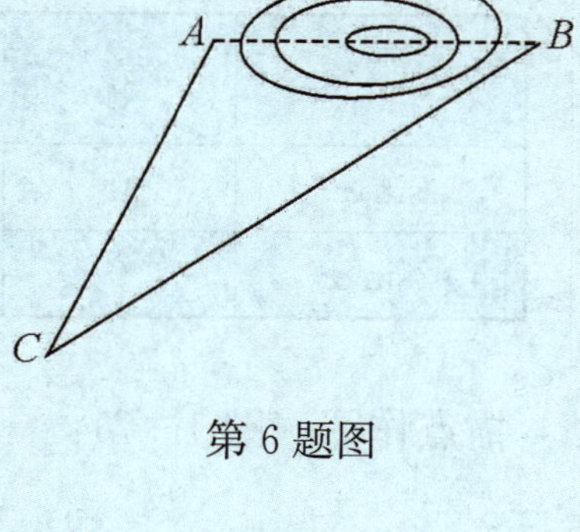

第 6 题图

B组

1. 在$\triangle ABC$中，“$\sin\angle B>\sin\angle C$”是“$\angle B>\angle C$”的________条件（填“充分”，“必要”，“充要”）.

2. 在$\triangle ABC$中，$\angle A=60°$，$a=7$，$b=5$，求①$\sin\angle B$；②边c.

3. 若三角形三边长如下：①2，3，4②4，6，7③6，8，10，其中锐角三角形，直角三角形，钝角三角形的顺序依次是________.

4. 在$\triangle ABC$中，若$b=\sqrt{2}$，$c=1$，$\angle B=45°$，求a的值.

5. $\triangle ABC$中，$\angle A$，$\angle B$，$\angle C$所对的边分别是a，b，c，且满足$(a+b+c)\cdot(a+b-c)=3ab$，求$\angle C$的度数.

§1.4 正弦型函数

在物理和工程技术的许多问题中，都要用到形如$y=A\sin(\omega x+\varphi)$的函数（其中$A$，$\omega$，$\varphi$是常数）. 例如，物体作简谐振动时位移$y$与时间$x$的关系，交流电中电流强度$y$与时间$x$的关系等，都可以用这种函数来表示.

例1 作函数$y=2\sin x$的简图.

解 函数$y=2\sin x$的周期$T=2\pi$，我们先来作$x\in[0,2\pi]$时函数的图像.

列表：

x	0	$\frac{\pi}{2}$	π	$\frac{3\pi}{2}$	2π
$\sin x$	0	1	0	-1	0
$2\sin x$	0	2	0	-2	0

描点作图（图1-7）：

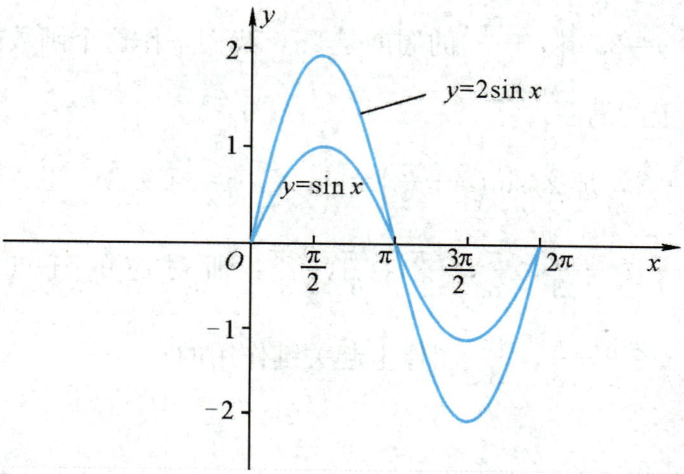

图 1－7

利用周期性，我们可以把上面的简图向左、右延伸，得出 $y=2\sin x$，$x\in\mathbf{R}$ 的简图（从略）.

想一想

$y=2\sin x$ 的性质和图像与 $y=\sin x$ 的性质和图像有何联系？

从图 1－7 可以看出，对于同一个 x 值，$y=2\sin x$ 的图像上点的纵坐标等于 $y=\sin x$ 的图像上纵坐标的 2 倍．因此，$y=2\sin x$ 的图像可以看作是把 $y=\sin x$ 的图像上所有点的纵坐标伸长到原来的 2 倍（横坐标不变）而得到的．从而 $y=2\sin x$，$x\in\mathbf{R}$ 的值域是 $[-2, 2]$，最大值是 2，最小值是 -2.

一般地，函数 $y=A\sin x$（$A>0$ 且 $A\neq1$）的图像可以看作是把 $y=\sin x$ 的图像上所有点的纵坐标伸长（当 $A>1$ 时）或缩短（当 $0<A<1$ 时）到原来的 A 倍（横坐标不变）而得到的．$y=A\sin x$，$x\in\mathbf{R}$ 的值域是 $[-A, A]$，最大值是 A，最小值是 $-A$.

合作交流

与同学讨论，在上述结论中，若 $A<0$ 结果又会怎样？

例 2　作函数 $y=2\sin\left(x+\frac{\pi}{3}\right)$ 的简图.

解 函数 $y=2\sin\left(x+\frac{\pi}{3}\right)$ 的周期是 2π，我们来作这个函数在长度为一个周期的闭区间上的简图.

设 $x+\frac{\pi}{3}=X$，那么 $\sin\left(x+\frac{\pi}{3}\right)=\sin X$，$x=X-\frac{\pi}{3}$，当 X 取 0，$\frac{\pi}{2}$，π，$\frac{3\pi}{2}$，2π 时，x 取 $-\frac{\pi}{3}$，$\frac{\pi}{6}$，$\frac{2\pi}{3}$，$\frac{7\pi}{6}$，$\frac{5\pi}{3}$，所对应的五点是函数 $y=2\sin\left(x+\frac{\pi}{3}\right)$，$x\in\left[-\frac{\pi}{3},\ \frac{5\pi}{3}\right]$ 图像上起关键作用的点.

列表：

x	$-\frac{\pi}{3}$	$\frac{\pi}{6}$	$\frac{2\pi}{3}$	$\frac{7\pi}{6}$	$\frac{5\pi}{3}$
$x+\frac{\pi}{3}$	0	$\frac{\pi}{2}$	π	$\frac{3\pi}{2}$	2π
$2\sin\left(x+\frac{\pi}{3}\right)$	0	2	0	-2	0

描点作图（图 1－8）：

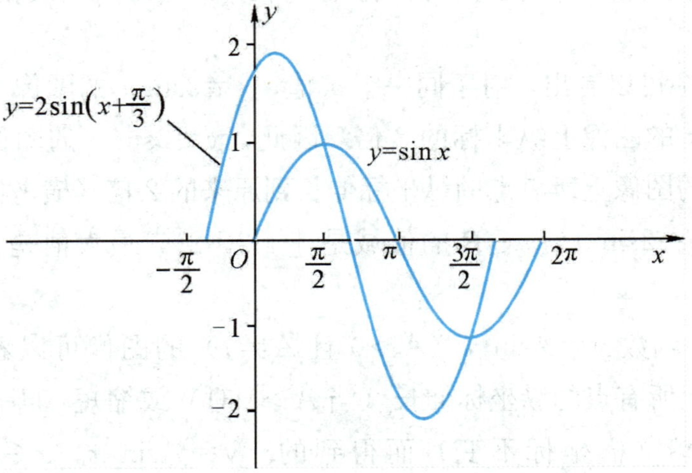

图 1－8

利用这类函数的周期性，可把所得到的简图向左、右延伸，得出 $y=2\sin\left(x+\frac{\pi}{3}\right)$，$x\in\mathbf{R}$ 的简图（从略）.

想一想

$y=2\sin\left(x+\frac{\pi}{3}\right)$的性质和图像与 $y=\sin x$ 的性质和图像有何联系？

由图 1-8 可以看出，$y=2\sin\left(x+\frac{\pi}{3}\right)$的图像可以看作是先把 $y=\sin x$ 的图像上所有点向左平移$\frac{\pi}{3}$个单位，得到 $y=\sin\left(x+\frac{\pi}{3}\right)$的图像；再把 $y=\sin\left(x+\frac{\pi}{3}\right)$的图像上所有点的纵坐标伸长到原来的两倍（横坐标不变），从而得到 $y=2\sin\left(x+\frac{\pi}{3}\right)$的图像.

一般地，函数 $y=A\sin(x+\varphi)$，$(A>0,\ \varphi\neq 0)$ 的图像，可以看作是把 $y=\sin x$ 的图像上所有点向左（当 $\varphi>0$ 时）或向右（当 $\varphi<0$ 时）平行移动 $|\varphi|$ 个单位；再把所得各点的纵坐标伸长（当 $A>1$ 时）或缩短（当 $0<A<1$ 时）到原来的 A 倍（横坐标不变）而得到的.

例 3 作函数 $y=2\sin\left(2x+\frac{\pi}{3}\right)$的简图.

解 函数 $y=2\sin\left(2x+\frac{\pi}{3}\right)$的周期是 π，我们来作这个函数在长度为一个周期的闭区间上的简图.

设 $2x+\frac{\pi}{3}=X$，那么 $\sin\left(2x+\frac{\pi}{3}\right)=\sin X$，$x=\frac{X}{2}-\frac{\pi}{6}$，当 X 取 0，$\frac{\pi}{2}$，π，$\frac{3\pi}{2}$，2π 时，x 取 $-\frac{\pi}{6}$，$\frac{\pi}{12}$，$\frac{\pi}{3}$，$\frac{7\pi}{12}$，$\frac{5\pi}{6}$ 所对应的五点是函数 $y=2\sin\left(2x+\frac{\pi}{3}\right)$，$x\in\left[-\frac{\pi}{6},\ \frac{5\pi}{6}\right]$图像上起关键作用的点.

列表：

x	$-\frac{\pi}{6}$	$\frac{\pi}{12}$	$\frac{\pi}{3}$	$\frac{7\pi}{12}$	$\frac{5\pi}{6}$
$2x+\frac{\pi}{3}$	0	$\frac{\pi}{2}$	π	$\frac{3\pi}{2}$	2π
$2\sin\left(2x+\frac{\pi}{3}\right)$	0	2	0	-2	0

描点作图（图 1－9）：

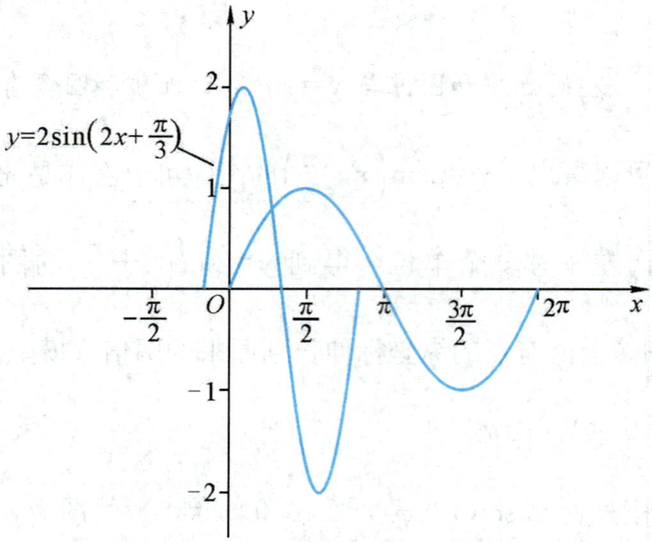

图 1－9

利用这类函数的周期性，可把所得到的简图向左、右延伸，得出 $y=2\sin\left(2x+\frac{\pi}{3}\right)$，$x\in\mathbf{R}$ 的简图（从略）.

由图 1－9 可以看出，$y=2\sin\left(2x+\frac{\pi}{3}\right)$ 的图像可以看作是把 $y=\sin x$ 的图像上所有点向左平行移动 $\frac{\pi}{3}$ 个单位，再把所得各点的横坐标缩短到原来的 $\frac{1}{2}$ 倍（纵坐标不变），再把所得各点的纵坐标伸长到原来的 2 倍（横坐标不变）而得到的.

一般地，函数 $y=A\sin(\omega x+\varphi)$（其中 A，ω，φ 为常数，且 $A\neq 0$，$\omega>0$，$x\in\mathbf{R}$）的图像可以看作是用下面的方法得到的：先把 $y=\sin x$ 的图像上所有的点向左（当 $\varphi>0$ 时）或向右（当 $\varphi<0$ 时），平行移动 $|\varphi|$ 个单位，再把所得各点的横坐标伸长（$0<\omega<1$）或缩短（$\omega>1$）到原来的 $\frac{1}{\omega}$ 倍（纵坐标不变），再把所得各点的纵坐标伸长（当 $|A|>1$ 时）或缩短（当 $0<|A|<1$ 时）到原来的 $|A|$ 倍（横坐标不变）.

在数学学习中，我们把形如 $y=A\sin(\omega x+\varphi)$（其中 A，ω，φ 为常数，且 $A\neq 0$，$\omega>0$，$x\in\mathbf{R}$）的函数叫做**正弦型函数**，它的最小正周期为 $T=\frac{2\pi}{\omega}$，最大值为 $|A|$，最小值为 $-|A|$.

当函数 $y=A\sin(\omega x+\varphi)$，$(A>0, \omega>0)$，$x\in[0, +\infty)$ 表示一个振动量时，A 就表示这个量振动时离开平衡位置的最大距离，通常把它叫做这个振动的**振幅**；往复振动一次所需的时间 $T=\frac{2\pi}{\omega}$，它叫做振动的**周期**；单位时间内往复振动的次数 $f=\frac{1}{T}=\frac{\omega}{2\pi}$，它叫做振动的**频率**；$\omega x+\varphi$ 叫做**相位**，φ 叫做**初相**（即当 $x=0$ 时的相位）.

例 4 求下列函数的最小正周期、最大值、最小值.

（1）$y=\sin\frac{1}{4}x$；（2）$y=3\sin\left(x+\frac{\pi}{6}\right)$.

解 （1）因为在函数 $y=\sin\frac{1}{4}x$ 中，$A=1$，$\omega=\frac{1}{4}$，

所以函数 $y=\sin\frac{1}{4}x$ 的最小正周期为 8π，最大值为 1，最小值为 -1.

（2）因为在函数 $y=3\sin\left(x+\frac{\pi}{6}\right)$ 中，$A=3$，$\omega=1$，

所以函数 $y=3\sin\left(x+\frac{\pi}{6}\right)$ 的最小正周期为 2π，最大值为 3，最小值为 -3.

例 5 求下列函数的最小正周期、最大值、最小值.

（1）$y=\frac{1}{2}\sin x-\frac{\sqrt{3}}{2}\cos x$；

（2）$y=\sin 2x+\cos 2x$.

分析 通过恒等变形和特殊角的三角函数值构建两角和与差的三角函数公式.

解 （1）$\frac{1}{2}\sin x-\frac{\sqrt{3}}{2}\cos x=\cos\frac{\pi}{3}\sin x-\sin\frac{\pi}{3}\cos x$

$$=\sin\left(x-\frac{\pi}{3}\right).$$

因为 $y=\sin\left(x-\frac{\pi}{3}\right)$ 的最小正周期是 2π，最大值为 1，最小值为 -1，所以函数 $y=\frac{1}{2}\sin x-\frac{\sqrt{3}}{2}\cos x$ 的最小正周期是 2π，最大值为 1，最小值为 -1.

（2）$\sin 2x+\cos 2x=\sqrt{2}\left(\frac{1}{\sqrt{2}}\sin 2x+\frac{1}{\sqrt{2}}\cos 2x\right)$

$$=\sqrt{2}\left(\cos\frac{\pi}{4}\sin 2x+\sin\frac{\pi}{4}\cos 2x\right)$$

$$=\sqrt{2}\sin\left(2x+\frac{\pi}{4}\right).$$

由于 $y=\sqrt{2}\sin\left(2x+\frac{\pi}{4}\right)$ 的最小正周期是 π，最大值为 $\sqrt{2}$，最小值为 $-\sqrt{2}$，因此 $y=\sin 2x+\cos 2x$ 的最小正周期是 π，最大值为 $\sqrt{2}$，最小值为 $-\sqrt{2}$.

合作交流

分小组合作，探究函数 $y=a\sin x+b\cos x$ 的最值的求法.

练习

1. 说出下列函数的最小正周期、最大值、最小值.

(1) $y=\sin 5x$；　　(2) $y=3\sin\frac{1}{3}x$；

(3) $y=4\sin\left(x+\frac{\pi}{4}\right)$；　　(4) $y=3\sin\left(2x+\frac{\pi}{3}\right)$.

2. 画出下列函数在长度为一个周期的闭区间上的图像：(1) $y=3\sin x$；(2) $y=\sin\left(x+\frac{\pi}{6}\right)$. 说出它们与 $y=\sin x$ 的图像的关系.

3. 求函数 $y=\frac{\sqrt{2}}{2}\sin x-\frac{\sqrt{2}}{2}\cos x$ 的最小正周期、最大值、最小值.

习题 1.4

A 组

1. 作出下列函数在一个周期的闭区间上的图像：(1) $y=4\sin x$；(2) $y=\sin\left(x-\frac{\pi}{6}\right)$. 说出它们与 $y=\sin x$ 的图像的关系.

2. 说出下列函数的最小正周期、最大值、最小值.

(1) $y=2\sin\frac{1}{3}x$；　　(2) $y=\sin\left(x+\frac{3\pi}{4}\right)$.

3. 求下列函数的最小正周期、最大值、最小值.

(1) $y=\frac{\sqrt{3}}{2}\sin x-\frac{1}{2}\cos x$；　　(2) $y=\sin x+\cos x$.

B组

1. 作出函数 $y=3\sin\left(x+\dfrac{\pi}{6}\right)$ 在一个周期的闭区间上的图像，并说出它与 $y=\sin x$ 的图像的关系.

2. 说出下列函数的最小正周期、最大值、最小值.

(1) $y=2\sin\left(\dfrac{1}{3}x-3\right)$；　　(2) $y=3\sin\left(2x+\dfrac{3\pi}{4}\right)$.

3. 求下列函数的最小正周期、最大值、最小值.

(1) $y=\sin x-\cos x$；　　(2) $y=2\sin x-\cos x$.

数学园地

美丽的三角函数

古希腊数学家普洛克拉斯有一句颇打动人心的名言："哪里有数，哪里就有美."而三角函数，正是数学——这位自然科学的皇后头上的一颗明珠，散发着无以伦比的美丽动人的光辉.

1. 三角函数的概念美

三角函数都是以"角"为自变量，以比值为函数值的函数. 这与幂函数、指数函数、对数函数相比较，显示了三角函数的特殊性——奇异美；在六种三角函数中有三对的比值互成倒数关系，定义中包含了均衡美；三角函数值均可用单位圆中的有向线段表示出来，从而使人们能直观感觉到函数值随自变量变化而变化的情况，这又说明了三角函数的定义具有简洁美和形象美；三角函数是以角的终边上一点的坐标来定义的，它使三角与代数、三角与几何的内容相互融合，定义本身隐含着和谐美；三角函数建立的理论基础是和谐的相似三角形，从抽象的比值到易于观察的三角函数，应用了几何中最美的图形——圆. 由此可见，三角函数的定义为三角的发展奠定了一个美的根基.

2. 三角函数的公式美

三角函数中有同角三角函数关系式，诱导公式，两角和与差的三角函数关系式及其衍生出来的倍、半角公式，和差与积的互化公式等. 公式之多是三角函数的一大特色. 这些公式中把不同的三角函数直接或间接地联系起来，它充分体现了数学的统一美. 为了形象地表明六种三角函数的关系，人们还发明了六边形记忆法则，构思巧妙，内涵深刻，体现了和谐美与对称美.

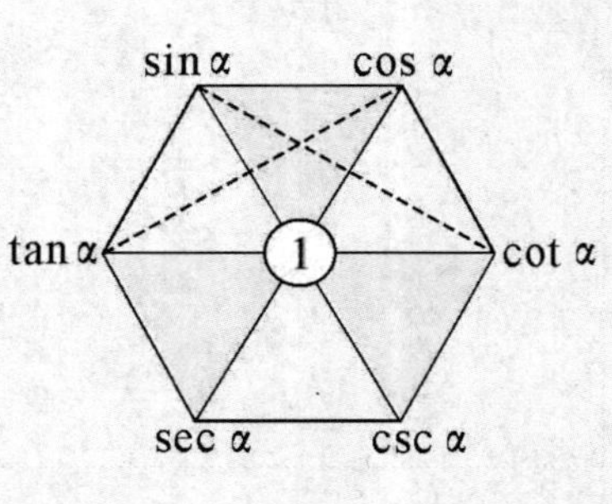

图 1－10

3. 三角函数的图像美

$y=\sin x$ 的图像关于原点对称，$y=\cos x$ 的图像关于 y 轴对称，它们形似起伏的波浪，周而复始地伸向两方；$y=\tan x$ 与 $y=\cot x$ 的图像均关于原点对称，它们分别是由被互相平行的直线隔开的无穷多支相同的曲线所组成的，它们形似飞流的瀑布，上下立地顶天. 正弦型函数 $y=A\sin(\omega x+\varphi)$ 的图像是正弦曲线的发展，它内含了一组组和谐有序的美丽图案，这些图案不仅让人赏心悦目，而且也使人浮想联翩，因为通过图像之间的观察比较，可使人们从形的角度进一步认识到不同三角函数之间的内在联系，而且也为弄清一般函数图像的变换规律提供了依据.

复习与小结

【知识框图】

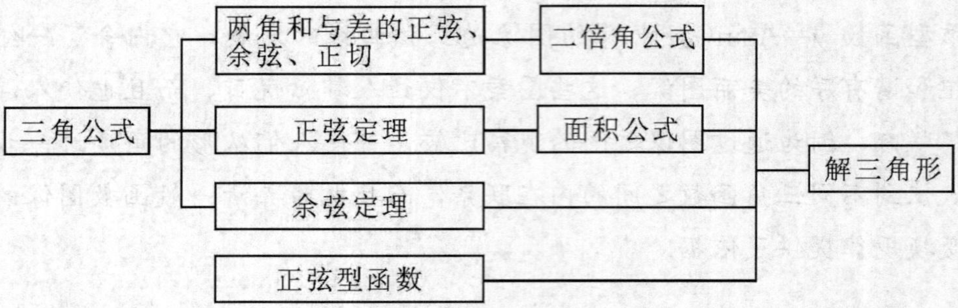

【学习与要求】

本章主要学习三角公式及解三角形，感受三角函数在解决实际问题中的作用.

1. 两角和与差的正弦、余弦、正切公式

(1) 了解两角和与差的正弦、余弦、正切公式的推导；

(2) 掌握公式的应用，能用公式求两角和与差的正弦、余弦和正切.

2. 二倍角公式

(1) 理解二倍角公式；

(2) 能用二倍角公式解决一些计算问题，并能进行一些三角恒等式的化简或证明.

3. 解三角形

(1) 理解正弦定理、余弦定理和面积公式；

(2) 能用正弦定理、余弦定理和面积公式求解三角形中的边或角，并能解决一些实际问题.

4. 正弦型函数

(1) 了解正弦型函数的定义，了解三角函数在研究周期性现象中的应用；

(2) 理解简单正弦型函数的图像的画法；

(3) 会求简单正弦型函数的周期、最大值和最小值.

【学习提示】

1. 两角和与差的三角函数是研究三角函数与角的加法（减法）运算的关系，它是相当重要的，有广泛的应用. 弄清各公式之间的关系，规范熟练地记忆公式并掌握相关题型的求解.

2. 二倍角公式是和角公式的特殊情况，也是一组重要的三角公式，要深刻理解公式中角之间的关系，做到应用自如.

3. 解三角形是本章的难点，解题时公式的正确选择需要对正弦定理和余弦定理熟练掌握，解三角形在实际生活中的应用尤其需要对题目条件进行正确的梳理，这也是学好本节的关键.

4. 正弦型函数的图像，借助正弦函数的“五点法”能较快得出，结合相应三角函数的图像理解其周期、最值.

复习题一

A 组

1. 不用计算器，求下列各式的值：

(1) $\cos\frac{5\pi}{12}$；　(2) $\cos 195^\circ$；

(3) $\sin\frac{\pi}{12}$；　(4) $\sin 75^\circ$；

(5) $\tan 195^\circ$；　(6) $\frac{\tan 85^\circ+\tan 50^\circ}{1-\tan 85^\circ\tan 50^\circ}$；

(7) $\sin 10^\circ\cos 50^\circ+\cos 10^\circ\sin 50^\circ$；　(8) $\cos 80^\circ\cos 70^\circ-\sin 80^\circ\sin 70^\circ$；

(9) $\sin 15^\circ\cos 15^\circ$；　(10) $1-2\sin^2\frac{3\pi}{8}$.

2. 已知 $\cos\alpha=-\frac{5}{13}$，$\alpha\in\left(\frac{\pi}{2},\ \pi\right)$，$\sin\beta=\frac{4}{5}$，$\beta\in\left(0,\ \frac{\pi}{2}\right)$，求 $\sin(\alpha+\beta)$，$\sin(\alpha-\beta)$ 的值.

3. 已知 $\sin\alpha=\frac{3}{5}$，$\alpha\in\left[\frac{\pi}{2},\ \pi\right]$，求 $\cos\left(\frac{\pi}{6}+\alpha\right)$，$\cos\left(\frac{\pi}{6}-\alpha\right)$ 的值.

4. 已知 $\cos\alpha=-\frac{3}{5}$，$\alpha\in\left(\pi,\ \frac{3\pi}{2}\right)$，$\sin\beta=\frac{5}{13}$，$\beta\in\left(0,\ \frac{\pi}{2}\right)$，求 $\tan(\alpha+\beta)$，$\tan(\alpha-\beta)$ 的值.

5. 已知 $\sin\alpha=\frac{5}{13}$，$\alpha\in\left(0,\ \frac{\pi}{2}\right)$，求 $\sin 2\alpha$，$\cos 2\alpha$，$\tan 2\alpha$ 的值.

6. 已知 $\sin\alpha=\frac{3}{5}$，求 $\sin\left(2\alpha+\frac{\pi}{3}\right)-\cos\left(2\alpha+\frac{\pi}{6}\right)$ 的值.

7. 证明下列恒等式：

(1) $2\sin\left(\frac{\pi}{4}+\alpha\right)\sin\left(\frac{\pi}{4}+\alpha\right)=\cos 2\alpha$；

(2) $(\sin x+\cos x)^2=1+\sin 2x$；

(3) $1+2\cos^2\theta-\cos 2\theta=2$.

8. 作出下列函数在一个周期的闭区间上的图像：(1) $y=3\sin x$，(2) $y=\sin\left(x+\frac{\pi}{6}\right)$，并说出它们与 $y=\sin x$ 的图像的关系.

9. 求下列函数的最小正周期、最大值、最小值.

(1) $y=5\sin\frac{1}{3}x$；(2) $y=2\sin\left(x-\frac{\pi}{4}\right)$；(3) $y=\cos x+\sqrt{3}\sin x$.

10. 在$\triangle ABC$中，已知$a=10$，$c=8$，$\angle B=60°$，求b、$\sin C$.

11. 已知$\triangle ABC$中，$a=4\sqrt{6}$，$b=8$，$\angle A=60°$，求$\angle B$，$\angle C$，c.

12. 在$\triangle ABC$中，$a=6$，$\angle B=120°$，$\angle A=45°$，

求：(1) $\angle C$，c；(2) 求$\triangle ABC$的面积S.

13. 已知$\triangle ABC$中，$a:b:c=2:3:4$，试判断$\triangle ABC$的形状.

14. 在某市进行城市环境建设中，要把一个三角形的区域改造成室内公园，经过测量得到这个三角形区域的三条边长分别为38 m，45 m，60 m，这个区域的面积是多少？(保留整数)

15. 已知在$\triangle ABC$中，$a=\sqrt{5}$，$b=3$，$\cos C$是方程$3x^2+x-2=0$的根，且$\angle C$是锐角，求$\triangle ABC$的面积.

B 组

1. 求下列函数的最小正周期、最大值、最小值.

(1) $y=2\sin x-3\cos x$；　　(2) $y=\sin 3x+\cos 3x$.

2. 判断$\triangle ABC$是直角三角形、锐角三角形还是钝角三角形？

(1) $a=3$，$b=\sqrt{7}$，$c=2$；

(2) $a=15$，$b=8$，$c=17$；

(3) $a=5$，$b=6$，$c=8$.

3. 已知$a=5$，$b=6$，$c=7$，求$\triangle ABC$的面积.

4. 已知$\tan\alpha=\frac{1}{3}$，求$\sin 2\alpha$，$\cos 2\alpha$，$\tan 2\alpha$的值.

5. 在梯形$ABCD$中，已知$AB=8$，$BC=5$，对角线$AC=7$，BD平分底角$\angle ABC$，求：

(1) 角$\angle ABC$的度数；(2) 梯形$ABCD$的面积.

6. 求$\frac{1}{\sin 10°}-\frac{\sqrt{3}}{\cos 10°}$的值.

7. 不用计算器，求$\sin\frac{3\pi}{8}$和$\cos\frac{5\pi}{8}$的值.

8. 在$\triangle ABC$中，已知$a=10$，$c=8$，$\angle B=60°$，求$\sin C$的值.

9．证明恒等式 $\sin(\alpha+\beta)\cos(\alpha-\beta)=\sin\alpha\cos\alpha+\sin\beta\cos\beta$.

10．已知 $\sin\frac{\alpha}{2}+\cos\frac{\alpha}{2}=-\frac{\sqrt{5}}{2}$，求 $\left|\sin\frac{\alpha}{2}-\cos\frac{\alpha}{2}\right|$ 的值.

11．已知 $\cos(\alpha+\beta)=\frac{3}{5}$，$\alpha+\beta\in(0,\ \pi)$，$\sin\alpha=\frac{12}{13}$，$\beta\in\left(0,\ \frac{\pi}{2}\right)$．求 $\cos\beta$ 的值.

12．已知 $\tan\alpha$，$\tan\beta$ 是方程 $x^2+6x+7=0$ 的两个根，求证：$\sin(\alpha+\beta)=\cos(\alpha+\beta)$.

圆锥曲线

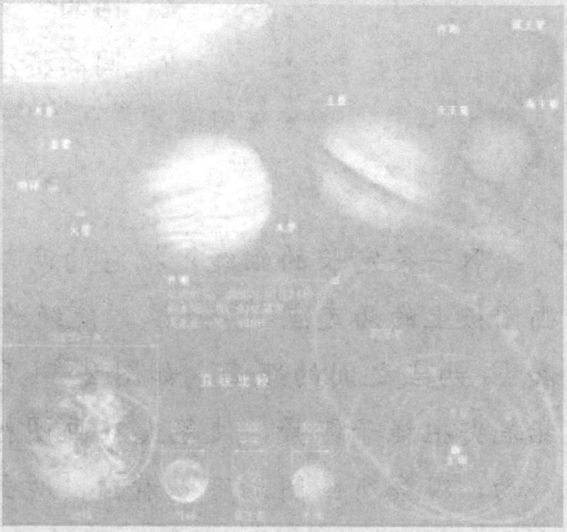

1997年初，中国科学院紫金山天文台发布了一条消息，从1997年2月中旬起，海尔·波普彗星将逐渐接近地球，4月以后，又将渐渐离去，并预测3000年后，它还将光临地球上空. 1997年2月至3月间，许多人目睹了这一天文现象.

天文学家是如何计算出彗星出现的准确时间呢？原来，海尔·波普彗星运行的轨道是一个椭圆，通过观察它运行中的一些相关数据，利用圆锥曲线的数学知识，可以推算出它运行轨道的方程，从而算出它运行的周期及轨道的周长. 在太阳系中，天体运行的轨道除椭圆外，还有双曲线、抛物线等.

人们习惯上把圆、椭圆、双曲线、抛物线统称为圆锥曲线. 圆锥曲线在数学上是一个非常重要的几何模型，是较好体现数形结合思想的素材；圆锥曲线在日常生活和社会生产中应用非常广泛，能直观刻画现实世界，是解决实际问题的有力工具.

本章将在学习直线和圆的基础上，进一步学习椭圆、双曲线和抛物线圆锥曲线的相关知识，并利用圆锥曲线的方程和性质解决简单的生活实际问题，培养学生数形结合的思想方法.

§2.1 椭圆的标准方程

知识回顾

1. 圆的定义
2. 圆的标准方程

探寻发现

取一条定长的细绳，把它的两端固定在画图板上的两定点 F_1 和 F_2，使绳长大于 F_1 和 F_2 两点之间的距离，如图 2－1 所示．用铅笔尖把绳子绷紧，使笔尖在画图板上慢慢移动，观察所画图形可以看出，所画图形是一个椭圆．

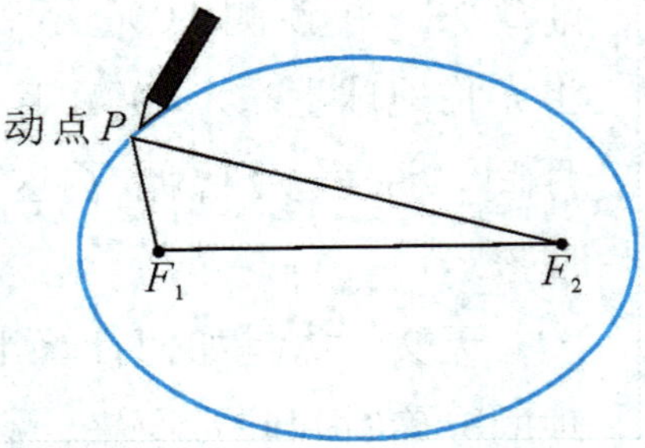

图 2－1

从上面画图的过程中，我们可以看出，椭圆上的点 P 到定点 F_1，F_2 的距离之和等于绳长，据此我们可以定义椭圆．

平面内与两个定点 F_1，F_2 的距离之和等于常数（大于 $|F_1F_2|$）的点的轨迹叫做**椭圆**．这两个定点 F_1，F_2 叫做椭圆的**焦点**，两个焦点之间的距离即 $|F_1F_2|$ 叫做椭圆的**焦距**．

下面我们建立一个适当的直角坐标系，并求出椭圆的方程．

取过焦点 F_1，F_2 的直线为 x 轴，线段 F_1F_2 的垂直平分线为 y 轴，建立直角坐标系，如图 2－2 所示．

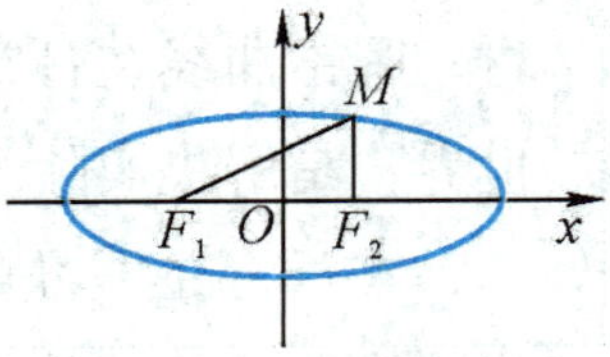

图 2－2

注意

在本章内容中若没有特别说明，则曲线的标准方程都是在标准坐标系中得来的．

不妨设 $|F_1F_2|=2c$，则 $F_1(-c,0)$，$F_2(c,0)$，$M(x,y)$ 为椭圆上任意一点，则可设常数为 $2a$（$a>0$），由椭圆的定义可知：

$$|MF_1|+|MF_2|=2a$$

$$\Leftrightarrow\sqrt{(x+c)^2+y^2}+\sqrt{(x-c)^2+y^2}=2a$$

$$\Leftrightarrow\sqrt{(x+c)^2+y^2}=2a-\sqrt{(x-c)^2+y^2}$$

$$\Rightarrow(x+c)^2+y^2=4a^2+(x-c)^2+y^2-4a\sqrt{(x-c)^2+y^2}$$

$$\Leftrightarrow cx-a^2=-a\sqrt{(x-c)^2+y^2}$$

$$\Rightarrow c^2x^2+a^4-2a^2cx=a^2(x-c)^2+a^2y^2$$

整理得$(a^2-c^2)x^2+a^2y^2=a^2(a^2-c^2)$.

由椭圆的定义知 $2a>2c$，即 $a>c$，令 $b^2=a^2-c^2$，其中 $b>0$，则上式变形为：

$$b^2x^2+a^2y^2=a^2b^2,$$

两边同除以 a^2b^2，得

$$\frac{x^2}{a^2}+\frac{y^2}{b^2}=1 \quad (a>b>0). \qquad (2.1)$$

我们把方程（2.1）叫做**椭圆的标准方程**，它表示椭圆的焦点在 x 轴上，焦点是 $F_1(-c,0)$，$F_2(c,0)$，其中 $c>0$，且 $a^2=b^2+c^2$，我们把 F_1 叫做椭圆的**左焦点**，F_2 叫做**右焦点**.

同理，我们可以得到焦点 F_1，F_2 在 y 轴上的椭圆标准方程，设 $F_1(0,-c)$，$F_2(0,c)$，其中 $c>0$，且 $a^2=b^2+c^2$，如图 2－3 所示. 则椭圆的标准方程是

$$\frac{x^2}{b^2}+\frac{y^2}{a^2}=1 \quad (a>b>0). \qquad (2.2)$$

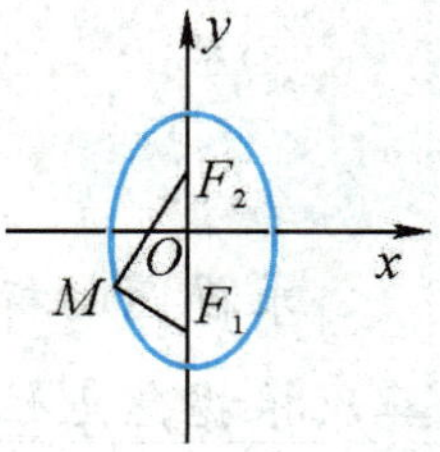

图 2－3

想一想

①标准方程中字母 a，b，c 之间有确定的大小关系吗？

②如何确定椭圆焦点在 x 轴还是在 y 轴？

例 1 求椭圆$\frac{x^2}{100}+\frac{y^2}{64}=1$的焦点坐标与焦距.

解 由椭圆的标准方程知：$a^2=100$，$b^2=64$，且焦点在 x 轴上，则

$$c=\sqrt{a^2-b^2}=\sqrt{100-64}=\sqrt{36}=6,$$

那么，焦点是 $F_1(-6,0)$，$F_2(6,0)$；焦距为 $2c=12$.

想一想

给出椭圆标准方程后，如何分辨分母中哪个是 a^2，哪个是 b^2？

例 2 已知椭圆的焦点在 y 轴上，焦距为 8，椭圆上一点到两个焦点的距离之和为 10，求椭圆的标准方程.

解 因为 $2c=8$，$2a=10$，则 $c=4$，$a=5$，那么

$$b=\sqrt{a^2-c^2}=\sqrt{5^2-4^2}=3,$$

又因为焦点在 y 轴上，所以椭圆的标准方程为：$\frac{x^2}{9}+\frac{y^2}{25}=1$.

例 3 已知椭圆的焦点在 x 轴上，焦距为 2，且椭圆经过点（2，0），求椭圆的标准方程.

解 由题意设椭圆的标准方程为：$\frac{x^2}{a^2}+\frac{y^2}{b^2}=1$.

因为椭圆经过点（2，0），所以$\frac{4^2}{a^2}+\frac{0^2}{b^2}=1$，则 $a=4$.

又因为 $2c=2$，所以 $c=1$，于是 $b=\sqrt{a^2-c^2}=\sqrt{4^2-1^2}=\sqrt{15}$.

所以椭圆的标准方程为：$\frac{x^2}{16}+\frac{y^2}{15}=1$.

注意

求椭圆的标准方程关键是：首先求出字母 a，b 的值，通常还牵涉到 c；其次根据焦点位置求标准方程.

练习

1. 求下列椭圆的焦点坐标与焦距.

(1) $\frac{x^2}{169}+\frac{y^2}{144}=1$；　　(2) $\frac{x^2}{16}+\frac{y^2}{12}=1$；

(2) $9x^2+25y^2=225$；　　(4) $x^2+4y^2=1$.

2. 求满足下列条件的椭圆的标准方程.

(1) 焦点在 x 轴上，焦距是 10，椭圆上的点到两焦点的距离之和等于 26；

(2) $a=5$，焦点为 $F_1(-4, 0)$，$F_2(4, 0)$；

(3) $b=2\sqrt{2}$，焦点为 $F_1(-2\sqrt{2}, 0)$，$F_2(2\sqrt{2}, 0)$.

3. 已知椭圆经过点$\left(-\frac{5}{2}, \frac{3\sqrt{3}}{3}\right)$，$F_1(-4, 0)$是它的一个焦点，求椭圆的标准方程.

习题 2.1

A组

1. 椭圆的焦点坐标分别是$F_1(0, -c)$，$F_2(0, c)$，椭圆上一点P的坐标是(x, y)，且点P到F_1，F_2的距离之和为$2a(a>c)$，则该椭圆的标准方程是____________________.

2. 椭圆$\frac{x^2}{9}+\frac{y^2}{4}=1$的焦距为(　　).

A. $2\sqrt{13}$　　B. $\sqrt{13}$　　C. $\sqrt{5}$　　D. $2\sqrt{5}$

3. 已知椭圆的标准方程是$\frac{x^2}{25}+\frac{y^2}{16}=1$，求椭圆的焦点坐标和焦距.

4. 已知$a=5$，焦点为$F_1(0, -4)$，$F_2(0, 4)$，求椭圆的标准方程.

5. 已知椭圆经过点$M(0, -\sqrt{5})$与点$N(2\sqrt{2}, 0)$，求椭圆的标准方程.

B组

1. 点P是椭圆$\frac{x^2}{25}+\frac{y^2}{16}=1$上一点，$F_1$，$F_2$是椭圆的焦点，若$|PF_1|=4$，则$|PF_2|=$________.

2. 求下列椭圆的焦点坐标和焦距.

(1) $9x^2+12y^2=108$；　　(2) $15x^2+12y^2=1$.

3. 已知椭圆的焦点在y轴上，其标准方程中，$a=2b$，且椭圆经过点$P(4, 2)$，求椭圆的标准方程.

4. 点P是椭圆$\frac{x^2}{5}+\frac{y^2}{4}=1$上一点，以点$P$以及焦点$F_1$，$F_2$为顶点的三角形的面积等于1，求点$P$的坐标.

§2.2 椭圆的性质

经过前面的学习，我们已经知道，焦点在 x 轴上的椭圆的标准方程是

$$\frac{x^2}{a^2}+\frac{y^2}{b^2}=1 \quad (a>b>0).$$

现在我们根据上式来研究椭圆的性质.

1. 范围

从椭圆的标准方程（2.1）看出，椭圆上的点的坐标 (x, y) 都适合不等式：

$$\frac{x^2}{a^2}\leqslant 1,\ \frac{y^2}{b^2}\leqslant 1,$$

即 $\quad x^2\leqslant a^2,\ y^2\leqslant b^2,$

因此 $\quad |x|\leqslant a,\ |y|\leqslant b.$

这说明椭圆位于直线 $x=\pm a$，$y=\pm b$ 所围成的矩形里，如图 2－4 所示.

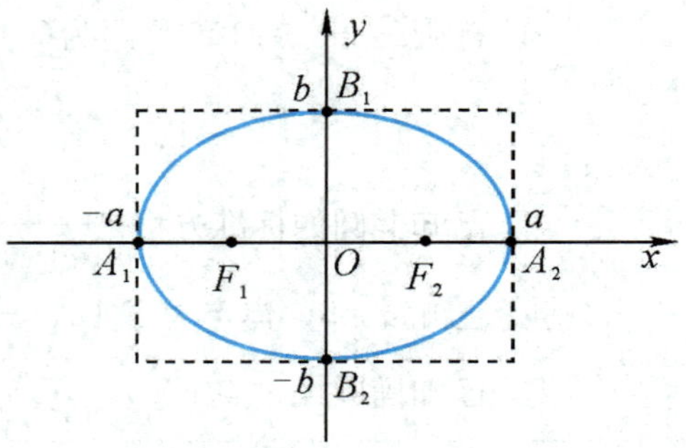

图 2－4

2. 对称性

在椭圆上任取一点 $P(x, y)$，则点 P 的坐标 (x, y) 满足椭圆的标准方程（2.1），即

$$\frac{x^2}{a^2}+\frac{y^2}{b^2}=1\ (a>b>0).$$

根据对称的定义知道，点 $P(x, y)$ 关于 y 轴的对称点 Q 的坐标是 $(-x, y)$. 由于在方程（2.1）中，x 用 $-x$ 代入，其方程不变. 因此点 Q 的坐标 $(-x, y)$ 也满足椭圆的方程（2.1），从而点 $Q(-x, y)$ 也在椭圆上，所以椭圆关于 y 轴对称.

同理，容易看出：点 $P(x, y)$ 关于 x 轴的对称点 M 的坐标是 $(x, -y)$. 由于在方程（2.1）中，y 用 $-y$ 代入，方程不变. 因此，点 M 的坐标 $(x, -y)$ 也满足方程（2.1），从而点 $M(x, -y)$ 也在椭圆上，所以椭圆关于 x 轴对称.

点 $P(x, y)$ 关于原点的对称点 G 的坐标是 $(-x, -y)$. 由于方程（2.1）中，x 用 $-x$ 代入，且 y 用 $-y$ 代入，方程不变. 因此 $G(-x, -y)$

的坐标也满足方程（2.1）．从而点 $G(-x，-y)$ 也在椭圆上，因此椭圆关于原点对称．

综上述，椭圆有两条互相垂直的对称轴，有一个对称中心（简称中心）．

3．顶点

在椭圆的标准方程（2.1）中，令 $x=0$，得 $y=\pm b$．这说明 $B_1(0,-b)$，$B_2(0，b)$ 是椭圆与 y 轴的两个交点．同理，令 $y=0$，得 $x=\pm a$．这说明 $A_1(-a，0)$，$A_2(a，0)$ 是椭圆与 x 轴的两个交点．因为 x 轴、y 轴是椭圆的对称轴，所以椭圆与它的对称轴共有四个交点．椭圆与它的对称轴的交点称为椭圆的顶点，椭圆共有四个顶点．

椭圆的焦点所在的对称轴上两个顶点的连线段 A_1A_2，叫做椭圆的**长轴**；另一条对称轴上两个顶点的连线段 B_1B_2，叫做椭圆的**短轴**．长轴的长为 $2a$，短轴的长为 $2b$．而 a，b 分别叫做椭圆的**长半轴长**和**短半轴长**，把 $c=\sqrt{a^2-b^2}$ 叫做椭圆的**半焦距**．

4．离心率

我们把比值 $e=\frac{c}{a}$ 叫做椭圆的离心率，它等于椭圆的焦距与长轴长的比．

下面我们来讨论离心率 e 与椭圆的关系．

由于椭圆位于直线 $x=\pm a$，$y=\pm b$ 所围成的矩形里，因此当比值 $\frac{b}{a}$ 越小时，椭圆就越扁．由于 $\frac{b}{a}=\frac{\sqrt{a^2-c^2}}{a}=\sqrt{1-\left(\frac{c}{a}\right)^2}$，因此当比值 $\frac{c}{a}$ 越大时，$\frac{b}{a}$ 就越小，从而椭圆越扁；而比值 $\frac{c}{a}$ 越小时，$\frac{b}{a}$ 就越大，椭圆就越接近于圆．

综上所述，椭圆离心率 e 越大，椭圆越扁；离心率 e 越接近 0，椭圆越接近圆．

注意

当 $\frac{c}{a}=0$ 时，即 $c=0$，椭圆的两个焦点重合．此时 $b=a$，从而椭圆的标准方程成为 $\frac{x^2}{a^2}+\frac{y^2}{a^2}=1$，即

$$x^2+y^2=a^2.$$

上述方程表示以原点为圆心、半径为 a 的圆．

由于 $a>c>0$，因此 $0<e<1$. 从上面的讨论知道，e 越接近 1，椭圆越扁；e 越接近 0，椭圆越接近于圆.

想一想

当焦点在 y 轴上时，椭圆的顶点、对称轴、焦点、离心率哪些发生了变化？若发生了变化，分别变成了什么？

例 1 求椭圆 $36x^2+25y^2=900$ 的长轴长和短轴长、顶点和离心率.

分析 首先要将方程转化为标准方程，以确定 a，b 的值和焦点的位置.

解 将椭圆的方程化成标准方程为：

$$\frac{x^2}{25}+\frac{y^2}{36}=1.$$

因为椭圆的焦点在 y 轴上，所以 $a=6$，$b=5$，则

$$c=\sqrt{a^2-b^2}=\sqrt{6^2-5^2}=\sqrt{11},$$

即椭圆的长轴长为 $2a=12$，短轴长为 $2b=10$；顶点分别为 $A_1(0,\ -6)$，$A_2(0,\ 6)$，$B_1(-5,\ 0)$，$B_2(5,\ 0)$；离心率 $e=\frac{c}{a}=\frac{\sqrt{11}}{6}$.

例 2 已知椭圆的长轴上的两个顶点的坐标是 $(-2,\ 0)$，$(2,\ 0)$，离心率为 $\frac{1}{2}$，求椭圆的标准方程.

解 因为椭圆的长轴上的两个顶点的坐标是 $(-2,\ 0)$，$(2,\ 0)$，所以 $a=2$.

又因为
$$e=\frac{c}{a}=\frac{1}{2},$$

所以
$$c=\frac{1}{2}\cdot a=\frac{1}{2}\cdot 2=1,$$

于是
$$b=\sqrt{a^2-c^2}=\sqrt{4-1}=\sqrt{3}.$$

由于焦点在 x 轴上，所以椭圆的标准方程为：$\frac{x^2}{4}+\frac{y^2}{3}=1$.

练习

1. 求下列椭圆的长轴长、短轴长、焦距、顶点、焦点和离心率.

(1) $\frac{x^2}{36}+\frac{y^2}{9}=1$；　　(2) $15x^2+12y^2=180$.

2. 求适合下列条件的椭圆的标准方程：

(1) 长轴上的两个顶点的坐标是 $(-\sqrt{15}, 0)$，$(\sqrt{15}, 0)$，离心率为$\frac{\sqrt{5}}{5}$；

(2) 焦点坐标分别是 $(-4, 0)$，$(4, 0)$，离心率为$\frac{4}{7}$.

习题 2.2

A 组

1. 椭圆 $9x^2+4y^2=36$ 的长半轴长为________，短半轴长为________，离心率为________.

2. 求下列椭圆的长轴长、短轴长、焦距、顶点、焦点和离心率.

(1) $\frac{x^2}{16}+\frac{y^2}{36}=1$；　　(2) $9x^2+12y^2=108$.

3. 已知椭圆的焦点在 x 轴上，长轴长为 18，离心率为$\frac{2}{3}$，求椭圆的标准方程.

4. 已知椭圆经过点 $P(-3, 0)$，$Q(0, -2)$，求椭圆的标准方程.

5. 求直线 $3x+10y-25=0$ 与椭圆$\frac{x^2}{25}+\frac{y^2}{4}=1$ 的交点坐标.

B 组

1. 椭圆$\frac{x^2}{16}+\frac{y^2}{n}=1$ 经过点 $N(2, \sqrt{15})$，求椭圆的焦点坐标和焦距，以及离心率.

2. 已知椭圆的短半轴上的两个顶点的坐标分别是 $(0, 3)$，$(0, 3)$，离心率为$\frac{1}{2}$，求椭圆的标准方程.

3. 已知椭圆的长轴长等于 20，离心率等于$\frac{3}{5}$，求椭圆的标准方程.

4. 点 M 与椭圆$\frac{x^2}{13^2}+\frac{y^2}{12^2}=1$ 的左焦点和右焦点的距离比为 $2:3$，求点 M 的轨迹方程.

§2.3 双曲线的标准方程

双曲线在现实生活中的应用广泛，如冷却塔、花瓶（如下图）等．所以我们有必要学习了解双曲线．

我们已经知道，与两定点的距离之和等于常数的点的轨迹是椭圆，那么与两定点的距离的差为非零常数的点的轨迹是怎样的曲线呢？

探寻发现

如图 2－5 所示：拿一条两边不等长的拉链，将拉链的两个末端固定在 F_1，F_2 两个点上，且使得两个点之间的距离大于拉链两边长度的差，此时慢慢拉动拉链锁，拉链锁的轨迹就是双曲线的一支．同理，转换拉链两个末端的位置，则会得到双曲线的另一支．

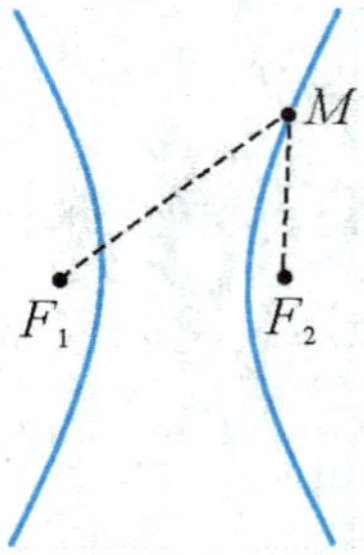

图 2－5

平面内与两个定点 F_1，F_2 的距离之差的绝对值是常数（小于 $|F_1F_2|$）的点的轨迹称为**双曲线**．这两个定点 F_1，F_2 叫做双曲线的**焦点**，两个焦点间的距离叫做双曲线的**焦距**．

想一想

若在定义中去掉“绝对值”后，动点的轨迹会怎样？

双曲线的标准方程是什么呢？下面我们就来探讨此问题．

取过焦点 F_1，F_2 的直线为 x 轴，令线段 F_1F_2的垂直平分线为 y 轴，建立直角坐标系，如图2－6.

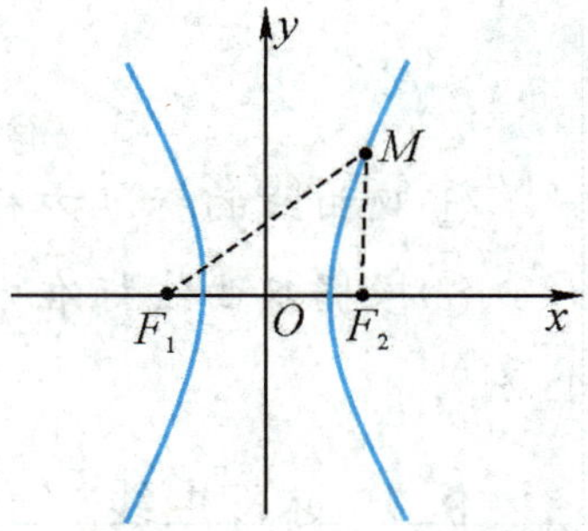

图 2－6

设双曲线的焦距为 $2c(c>0)$，双曲线上的点与两定点 F_1，F_2 的距离之差的绝对值为 $2a(0<a<c)$，则 F_1，F_2 的坐标分别为$(-c，0)$，$(c，0)$.

点 $M(x，y)$ 在双曲线上$\Leftrightarrow||MF_1|-|MF_2||=2a$

$$\Leftrightarrow|MF_1|-|MF_2|=\pm2a$$

$$\Leftrightarrow\sqrt{(x+c)^2+y^2}-\sqrt{(x-c)^2+y^2}=\pm2a$$

$$\Leftrightarrow\sqrt{(x+c)^2+y^2}=\sqrt{(x-c)^2+y^2}\pm2a$$

$$\Rightarrow(x+c)^2+y^2=(\sqrt{(x-c)^2+y^2}\pm2a)^2$$

$$\Leftrightarrow\pm a\sqrt{(x-c)^2+y^2}=(cx-a^2)^2$$

$$\Leftrightarrow a^2[(x-c)^2+y^2]=(cx-a^2)^2$$

$$\Leftrightarrow(c^2-a^2)x^2-a^2y^2=a^2(c^2-a^2).$$

由于 $c>a$，因此 $c^2-a^2>0$. 令 $b^2=c^2-a^2$，则上式变形为：

$$b^2x^2-a^2y^2=a^2b^2\ (a>0，b>0).$$

两边同除以 a^2b^2，得

$$\frac{x^2}{a^2}-\frac{y^2}{b^2}=1\ (a>0，b>0).\qquad(2.3)$$

我们把方程（2.3）叫做**双曲线的标准方程**. 它表示双曲线的焦点在 x 轴上，焦点是$F_1(-c，0)$，$F_2(c，0)$，其中 $c^2=a^2+b^2$ $(c>0)$.

同理，我们也可以取双曲线的焦点 F_1，F_2 的连线为 y 轴，以线段 F_1F_2的垂直平分线为 x 轴，建立直角坐标系，如图 2－7 所示. 同理可推导出方程

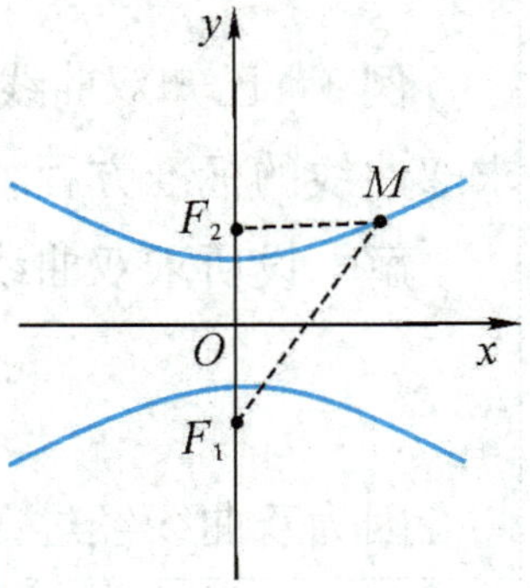

图 2－7

$$\frac{y^2}{a^2}-\frac{x^2}{b^2}=1\ (a>0，b>0).\qquad(2.4)$$

方程（2.4）也叫做双曲线的标准方程，它表示双曲线的焦点在 y 轴上，焦点坐标分别为 $F_1(0，-c)$，$F_2(0，c)$，其中 $c^2=a^2+b^2$ $(c>0)$.

想一想

①双曲线的标准方程中 a，b，c 有确定的大小关系吗？

②根据双曲线标准方程如何判断焦点位置？与判断椭圆焦点位置有什么区别？

例 1 求双曲线$\frac{x^2}{25}-\frac{y^2}{24}=1$的焦点和焦距.

解 由题意可知，双曲线的焦点在 x 轴上，且 $a^2=25$，$b^2=24$，则

$$c=\sqrt{a^2+b^2}=\sqrt{25+24}=7.$$

即焦点是 $F_1(-7，0)$，$F_2(7，0)$，焦距为 $2c=14$.

例 2 已知双曲线的焦点在 x 轴上，焦距是 10，双曲线上一点到两焦点的距离之差的绝对值为 8，求双曲线的标准方程.

解 由题意可知 $2c=10$，$2a=8$，则 $c=5$，$a=4$.

于是 $$b=\sqrt{c^2-a^2}=\sqrt{5^2-4^2}=3.$$

由于焦点在 x 轴上，所以双曲线的标准方程是：$\frac{x^2}{16}-\frac{y^2}{9}=1$.

注意

求双曲线标准方程和求椭圆标准方程有类似的地方，同样是先求字母 a、b 的值；再判断焦点位置.

例 3 已知双曲线的焦点在 x 轴上，并且经过 $M_1(3，0)$，$M_2(6，4\sqrt{3})$，求双曲线的标准方程.

解 设所求双曲线的标准方程是

$$\frac{x^2}{a^2}-\frac{y^2}{b^2}=1.$$

因为双曲线经过 $M_1(3，0)$，$M_2(6，4\sqrt{3})$，则

$$\begin{cases}\frac{3^2}{a^2}-\frac{0^2}{b^2}=1,\\ \frac{6^2}{a^2}-\frac{(4\sqrt{3})^2}{b^2}=1.\end{cases}$$

解得，$a^2=3^2$，$b^2=4^2$．所以，双曲线的标准方程是

$$\frac{x^2}{9}-\frac{y^2}{16}=1.$$

练习

1．求适合下列条件的双曲线的标准方程：

(1) 焦点在 x 轴上，焦距是 26，双曲线上的点到两焦点的距离之差的绝对值为 24；

(2) $a=3$，焦点为 $F_1(-\sqrt{21}, 0)$，$F_2(\sqrt{21}, 0)$；

(3) $b=1$，焦点为 $F_1(-4, 0)$，$F_2(4, 0)$；

(4) 双曲线的焦点在 y 轴上，并且经过两点 M_1，M_2，坐标分别为 $\left(\sqrt{3}, \frac{5\sqrt{2}}{2}\right)$，$(-2, \sqrt{15})$．

2．求下列双曲线的焦点和焦距：

(1) $\frac{x^2}{5}-\frac{y^2}{6}=1$；　　(2) $\frac{x^2}{49}-\frac{y^2}{25}=1$；

(3) $\frac{y^2}{5}-\frac{x^2}{6}=1$；　　(4) $25x^2-4y^2=100$．

习题 2.3

A 组

1．双曲线的焦点坐标是 $F_1(0, -c)$，$F_2(0, c)$，双曲线上点 P 的坐标是 (x, y)，且点 P 到 F_1，F_2 的距离之差的绝对值为 $2a(a<c)$，则该双曲线的标准方程是____________________．

2．已知椭圆的标准方程是 $\frac{x^2}{25}-\frac{y^2}{3}=1$，则焦点坐标是________，焦距是________．

3．已知双曲线的焦点在 y 轴上，并且经过两点 $M_1(0, -1)$，$M_2(2, 2\sqrt{2})$，求双曲线的标准方程．

4．求下列双曲线的焦点坐标和焦距：

(1) $\frac{y^2}{16}-\frac{x^2}{64}=1$；　　(2) $x^2-y^2=12$．

B组

1. 双曲线 $4x^2-y^2=64$ 上一点 P 到它的一个焦点的距离等于 1，则点 P 到另一个焦点的距离等于________.

2. 已知双曲线的焦点坐标是 $F_1(-6, 0)$，$F_2(6, 0)$，且图像经过点 $P(-5, 2)$，求双曲线的标准方程.

3. 求与椭圆 $\frac{x^2}{9}+\frac{y^2}{4}=1$ 有共同焦点且到两焦点的距离差的绝对值为 4 的双曲线的标准方程.

4. 求证：椭圆 $\frac{x^2}{25}+\frac{y^2}{9}=1$ 与双曲线 $x^2-15y^2=15$ 的焦点相同.

§2.4 双曲线的性质

现在我们根据方程（2.4）来研究双曲线的性质.

1. 范围

从双曲线的标准方程（2.4）看出，双曲线上的点的坐标 (x, y) 都满足

$$\frac{x^2}{a^2}=1+\frac{y^2}{b^2}\geqslant 1,$$

即
$$x^2\geqslant a^2,$$
从而
$$|x|\geqslant a,$$
所以
$$x\geqslant a \text{ 或 } x\leqslant -a.$$

这说明双曲线位于直线 $x=-a$ 的左侧，以及直线 $x=a$ 的右侧.

2. 对称性

在双曲线标准方程（2.4）中，x 用 $-x$ 代入，方程不变. 因此，如果点 $P(x, y)$ 在双曲线上，那么点 P 关于 y 轴的对称点 $Q(-x, y)$ 也在双曲线上，所以双曲线关于 y 轴对称. 如图 2-8 所示.

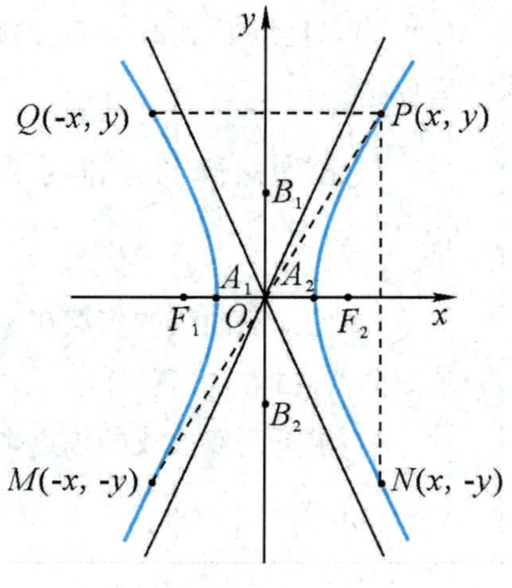

图 2-8

同理可知，双曲线也关于 x 轴对称，双曲线也关于坐标原点对称.

综上所述，双曲线有两条互相垂直的对称轴，有一个对称中心（简称中心）.

3. 顶点

在双曲线的标准方程（2.4）中，令 $y=0$，得 $x=\pm a$. 这说明 $A_1(-a, 0)$，$A_2(a, 0)$ 是双曲线与 x 轴的两个交点. 在方程（2.4）中，令 $x=0$，得 $y^2=-b^2$，这个方程没有实数解，因此双曲线与 y 轴没有交点. 因为 x 轴、y 轴是双曲线的对称轴，所以双曲线与它的对称轴共有两个交点.

双曲线与它的对称轴的交点称为双曲线的**顶点**，双曲线共有两个顶点，它们位于焦点所在的对称轴上.

双曲线的两个顶点的连线段 A_1A_2 称为双曲线的**实轴**. 实轴的长等于 $2a$，把 a 叫做双曲线的**实半轴长**.

标准方程（2.4）的双曲线与 y 轴没有交点. 考虑 y 轴上的两点 $B_1(0, -b)$，$B_2(0, b)$. 我们把线段 B_1B_2 叫做双曲线的**虚轴**，虚轴的长等于 $2b$，把 b 叫做双曲线的**虚半轴长**. 把 $c=\sqrt{a^2+b^2}$ 叫做双曲线的**半焦距**.

4. 渐近线

经过双曲线的两个顶点 $A_1(-a, 0)$，$A_2(a, 0)$ 分别作 y 轴的平行线 $x=-a$，$x=a$；经过 $B_1(0, -b)$，$B_2(0, b)$ 分别作 x 轴的平行线 $y=-b$，$y=b$. 这四条直线围成一个矩形，如图 2-8 所示.

上述矩形的两条对角线所在的直线 L_1，L_2 的方程分别是 $y=\frac{b}{a}x$，$y=-\frac{b}{a}x$. 现在我们先来讨论这两条直线与双曲线的位置关系. 为此我们来考虑方程组

$$\begin{cases}\frac{x^2}{a^2}-\frac{y^2}{b^2}=1, & ① \\ y=\pm\frac{b}{a}x & ②\end{cases}$$

有没有解.

把方程组的第②式代入第①式，得

$$\frac{x^2}{a^2}-\frac{1}{b^2}\left(\pm\frac{b}{a}x\right)^2=1,$$

整理，得

$$\frac{x^2}{a^2}-\frac{x^2}{a^2}=1，即 0=1，$$

矛盾．所以方程组没有解．这说明两条直线 $y=\frac{b}{a}x$，$y=-\frac{b}{a}x$ 与双曲线都没有交点．

下面进一步讨论这两条直线与双曲线的关系．由于这两条直线 $y=\frac{b}{a}x$，$y=-\frac{b}{a}x$ 组成的图形关于 x 轴对称，关于 y 轴对称，并且双曲线也是关于 x 轴，y 轴都对称，因此我们只需讨论第一象限及边界的情形．

上述两条直线在第一象限及边界中的部分是函数

$$y=\frac{b}{a}x，x\in[0，+\infty)$$

的图像，把双曲线的标准方程（2.3）变形成

$$y=\pm\frac{b}{a}\sqrt{x^2-a^2}，$$

于是双曲线在第一象限及边界中的部分是函数

$$y=\frac{b}{a}\sqrt{x^2-a^2}，x\in[a，+\infty)$$

的图像．设 $P(x，y)$ 是双曲线在第一象限及边界中的点，$Q(x，y)$ 是直线 $Y=\frac{b}{a}x$ 上的点，它与点 P 有相同的横坐标．由于

$$y=\frac{b}{a}\sqrt{x^2-a^2}=\frac{b}{a}x\sqrt{1-\left(\frac{a}{x}\right)^2}<\frac{b}{a}x=Y$$

因此点 P 位于点 Q 的下方，如图 2－8 所示．而

$$\begin{aligned}|PQ|&=Y-y\\&=\frac{b}{a}x-\frac{b}{a}\sqrt{x^2-a^2}\\&=\frac{b}{a}(x-\sqrt{x^2-a^2})\\&=\frac{b}{a}\frac{(x-\sqrt{x^2-a^2})(x+\sqrt{x^2-a^2})}{x+\sqrt{x^2-a^2}}\\&=\frac{b}{a}\frac{x^2-(x^2-a^2)}{x+\sqrt{x^2-a^2}}\\&=\frac{ab}{x+\sqrt{x^2-a^2}}.\end{aligned}$$

从上式可以看出，当 x 从 a 逐渐增大时，$|PQ|$ 逐渐缩小；当 x 无限增大时，$|PQ|$ 接近于零，但不等于零.

这告诉我们，当 x 无限增大时，双曲线在第一象限中的点的变化趋势是：从直线 $y=\frac{b}{a}x$ 的下方越来越接近该直线，但不与这直线相交. 利用对称性，可以知道双曲线在其他象限中的点的变化趋势.

我们把直线

$$y=\frac{b}{a}x,\ y=-\frac{b}{a}x \tag{2.5}$$

叫做双曲线标准方程（2.3）的**渐近线**.

如果双曲线的标准方程为

$$\frac{y^2}{a^2}-\frac{x^2}{b^2}=1,$$

那么直线

$$x=\frac{b}{a}y,\ x=-\frac{b}{a}y \tag{2.6}$$

叫做双曲线标准方程（2.4）的渐近线.

5. 离心率

我们把比值

$$e=\frac{c}{a} \tag{2.7}$$

叫做双曲线的**离心率**，它等于双曲线的焦距与实轴长的比.

下面我们来讨论离心率 e 与双曲线的关系.

标准方程（2.3）的双曲线的两支分别位于直线 $x=-a$，$x=a$ 的左侧和右侧，并且夹在由 $x=\pm a$，$y=\pm b$ 围成的矩形的两条对角线所在的直线之间. 因此，当比值 $\frac{b}{a}$ 越小时，双曲线的开口越狭窄.

由于
$$\frac{b}{a}=\frac{\sqrt{c^2-a^2}}{a}=\sqrt{\left(\frac{c}{a}\right)^2-1},$$

因此当比值 $\frac{c}{a}$ 越小时，$\frac{b}{a}$ 就越小，从而双曲线开口越狭窄.

由于 $c>a>0$，因此 $e>1$. 从上面的讨论知道，双曲线离心率 e 越小，双曲线的开口越狭窄；离心率 e 越大，双曲线的开口越开阔.

例 1 求双曲线 $2x^2-3y^2=6$ 的实半轴长、虚半轴长、顶点.

解 将双曲线的方程化成标准方程为：

$$\frac{x^2}{3}-\frac{y^2}{2}=1,$$

所以 $a=\sqrt{3}$，$b=\sqrt{2}$，且焦点在 x 轴上. 因为

$$c=\sqrt{a^2+b^2}=\sqrt{3+2}=\sqrt{5},$$

所以，双曲线的实半轴长为 $\sqrt{3}$，虚半轴长为 $\sqrt{2}$，顶点分别是 $A_1(-\sqrt{3}, 0)$，$A_2(\sqrt{3}, 0)$.

例 2 求双曲线 $\frac{y^2}{9}-\frac{x^2}{16}=1$ 的离心率和渐近线方程.

解 由双曲线的标准方程知：焦点在 y 轴上，且 $a^2=9$，$b^2=16$，即 $a=3$，$b=4$. 因为

$$c=\sqrt{a^2+b^2}=\sqrt{9+16}=\sqrt{25}=5,$$

所以，离心率为 $e=\frac{c}{a}=\frac{5}{3}$；渐近线方程为 $y=\frac{3}{4}x$，$y=-\frac{3}{4}x$.

例 3 已知双曲线的两个顶点的坐标是 $(-3, 0)$，$(3, 0)$，离心率为 $\frac{5}{3}$，求双曲线的标准方程.

解 由题意知 $a=3$，$e=\frac{c}{a}=\frac{5}{3}$. 因为

$$c=\frac{5}{3}a=\frac{5}{3}\times 3=5,$$

所以

$$b=\sqrt{c^2-a^2}=\sqrt{5^2-3^2}=4.$$

由于焦点在 x 轴上，所以，双曲线的标准方程为

$$\frac{x^2}{9}-\frac{y^2}{16}=1.$$

练习

1. 求下列双曲线的实半轴长、虚半轴长、顶点、焦点、离心率以及渐近线方程：

(1) $\frac{x^2}{9}-\frac{y^2}{4}=1$；　　(2) $9x^2-4y^2=36$.

2. 求满足下列条件的双曲线的标准方程：

(1) 实轴长为 6，两个焦点的坐标为 $(-5, 0)$，$(5, 0)$；

(2) 两个顶点的坐标为 (0, -4), (0, 4), 离心率为$\frac{3}{2}$;

(3) 虚轴长为 8, 两个焦点坐标为 (0, -5), (0, 5).

习题 2.4

A 组

1. 双曲线$\frac{x^2}{25}-\frac{y^2}{9}=1$的实半轴长是________, 虚半轴长是________, 离心率是________.

2. 等轴双曲线的离心率是________________.

3. 求下列双曲线的实轴长、虚轴长、顶点、焦点、离心率以及渐近线方程:

(1) $\frac{y^2}{9}-\frac{x^2}{4}=1$;　　　　(2) $x^2-y^2=9$.

4. 已知双曲线的实轴长为 2, 离心率为$\frac{\sqrt{10}}{3}$, 焦点在 x 轴上, 求双曲线的标准方程.

5. 已知直线与双曲线 $2x^2-y^2=2$ 相交于 A, B 两点, 两点的坐标分别为 (-1, 0), (1, 2), 求该直线的方程.

B 组

1. 在下列双曲线标准方程中渐近线是 $y=\pm\frac{1}{2}x$ 的是(　　).

A. $\frac{x^2}{16}-\frac{y^2}{4}=1$　　　　B. $\frac{x^2}{4}-\frac{y^2}{16}=1$

C. $\frac{x^2}{2}-y^2=1$　　　　D. $x^2-\frac{y^2}{2}=1$

2. 焦距是 10, 两个顶点坐标分别是 (-2, 0), (2, 0) 的双曲线的标准方程是________________.

3. 方程$\frac{x^2}{k+6}+\frac{y^2}{k-1}=1$表示双曲线, 则 k 的取值范围是________.

4. 求以椭圆$\frac{x^2}{25}+\frac{y^2}{9}=1$的长轴端点作为焦点, 并且过点 $P(4\sqrt{2}, 3)$ 的双曲线方程.

§2.5 抛物线的标准方程

现实生活中抛物线是常见的图形，经过探索得到抛物线的如下定义：平面内与一个定点 F 和一条定直线 l 的距离相等的点的轨迹称为**抛物线**，这个定点 F 叫做抛物线的**焦点**，定直线 l 叫做抛物线的**准线**.

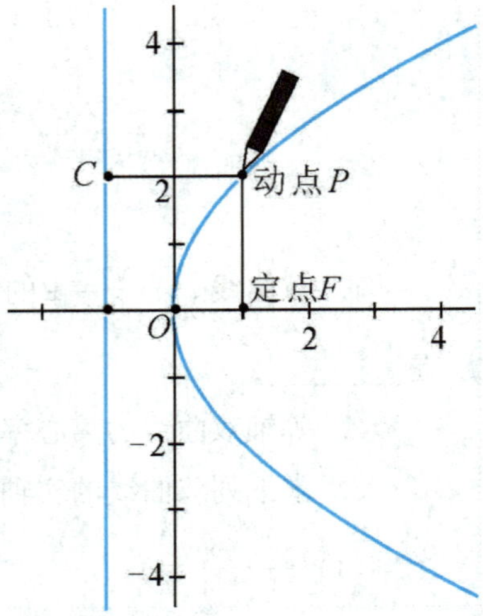

图 2－9

下面我们建立一个适当的直角坐标系，并求出抛物线的方程.

如图 2－10，取经过焦点 F 且垂直于准线 l 的直线为 x 轴，x 轴与 l 相交于点 K，以线段 KF 的垂直平分线为 y 轴，并且使焦点 F 在 x 轴的正半轴上，建立直角坐标系.

设焦点 F 到准线 l 的距离为 p，即 $|KF|=p$，则焦点 F 的坐标为 $\left(\frac{p}{2},\ 0\right)$，准线 l 的方程为 $x=-\frac{p}{2}$，即 $2x+p=0$.

点 $M(x,\ y)$ 在抛物线上

$\Leftrightarrow |MF|=|MN|$ （$|MN|$ 为点 M 到准线 l 的距离）

$$\Leftrightarrow \frac{|2x+p|}{\sqrt{2^2+0^2}}=\sqrt{\left(x-\frac{p}{2}\right)^2+y^2}$$

$$\Leftrightarrow \left|x+\frac{p}{2}\right|=\sqrt{\left(x-\frac{p}{2}\right)^2+y^2}$$

$$\Leftrightarrow \left(x+\frac{p}{2}\right)^2=\left(x-\frac{p}{2}\right)^2+y^2$$

$$\Leftrightarrow y^2=2px.$$

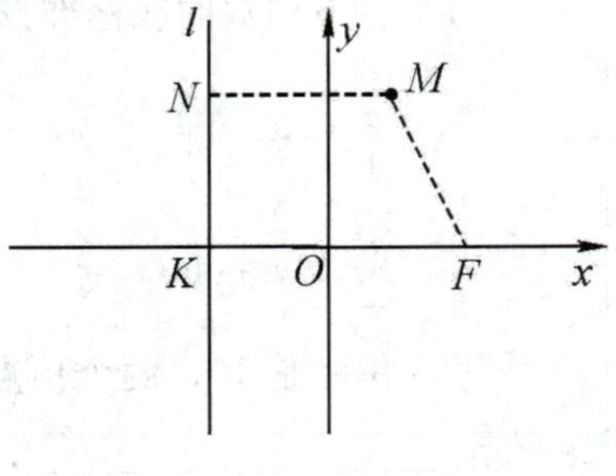

图 2－10

因此，抛物线方程是

$$y^2=2px\ (p>0). \tag{2.8}$$

方程（2.8）称为抛物线的标准方程，其中 p 表示焦点到准线的距离. 方程（2.8）表示的抛物线，其焦点在 x 轴的正半轴上，坐标是 $\left(\frac{p}{2},\ 0\right)$，它的准

线方程是 $x=-\frac{p}{2}$. 其图像为图 2－11.

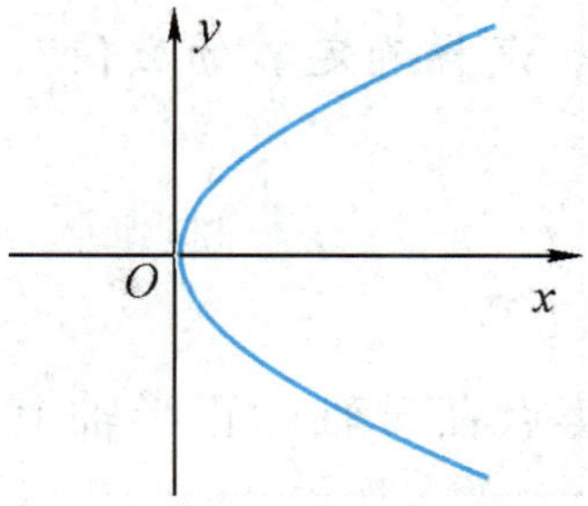

图 2－11

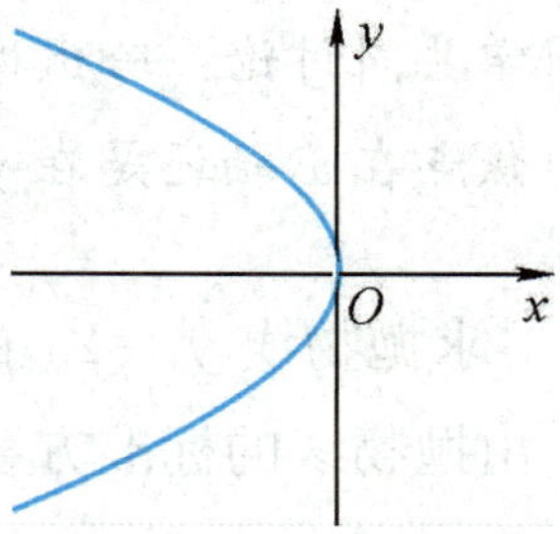

图 2－12

同理，可以得到：

①焦点在 x 轴的负半轴上，其焦点是$\left(-\frac{p}{2},\ 0\right)$，准线方程是 $x=\frac{p}{2}$抛物线的标准方程为：

$$y^2=-2px\ (p>0). \tag{2.9}$$

其中 p 表示焦点到准线的距离. 其图像为图 2－12.

②焦点在 y 轴的正半轴上，其焦点是$\left(0,\ \frac{p}{2}\right)$，准线方程是 $y=-\frac{p}{2}$抛物线的标准方程为：

$$x^2=2py\ (p>0). \tag{2.10}$$

其中 p 是焦点到准线的距离. 其图像为图 2－13.

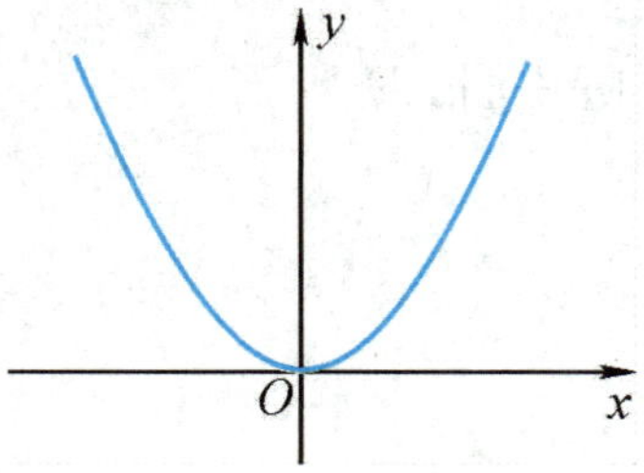

图 2－13

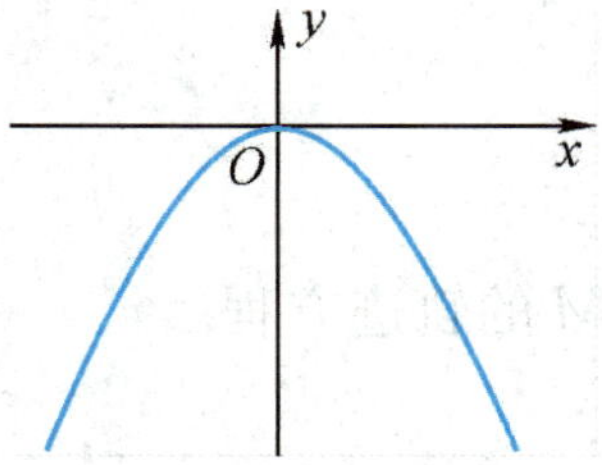

图 2－14

③焦点在 y 轴的正半轴上，其焦点是$\left(0,\ -\frac{p}{2}\right)$，准线方程是 $y=\frac{p}{2}$抛物线的标准方程为：

$$x^2=-2py\ (p>0). \tag{2.11}$$

其中 p 是焦点到准线的距离. 其图像为图 2－14.

想一想

和同学共同讨论：给出抛物线标准方程后，怎样确定 p 的数值？又如何确定椭圆焦点在 x 轴还是在 y 轴？

例 1 求抛物线 $y^2=2x$ 的焦点坐标和准线方程.

解 由抛物线的标准方程可知 $p=1$，且焦点在 x 轴的正半轴上，所以焦点坐标为 $F\left(\frac{1}{2}, 0\right)$，准线方程是 $x=-\frac{1}{2}$.

例 2 已知抛物线的焦点在 x 轴的正半轴上，并且焦点到准线的距离为 6，写出抛物线的标准方程.

解 由题意可知 $p=6$，焦点在 x 轴的正半轴上，所以抛物线的标准方程是 $y^2=12x$.

想一想

二次函数 $y=ax^2$ $(a\neq 0)$ 是我们现在研究的抛物线吗？

例 3 点 M 与点 $F(4, 0)$ 的距离等于它到直线 l：$x+4=0$ 的距离，求点 M 的轨迹方程.

解 设点 M 的坐标为 (x, y)，由题可知，

$$|MF|=|x+4|,$$

则
$$\sqrt{(x-4)^2+y^2}=|x+4|,$$

化简得
$$y^2=16x.$$

此即点 M 的轨迹方程.

练习

1. 求下列条件的抛物线的标准方程：

(1) 焦点在 x 轴的正半轴上，焦点到准线的距离是 4；

(2) 焦点在 y 轴的正半轴上，焦点到准线的距离是 5；

(3) 焦点是 $F(1, 0)$.

2. 求下列抛物线的焦点坐标和准线方程：

(1) $y^2=6x$；　　(2) $x^2=6y$.

3. 点 M 与点 $F(4, 0)$ 的距离比它到直线 l：$x+5=0$ 的距离小 1，求点 M 的轨迹方程.

习题 2.5

A 组

1. 抛物线 $y=4x^2$ 的准线方程是(　　).

A. $x=-1$　　B. $y=-1$　　C. $x=-\frac{1}{16}$　　D. $y=-\frac{1}{16}$

2. 抛物线 $y^2=2px(p>0)$ 上一点 M 到焦点的距离是 $a\left(a>\frac{p}{2}\right)$，则点 M 到准线的距离是________，点 M 的横坐标是________.

3. 求满足下列条件的抛物线的标准方程：

(1) 焦点在 x 轴的正半轴上，焦点到准线的距离是 10；

(2) 准线方程是 $x=-3$.

4. 求下列抛物线的焦点坐标和准线方程：

(1) $y^2=5x$；　　(2) $y=8x^2$.

B 组

1. 已知抛物线的顶点在原点，对称轴是 x 轴，焦点在直线 $3x-4y-12=0$ 上，则此抛物线的方程是(　　).

A. $y^2=16x$　　B. $y^2=12x$　　C. $y^2=-16x$　　D. $y^2=-12x$

2. 抛物线 $y^2=12x$ 上与焦点的距离等于 9 的点的坐标是____________.

3. 经过点 $P(2, -3)$，且焦点在 x 轴正半轴的抛物线的方程.

4. 斜率为 1 的直线经过抛物线 $y^2=4x$ 的焦点，与抛物线相交于两点 A、B，求线段 AB 的长.

§2.6 抛物线的性质

探寻发现

从前面我们知道 $y^2=2px$（$p>0$）的图像是图 2-15，结合抛物线的方程来研究它的几何性质．下面主要研究抛物线 $y^2=2px$（$p>0$）的性质．

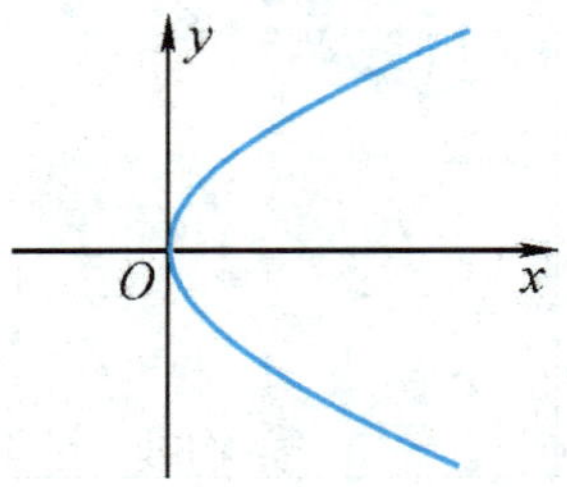

图 2-15

1. 范围

因为 $p>0$，所以 $x=\dfrac{y^2}{2p}\geqslant 0$，这说明：抛物线位于 y 轴的右侧（包括原点）．

因为 $|y|=\sqrt{2px}$，所以当 x 从 0 逐渐增大时，$|y|$ 也增大，这说明抛物线向右上方和右下方无限延伸．

2. 对称性

在方程 $y^2=2px$（$p>0$）中，y 用 $-y$ 带入，方程不变，因此，如果点 $M(x, y)$ 在抛物线上，那么点 M 关于 x 轴的对称点 $N(x, -y)$ 也在抛物线上，从而抛物线关于 x 轴对称．但是抛物线关于 y 轴不对称，抛物线只有一条对称轴，抛物线的对称轴简称为抛物线的**轴**．

3. 顶点

在方程 $y^2=2px$（$p>0$）中，令 $x=0$，得 $y=0$，因此原点是抛物线与 x 轴的交点．由于 x 轴是抛物线的对称轴，因此原点是抛物线与它的对称轴的交点．抛物线与它的对称轴的交点为抛物线的顶点，抛物线有一个顶点．

4. 离心率

抛物线上的点与焦点和准线的距离的比，称为抛物线的离心率，用 e 表示．根据抛物线的定义可知，离心率 $e=1$．

合作交流

总结 $y^2=-2px$（$p>0$）；$x^2=2py$（$p>0$）；$x^2=-2py$（$p>0$）的性质．

性质＼抛物线方程	$y^2=-2px$	$x^2=2py$	$x^2=-2py$	$y^2=2px$
图　像				
范　围				
对称性				
顶　点				
准　线				

例 1　已知抛物线的对称轴为 x 轴，顶点在原点，并且经过点 $M(2,-3)$，求抛物线的标准方程.

解　设所求抛物线的标准方程为：$y^2=2px$（$p>0$）. 因为抛物线经过点 $M(2,-3)$，所以有

$$(-3)^2=2p\cdot 2，即\ p=\frac{9}{4}.$$

因此抛物线的标准方程为

$$y^2=\frac{9}{2}x.$$

例 2　已知抛物线的顶点在原点，并且经过点 $P(-2,3)$，求抛物线的标准方程.

解　设所求抛物线的标准方程为 $y^2=2p_1x$ 或 $x^2=2p_2y$.

因为抛物线经过点 $P(-2,3)$，于是有

$$3^2=2p_1\cdot(-2)或(-2)^2=2p_2\cdot 3,$$

解得 $p_1=-\frac{9}{4}$，$p_2=\frac{2}{3}$.

所以，抛物线的标准方程为

$$y^2=-\frac{9}{2}x\ 或\ x^2=\frac{4}{3}y.$$

例 3 一条隧道的顶部的纵截面是抛物线拱形（如图 2-16 所示），拱高是 1.2 m，跨度是 2.4 m，求拱形的抛物线标准方程.

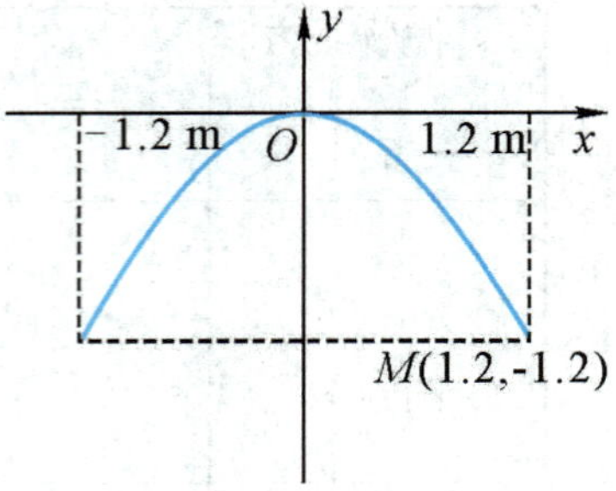

图 2-16

解 设所求抛物线的标准方程为

$$x^2=-2py.$$

由图 2-16 可知，抛物线经过点 $M(1.2, -1.2)$，则

$$1.2^2=2p(-1.2) \Rightarrow p=\frac{12}{20}.$$

所以，拱形的抛物线方程为

$$x^2=-1.2y,\ y\in[-1.2,\ 0].$$

练习

求适合下列条件的抛物线标准方程：

（1）对称轴是 x 轴，顶点在原点，且经过点 $M(5, -10)$；

（2）对称轴是 y 轴，顶点在原点，且经过点 $P(-5, 10)$；

（3）焦点是 $F(3, 0)$，顶点在原点；

（4）顶点在原点，准线方程为 $x=4$.

习题 2.6

A 组

1. 求适合下列条件的抛物线的方程：

（1）对称轴是 x 轴，顶点在原点，且经过点 $M(2, -3)$；

（2）对称轴是 y 轴，顶点在原点，且经过点 $P(-2, 3)$；

（3）焦点是 $F(1, 0)$，准线方程为 $x=-1$.

2. 一座抛物线形拱桥，当拱顶离水面 2 m 时，水面宽 4 m，求拱桥的纵截面的抛物线方程.

3. 垂直于 x 轴的直线交抛物线 $y^2=4x$ 于点 A，B，且 $|AB|=4\sqrt{3}$，求直线 AB 的方程.

4. 抛物线的顶点是双曲线 $16x^2-9y^2=144$ 的中心，而焦点是双曲线的左顶点，求抛物线的方程.

B组

1. 抛物线 $y^2=2px(p>0)$ 的离心率是________.

2. 对称轴与坐标轴重合，顶点在原点，且经过点 $Q(6, 3)$ 的抛物线的方程.

3. 已知抛物线的对称轴是 y 轴，顶点在原点，焦点到准线的距离为 6. 求此抛物线的方程.

4. 求直线 $2x-3y+3=0$ 被抛物线 $x^2=2y$ 截得的线段长.

数学园地

开普勒行星运动定律

开普勒定律使人们对行星运动的认识得到明晰概念．它证明行星世界是一个匀称的（即开普勒所说的“和谐”）系统．这个系统的中心天体是太阳，受来自太阳的某种统一力量所支配．太阳位于每个行星轨道的焦点之一．行星公转周期决定于各个行星与太阳的距离，与质量无关．而在哥白尼体系中，太阳虽然居于宇宙“中心”，却并不扮演这个角色，因为没有一个行星的轨道中心是同太阳相重合的．

假使没有古希腊人对圆锥曲线（平面截割圆锥所形成的曲线）的研究，这些美妙的定律也许不可能被发现．由于椭圆是圆锥曲线的一种，它那种圆而带扁的形状使开普勒想到火星可能在这样一种曲线的轨道上运动．跟着，利用古代几何学家对圆锥曲线寻找出来的许多性质，他肯定自己所作的假设是正确的，并将这两项发现推广到所有行星．

开普勒定律彻底摧毁了托勒密的本轮系，把哥白尼体系从本轮的桎梏下解放出来，为它带来充分的完整和严谨．哥白尼抛弃古希腊人的一个先入之见，即天与地的本质差别，获得一个简单得多的体系．但它仍须用八十几个圆周来解释天体的表观运动．开普勒却找到最简单的世界体系，只用“七个椭圆说”就全部解决了．从此，不须再借助任何本轮和偏心圆就能简单而精确地推算行星的运动．被称为“星子之王”的第谷·布拉赫在天体观测方面获得不少成就，死后留下 20 多年的观测资料和一份精密星表．他的助手开普勒利用了这些观测资料和星表，进行新星表编制．然而工作伊始便遇到了困难，按照正圆轨道来编制火星运行表一直行不通，火星这个“狡猾家伙”总不听指挥，老爱越轨．经过一次次分析计算，开普勒发现，如果火星轨道不是正圆，而是椭圆，那么矛盾不就烟消云散了吗．经过长期细致而复杂计算以后，他终于发现：行星在通过太阳的平面内沿椭圆轨道运行，太阳位于椭圆的一个焦点上．这就是行星运动第一定律，又叫“轨道定律”．

当开普勒继续研究时，“诡谲多端”的火星又将他骗了．原来，开普勒和前人都把行星运动当作等速来研究的．他按照这一方法苦苦计算了1年，却仍得不到结果．后来他发现，在椭圆轨道上运行的行星速度不是常数，而是在相等时间内，行星与太阳的连线所扫过的面积相等．这就是行星运动第二定律，又叫“面积定律”．

开普勒又经过9年努力，找到了行星运动第三定律：太阳系内所有行星公转周期的平方同行星轨道半长径的立方之比为一常数，这一定律也叫“调和定律”．

后来，牛顿利用他的第二定律和万有引力定律，在数学上严格地证明开普勒定律，也让人们了解当中的物理意义．事实上，开普勒定律只适用于二体问题，但是太阳系主要的质量集中于太阳，来自太阳的引力比行星之间的引力要大得多，因此行星轨道问题近似于二体问题．

开普勒发现的行星运动定律改变了整个天文学，彻底摧毁了托勒密复杂的宇宙体系，完善并简化了哥白尼的日心说．

复习与小结

【知识框图】

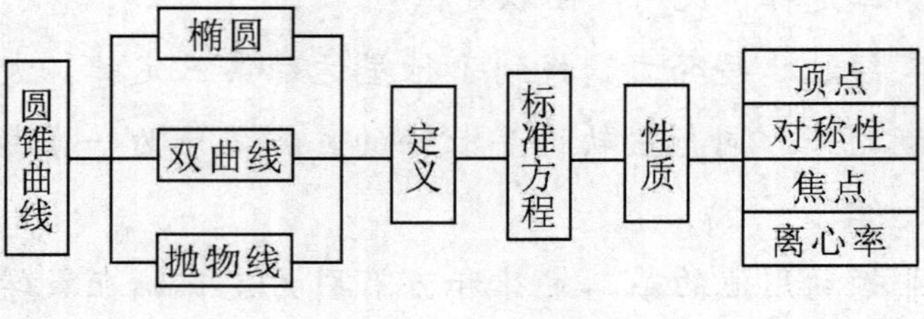

【学习要求】

1. 理解椭圆的定义、标准方程和性质.
2. 了解双曲线和抛物线的定义、标准方程及其性质.
3. 利用椭圆、双曲线、抛物线的性质求解其的标准方程.
4. 重点解决直线与椭圆相关的问题，培养学生数形结合的数学思维方法.
5. 通过本单元教学，培养学生的计算技能和数学思维能力.

【学习提示】

本章是在学习了直线和圆的方程的基础上，进一步学习圆锥曲线，主要学习椭圆、双曲线和抛物线的定义、标准方程、性质及其简单应用.

学习圆锥曲线时应注意以下几点：

1. 区分椭圆、双曲线、抛物线的定义；
2. 注意圆锥曲线各定义中系数的限制条件，如在双曲线中 $0<2a<|F_1F_2|$；
3. 各圆锥曲线确定焦点位置的方法.

复习题二

A 组

1. 选择题

(1) 已知椭圆的长轴长为 12，一个焦点坐标是（-4，0），椭圆的标准方程是(　　).

A. $\frac{x^2}{20}+\frac{y^2}{36}=1$　　B. $\frac{x^2}{36}+\frac{y^2}{20}=1$　　C. $\frac{x^2}{16}+\frac{y^2}{25}=1$　　D. $\frac{x^2}{25}+\frac{y^2}{16}=1$

(2) 椭圆$\frac{x^2}{20}+\frac{y^2}{11}=1$的焦距是(　　).

A. 6　　B. 3　　C. $\sqrt{31}$　　D. $2\sqrt{31}$

(3) 已知双曲线的中心在原点，实轴长为 8，一个焦点坐标为（5，0），则该双曲线的标准方程是(　　).

A. $\frac{x^2}{16}-\frac{y^2}{9}=1$　　B. $\frac{x^2}{9}-\frac{y^2}{16}=1$　　C. $\frac{y^2}{16}-\frac{x^2}{9}=1$　　D. $\frac{y^2}{9}-\frac{x^2}{16}=1$

(4) 已知双曲线的标准方程为$\frac{x^2}{16}-\frac{y^2}{9}=1$，则该双曲线的实轴长为(　　).

A. 8　　B. 6　　C. 4　　D. 3

(5) 抛物线的准线方程是 $x=-1$，则抛物线的方程是(　　).

A. $y^2=4x$　　B. $y^2=-4x$　　C. $x^2=4y$　　D. $x^2=-4y$

(6) 抛物线的顶点在原点，标准方程是 $y^2=4x$，则焦点坐标是(　　).

A. （-2，0）　　B. （1，0）　　C. （0，-2）　　D. （0，1）

2. 填空题

(1) 焦距为 6，长轴长为 10 且焦点在 x 轴上的椭圆的标准方程为____________________.

(2) 已知椭圆方程是$\frac{x^2}{4}+\frac{y^2}{16}=1$，则此椭圆的离心率是________.

(3) 焦距是 10，两个顶点是 $A_1(-2,0)$ 和 $A_2(2,0)$ 的双曲线方程是____________________.

(4) 已知双曲线 $8x^2-y^2=32$，则它的实轴长为________，虚轴长为________，焦点坐标为________.

(5) 已知抛物线的方程为 $y^2+16x=0$，则其准线方程为__________.

(6) 抛物线 $y=8x^2$ 的焦点坐标是________，离心率是________.

3. 求适合下列条件的抛物线的标准方程：

（1）对称轴是 x 轴，顶点在原点，经过点（-5，5）；

（2）顶点在原点，焦点坐标为（2，0）；

（3）顶点在原点，准线方程为 $y=4$.

4. 求下列双曲线的顶点坐标、焦点坐标、离心率以及渐近线方程：

（1）$3x^2-4y^2=12$；　（2）$3x^2-25y^2=-75$；　（3）$3x^2-5y^2=1$.

5. 已知椭圆关于坐标轴对称，两半轴长的和为 10，焦距为 $4\sqrt{5}$，求椭圆的标准方程.

6. 求与椭圆 $\frac{x^2}{9}+\frac{y^2}{4}=1$ 有共同焦点且离心率为 $\frac{\sqrt{5}}{2}$ 的双曲线方程.

7. 双曲线的顶点是椭圆 $\frac{x^2}{10}+\frac{y^2}{6}=1$ 的焦点，焦点是该椭圆的顶点，求双曲线的方程.

8. 已知椭圆 $\frac{x^2}{20}+y^2=1$，设它的两个焦点是 F_1，F_2，P 是椭圆上的一点，当 $PF_1\perp PF_2$，求三角形 PF_1F_2 的面积.

9. 已知抛物线的顶点在原点，焦点在 x 轴上，过焦点和对称轴垂直的弦长为 6，求抛物线的方程.

B 组

1. 求适合下列条件的椭圆的标准方程：

（1）短轴上的两个顶点的坐标是（0，-3），（0，3），离心率是 $\frac{1}{2}$；

（2）半焦距与长半轴长的和是 21，离心率为 $\frac{2}{5}$.

2. 椭圆 $\frac{x^2}{m}+\frac{y^2}{10}=1$ 的离心率是 $e=\frac{\sqrt{6}}{6}$，求 m 的大小.

3. 双曲线的渐近线方程为 $y=\pm\frac{5}{7}x$，且经过点 $p(7, 5\sqrt{2})$，求此双曲线的方程.

4. 求以椭圆 $\frac{x^2}{25}+\frac{y^2}{9}=1$ 的长轴端点作焦点，并且过点（$4\sqrt{2}$，3）的双曲线方程.

5. 抛物线的顶点在坐标原点，焦点是圆 $(x+4)^2+y^2=1$ 的圆心，求该抛物线的方程.

6. 求以双曲线 $\frac{x^2}{36}-\frac{y^2}{64}=1$ 的右焦点为顶点，左顶点为焦点的抛物线方程.

7. 直线 $y=x+b(b>0)$ 交椭圆 $\frac{x^2}{2}+y^2=1$ 于两点 A、B，且 $\triangle AOB$ 的面积是 $\frac{2}{3}$，求该直线的方程.

排列与组合

2010 年刚刚落下帷幕的南非世界杯，共有 32 支足球队参加比赛，最后西班牙国家队获得了冠军，第一次捧起了大力神杯．世界杯的比赛分为两个阶段：第一阶段为小组赛；第二阶段为淘汰赛．小组赛是将 32 支球队分为 8 个小组，每个小组 4 支球队，要求小组内 4 支球队任意两支球队都要比赛一场，胜者得 3 分，平局各得 1 分，负者不得分，小组积分前两位获得出线权，参加第二阶段的淘汰赛．试问整个小组赛阶段共进行了多少场比赛？

如果 16 支出线球队参加第二阶段的淘汰赛，胜者继续参加比赛，负者则被淘汰出局，直到产生冠亚军以及三、四名球队，请问第二阶段共进行了多少场比赛？

排列与组合在现实生活中有着广泛应用，和我们各行各业息息相关，如组织竞赛、抽样检查、电话号码升位等．既是学习概率统计的基础，也是“分类”思想方法的实践．

本章重点介绍排列、组合的相关知识，以及综合应用．

§3.1 排 列

知识回顾

计数原理

(1) 分类计数原理：如果完成一件事，有 n 类方法，在第 1 类方法中有 m_1 种不同的方法，在第 2 类方法中有 m_2 种不同的方法，……在第 n 类方法中有 m_n 种不同的方法，那么完成这件事共有 $N=m_1+m_2+\cdots+m_n$ 种不同的方法.

(2) 分步计数原理：如果完成一件事，需要分成 n 个步骤，做第一步有 m_1 种不同的方法，做第 2 步有 m_2 种不同的方法，……做第 n 步有 m_n 种不同的方法，那么完成这件事共有 $N=m_1\cdot m_2\cdot\cdots\cdot m_n$ 种不同的方法.

观察思考

从小明、小红、小林 3 名同学中选出一名组长，一名副组长，有多少种不同的选法？

这个问题就是从小明、小红、小林 3 名同学中每次选出 2 名，分别担任正、副组长，一共有多少种不同排法的问题.

解决这一问题需分 2 个步骤. 第 1 步，确定组长，在 3 人中任选 1 人，有 3 种不同的方法；第 2 步，确定副组长，只能从剩余的两人中任选 1 人，有 2 种不同的方法. 根据分步计数原理，共有 $3\times2=6$ 种不同的方法，如下表所示：

组　长	小明	小明	小红	小红	小林	小林
副组长	小红	小林	小明	小林	小明	小红

我们把被取的对象（如上面问题中的 3 名同学中的任何一个）叫做**元素**. 所以上面的问题就是从 3 个不同的元素中，任取 2 个，按照一定的顺序

排成一列，求一共有多少种不同的排列.

一般地，从 n 个不同的元素中，任取 $m(m\leqslant n)$ 个不同元素，按照一定的顺序排成一列，叫做从 n 个不同元素中取出 m 个元素的一个**排列**. 如果 $m<n$，这样的排列叫做**选排列**. 如果 $m=n$（也就是每次取出所有的元素进行排列），这样的排列叫做**全排列**.

注意

如果两个排列相同，那么不仅要求这两个排列的元素完全相同，而且元素排列的顺序也要完全相同.

研究从 n 个不同元素中取出 $m(m\leqslant n)$ 个不同元素的排列共有多少个，这类计数问题叫做**排列问题**.

例 1 写出由 1，2，3，4 这 4 个元素中任取 2 个元素的所有排列.

分析 首先从四个元素中任选 1 个放在左边，然后再在剩余 3 个元素中任选 1 个放右边.

解 所有排列为

12，13，14，21，23，24，31，32，34，41，42，43.

练习 1

1. 选排列和全排列的区别是什么？
2. 写出由红、黄、蓝三种颜色构成的全排列.
3. 写出由 1，2，3，4，5 这 5 个元素中任选 2 个元素组成的所有排列.

一般地，从 n 个不同元素中取出 $m(m\leqslant n)$ 个不同元素的所有排列的个数，叫做从 n 个不同元素中取出 m 个不同元素的**排列数**，用符号 P_n^m 表示.

例 1 中，从 4 个元素 1，2，3，4 中任取 2 个元素的排列数为 P_4^2. 可以看到

$$\mathrm{P}_4^2=12.$$

下面研究计算排列数的公式.

计算 P_n^m 可以这样考虑：假定有顺序排列的 m 个空位（如下图）：

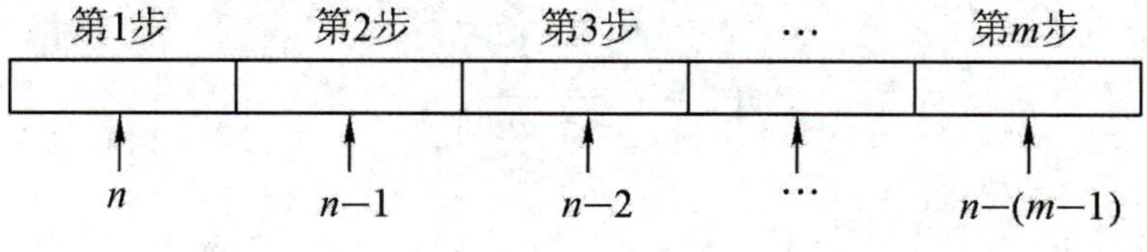

第一步，从 n 个元素中任选 1 个元素，填到第 1 个位置，有 n 种不同方法；

第二步，从剩余的 $n-1$ 个元素中任选 1 个元素，填到第 2 个位置，有 $n-1$ 种不同方法；

第三步，从剩余的 $n-2$ 个元素中任选 1 个元素，填到第 3 个位置，有 $n-2$ 种不同方法；

……

第 m 步，从剩余的 $n-(m-1)$ 个元素中任选 1 个元素，填到第 m 个位置，有 $n-m+1$ 种方法.

根据分步计数原理得到，从 n 个不同元素中取出 $m(m\leqslant n)$ 个不同元素的所有排列的个数 P_n^m 为：

$$P_n^m=n(n-1)(n-2)\cdots(n-m+1). \tag{3.1}$$

这里 n，$m\in\mathbf{N}^*$，并且 $m\leqslant n$，这个公式叫做**排列数公式**.

当 $m=n$ 时，由公式(3.1) 得

$$P_n^m=n(n-1)(n-2)\cdots3\times2\times1. \tag{3.2}$$

由 1 到 n 的正整数的连乘积，叫做 n 的阶乘，记作 $n!$. 即

$$n! = n(n-1)(n-2)\cdots3\times2\times1.$$

因此公式(3.2)还可以写成

$$P_n^n=n!. \tag{3.3}$$

一般地，

$$\begin{aligned}P_n^m &= n(n-1)(n-2)\cdots(n-m+1)\\ &=\frac{n(n-1)(n-2)\cdots(n-m+1)(n-m)\cdots2\times1}{(n-m)\ \cdots2\times1}\\ &=\frac{n!}{(n-m)!}.\end{aligned}$$

因此，当 $m<n$ 时，排列数公式还可以写成

$$P_n^m=\frac{n!}{(n-m)!}. \tag{3.4}$$

注意

为使公式(3.4)当 $m=n$ 时也成立，我们规定 $0!=1$.

例 2 计算 P_{10}^{2} 和 P_{5}^{5}.

解 $P_{10}^{2}=10\times 9=90$,

$P_{5}^{5}=5\times 4\times 3\times 2\times 1=120$.

例 3 某段铁路上有 15 个站，共需准备多少种普通客票？

解 因为每张客票是对应着 2 个车站的 1 个排列，因此需要准备的车票种数就是从 15 个车站中任选 2 个的排列数.

$$P_{15}^{2}=15\times 14=210\ (\text{种}).$$

例 4 用 1，2，3，4 这 4 个数字可以组成多少个没有重复数字的三位数？

解 用1，2，3，4 这 4 个数字组成无重复数字的三位数的个数，就是从 4 个元素中任选 3 个元素的排列数.

$$P_{4}^{3}=4\times 3\times 2=24\ (\text{个}).$$

例 5 用 0，1，2，3，4 这五个数字可以组成多少个无重复数字的三位数？

解 因为数字的首位不能为 0，所以此问题分两步完成. 第一步先排百位上的数字，从 1，2，3，4 这 4 个数字中任选 1 个，有 P_{4}^{1} 种选法；第二步，再排十位和个位上的数字，从剩余 4 个数字任选 2 个，有 P_{4}^{2} 种选法.

根据分步计数原理，所求三位数的个数为

$$P_{4}^{1}\cdot P_{4}^{2}=4\times(4\times 3)=48\ (\text{种}).$$

想一想

例 5 还有没有其他解法？

练习 2

1. 请大家完成下列表格.

n	1	2	3	4	5	6	7
$n!$							

2. 某班全体同学投票选举出了 6 位班委干部人选，现从中选出 2 位担任班长和团支部书记，共有多少种不同的选法？

3. 用 1，2，3，4，5 这五个数字可以组成多少个无重复数字的四位数？

4. 用 0，1，2，3，4，5 这六个数字可以组成多少个无重复数字的四位数？

习题 3.1

A 组

1. 写出从 4 个元素 a，b，c，d 中任选 2 个元素的所有排列.

2. 填空

(1) 李老师准备从 7 本课外读物中任选 3 本，分别送给甲、乙、丙三位同学，每人 1 本，共有________种不同的选法.

(2) 已知 $P_n^2=30$，那么 $n=$________.

3. 计算

(1) P_5^3；(2) $P_8^4-2P_8^2$；(3) $P_5^1+P_5^2+P_5^3$；

(4) $\dfrac{P_7^5}{P_7^4}$；(5) $\dfrac{6P_7^4+P_6^6}{7!-6!}$.

4. 从 7 名班委中选出正、副班长各一名，共有多少种不同的选法？

5. 从 4 种蔬菜品种中选出 3 种，分别种植在 3 块不同土地上进行试验，有多少种不同的种植方法？

B 组

1. 某校有 5 名校医，从中选派 2 名校医到 2 个毕业班为学生体检，每个班去 1 个医生，问有多少种不同的派法？

2. 已知5人站成一排照相，则甲必须站中间的排法有多少种？

3. 8名表演者站成一排表演，其中领唱1名，朗诵1名，规定领唱者必须站中间，朗诵者必须站最右侧，问共有多少种排法？

4. 用0，1，2，3，4，5这6个数字，组成没有重复数字的四位数，其中偶数有多少个？

§3.2 组 合

3.2.1 组合及组合数公式

观察思考

现从小明、小红、小林3人中任选2人去参观三峡博物馆，共有多少种不同选法？

这个例子的特点是：从小明、小红、小林3人中任选2人去参观，与选取的顺序无关，故有以下3种选法：

第一种选法：小明、小红；

第二种选法：小明、小林；

第三种选法：小红、小林.

这就是本节要研究的组合问题.

一般地，从 n 个不同的元素中，任取 $m(m\leqslant n)$ 个不同元素组成一组，叫做从 n 个不同元素中取 m 个不同元素的**组合**.

注意

组合与排列的区别：

从 n 个不同元素中取 $m(m\leqslant n)$ 个元素的一个组合，与 m 个元素排列的顺序无关；

从 n 个不同元素中取 $m(m\leqslant n)$ 个元素的一个排列，与 m 个元素排列的顺序有关.

研究从 n 个不同元素中取出 m （$m\leqslant n$） 个不同元素的组合共有多少个，

这类计数问题就是**组合问题**.

例 1　下列哪些问题是排列问题？哪些问题是组合问题？

（1）某学校组织班级篮球比赛，全校共有 6 个班，每个班组织一个篮球队，每个队与其他队各比赛一场，则共进行多少场比赛？

（2）某学校组织班级篮球比赛，全校共有 6 个班，每个班组织一个篮球队，每个队与其余各队在主、客场分别比赛一次，则共进行多少场比赛？

解　（1）篮球比赛中，每个队与其他队各比赛一场，与顺序无关，因此这个计数问题是组合问题.

（2）篮球比赛中，每个队与其余各队在主、客场分别比赛一次，与顺序有关，因此这个计数问题是排列问题.

一般地，从 n 个不同元素中取 $m(m\leqslant n)$ 个不同元素的所有组合的个数，叫做从 n 个不同元素中取出 m 个不同元素的**组合数**，用符号 C_n^m 表示.

下面我们通过研究计算 C_4^3 的方法来研究组合数的计算公式.

为了求 C_4^3，我们用两种不同的方法来计算 P_4^3：

方法一：$P_4^3=4\times3\times2$.

方法二：从 4 个不同元素中取 3 个不同元素的一个排列，可以分两步完成.

第一步，从 4 个元素中取出 3 个组成一组，有 C_4^3 种取法；

第二步，对每一组中的 3 个不同元素进行全排列.

根据分步计数原理，得

$$P_4^3=C_4^3\cdot3!,$$

所以

$$C_4^3=\frac{P_4^3}{3!}.$$

类似地，可以得到组合数的计算公式.

一般地，从 n 个不同元素中取 $m(m\leqslant n)$ 个不同元素的组合数为

$$C_n^m=\frac{P_n^m}{P_m^m}=\frac{n(n-1)(n-2)\cdots(n-m+1)}{m!}.\qquad(3.5)$$

这里 n，$m\in\mathbf{N}^*$，并且 $m\leqslant n$，这个公式叫做**组合数公式**.

由于

$$P_n^m=\frac{n!}{(n-m)!},$$

所以公式（3.5）还可以写为

$$C_n^m=\frac{n!}{m!\,(n-m)!}. \tag{3.6}$$

例 2 计算 C_{10}^2 和 C_5^5.

解 $C_{10}^2=\frac{P_{10}^2}{2!}=\frac{10\times 9}{2\times 1}=45$；

$C_5^5=\frac{P_5^5}{5!}=\frac{5\times 4\times 3\times 2\times 1}{5!}=1.$

例 3 计算“例 1 中第（1）小题”，总共有多少场比赛？

解 篮球比赛中，每个队与其他队各比赛一场，则比赛场数等于从 6 个元素中选出 2 个元素的组合数：

$$C_6^2=\frac{6\times 5}{2!}=15\text{（场）}.$$

例 4 在产品检验时，常常从产品中抽出一部分来检查. 现在从 100 件产品中，任意抽出 3 件检查. 试问，有多少种抽取方法？

解 从 100 件产品中抽出 3 件检查的方法数，就是从 100 个元素中任选 3 个元素的组合数：

$$C_{100}^3=\frac{100\times 99\times 98}{3!}=161\ 700\text{（种）}.$$

练习

1. 指出排列和组合的区别是什么？各举一例子.
2. 计算：

（1）C_6^3；（2）C_8^3；

（3）$C_7^3-C_5^2$；（4）$C_4^3+C_4^1$.

3. 某班有 50 人，需要派 2 名学生去领新书，问一共有多少种不同的派法？

3.2.2 组合数的两个性质

观察思考

我们看下面的例子：

(1) $C_5^1=\frac{5\times4}{2!}=5$，$C_5^4=\frac{5\times4\times3\times2}{4!}=5$；

(2) $C_6^2=\frac{6\times5}{2!}=15$，$C_6^4=\frac{6\times5\times4\times3}{4!}=15$；

(3) $C_7^3=\frac{7\times6\times5}{3!}=35$，$C_7^4=\frac{7\times6\times5\times4}{4!}=35$.

你能找到什么规律吗？

从上述例子可发现：

$$C_5^1=C_5^4,\qquad C_6^2=C_6^4,\qquad C_7^3=C_7^4.$$

一般地，有

性质 1
$$C_n^m=C_n^{n-m}\ (m\leqslant n).\tag{3.7}$$

证明 因为 $C_n^m=\frac{n!}{m!\ (n-m)!}$，

$$C_n^{n-m}=\frac{n!}{(n-m)!\ [n-(n-m)]!}=\frac{n!}{(n-m)!\ m!},$$

所以 $C_n^m=C_n^{n-m}\quad(m\leqslant n)$.

性质 1 表明：当 $m>\frac{n}{2}$ 时，通过计算 C_n^{n-m} 的值可求出 C_n^m 的值.

例如：$C_{100}^{98}=C_{100}^{100-2}=C_{100}^2=\frac{100\times99}{2!}=4950$.

注意

为使公式（3.7）当 $m=n$ 时也成立，我们规定

$$C_n^0=1.$$

例 1 计算 C_{50}^{48} 和 C_{20}^{18}.

解 $C_{50}^{48}=C_{50}^{50-48}=C_{50}^2=\frac{50\times49}{2!}=1225$；

$$C_{20}^{18}=C_{20}^{20-18}=C_{20}^{2}=\frac{20\times19}{2!}=190.$$

观察思考

我们看下面的例子：

(1) $C_8^3=\frac{8\times7\times6}{3!}=56$，$C_7^2+C_7^3=\frac{7\times6}{2!}+\frac{7\times6\times5}{3!}=21+35=56$；

(2) $C_7^2=\frac{7\times6}{2!}=21$，$C_6^1+C_6^2=6+\frac{6\times5}{2!}=6+15=21$.

观察上式又能找到什么规律？

从上述例子可以发现：

$$C_8^3=C_7^2+C_7^3，C_7^2=C_6^1+C_6^2.$$

一般地，有

性质 2
$$C_{n+1}^m=C_n^m+C_n^{m-1}. \tag{3.8}$$

证明 根据组合数公式有

$$\begin{aligned}C_n^m+C_n^{m-1}&=\frac{n!}{m!\ (n-m)!}+\frac{n!}{(m-1)!\ [n-(m-1)]!}\\&=\frac{n!\ (n-m+1)+n!\ m}{m!\ (n-m+1)!}\\&=\frac{(n-m+1+m)n!}{m!\ (n+1-m)!}\\&=\frac{(n+1)!}{m!\ [(n+1)-m]!}\\&=C_{n+1}^m,\end{aligned}$$

所以 $C_{n+1}^m=C_n^m+C_n^{m-1}$.

例 2 计算 $C_{49}^{47}+C_{49}^{48}$.

解 $C_{49}^{47}+C_{49}^{48}=C_{50}^{48}=C_{50}^{50-48}=C_{50}^{2}=\frac{50\times49}{2!}=1225.$

练习

计算：

（1）C_{12}^{10}；（2）C_{8}^{3}；（3）C_{100}^{97}；（4）$C_{99}^{98}+C_{99}^{97}$；（5）$C_{19}^{18}+C_{19}^{17}$.

习题 3.2

A 组

1. 选择题：

（1）下列命题中真命题的是（　　）.

A. $0!=0$　　B. $0!=1$　　C. $C_n^0=0$　　D. $C_n^0=n$

（2）若 $C_{10}^{2X}=C_{10}^{X+1}$，则 $X=$（　　）.

A. 1　　B. 3　　C. 1 或 3　　D. 1 或 −3

（3）参加世界杯足球比赛决赛共有 32 支球队，分成 8 个小组，每个小组 4 支球队进行小组赛，小组赛的进行方式是：每个小组的每支球队之间 都要进行一场比赛，那么小组赛阶段总共会进行的比赛场数是（　　）.

A. 24　　B. 32　　C. 48　　D. 54

2. 计算

（1）C_6^3；（2）C_{60}^{58}；（3）$C_{12}^{10}+C_{12}^{11}$.

3. 在重庆、北京、广州 3 个民航站之间的直达航线，共需准备多少种不同的票价？

4. 平面内 4 点中，任意 3 点不共线，那么它们可连成多少条线段？

B 组

1. 计算：

（1）$C_6^3\cdot P_6^3$；（2）$C_5^3C_{19}^{17}+C_5^2C_{19}^{18}$；

（3）$C_8^3+C_8^2+C_9^4-C_{10}^4$；（4）$C_8^0+C_8^2+C_8^4+C_8^6+C_8^8$.

2. 用 1 角、5 角、1 元的人民币各一张，则可组成多少种不同的币值？

3. 20 件产品中有 3 件次品，现从中任取 3 件，要求其中至少有一件次品，则共有多少种不同的取法？

4. 某医院有 6 名医生和 12 名护士，从中选派 1 名医生和 2 名护士给一所学校的学生体检，问有多少种不同的派法？

§3.3 排列与组合的应用举例

例 1 5 名学生站成一排，要求：

(1) 甲必须站排头，乙必须站排尾有多少种不同的排法？

(2) 甲、乙两人站在一起共有多少种排法？

分析 (1) 小题中甲、乙位置已定，即考虑剩下 3 人的排列顺序；(2) 小题中把甲、乙二人看作一个元素，即捆绑在一起，故有 4 个元素进行排列，此外还必须考虑甲、乙二人自身的排列顺序.

解 (1) 因为甲必须站排头，乙必须站排尾，只需考虑剩下 3 人的排列顺序，故排法有

$$P_3^3=6\text{（种）}.$$

(2) 把甲、乙二人看作一个元素与其他 3 人进行排列，并考虑甲、乙二人的顺序，所以排法共有

$$P_4^4\cdot P_2^2=48\text{（种）}.$$

注意

(1) 例 1 中第 (2) 小题的解题方法叫做“捆绑法”.

(2) 解决此类问题从有特殊要求的元素入手，应认真分析特殊元素在排列中的位置关系以及保证排法不重不漏.

例 2 某产品 100 件中有 4 件次品，其余为正品，从中任抽 3 件来进行检查，

(1) 抽出的 3 件产品中有 1 件次品的抽法有多少种？

(2) 抽出的 3 件产品中有 2 件次品的抽法有多少种？

(3) 抽出的 3 件产品中全是次品的抽法有多少种？

(4) 抽出的 3 件产品中至少有 1 件次品的抽法有多少种？

分析 任抽 3 件产品中，可能会出现以下几种情形：①3 件全是正品；②2 件正品 1 件次品；③1 件正品 2 件次品；④3 件全是次品.

解 (1) 抽出的 3 件中有 1 件是次品的抽法可以分成两步来完成. 第一步，从 4 件次品中抽出 1 件，有 C_4^1 种抽法；第二步，从 96 件合格品中抽出 2 件，有 C_{96}^2 种抽法. 根据分步计数原理有

$$C_4^1 \cdot C_{96}^2 = 4 \times \frac{96 \times 95}{1 \times 2} = 18\ 240 \text{（种）}.$$

（2）抽出的 3 件中有 2 件是次品的抽法也分成两步来完成. 第一步，从 4 件次品中抽出 2 件，有 C_4^2 种抽法；第二步，从 96 件合格品中抽出 1 件，有 C_{96}^1 种抽法. 则抽出 3 件产品中有 2 件次品的抽法有

$$C_4^2 \cdot C_{96}^1 = \frac{4 \times 3}{1 \times 2} \times 96 = 576 \text{（种）}.$$

（3）抽出的 3 件产品中全是次品的抽法有

$$C_4^3 = 4 \text{（种）}.$$

（4）抽出的 3 件产品中至少有 1 件次品，可分成三类：第一类，有 1 件次品；第二类，有 2 件次品；第三类，有 3 件次品. 因此抽出的 3 件产品中至少有 1 件次品的抽法有

$$C_4^1 \cdot C_{96}^2 + C_4^2 \cdot C_{96}^1 + C_4^3 = 18\ 820 \text{（种）}.$$

例 2 中第（4）小问还有一种更简便的方法，即：

（4）**解法二** 从 100 件产品中抽出 3 件的抽法总数是 C_{100}^3 种，其中抽出的 3 件都是合格品的抽法总数是 C_{96}^3 种. 因此抽出 3 件中至少有 1 件次品的抽法有

$$C_{100}^3 - C_{96}^3 = \frac{100 \times 99 \times 98}{3!} - \frac{96 \times 95 \times 94}{3!} = 18\ 820 \text{（种）}.$$

注意

加强对“恰有”、“至少”、“最多”等这类词语的理解.

例 3 某城市的电话号码是从 0，1，2，3，4，5，6，7，8，9 中取 6 位数字构成（数字可以重复），但 0，1 不能作为电话号码的首位数，问该城市最多可以装多少部电话?

分析 此类问题实际上是一个允许数字重复的排列问题. 可以分成两个步骤：第一步，由于首位不能排 0，1 两个数字，所以只能从 2，3，4，5，6，7，8，9 这 8 个数字中任选 1 个，有 C_8^1 种取法；第二步，从第 2 位到第 6 位，每个位置都可填入上述 10 个数字中任意一个数.

解 根据分步计数原理，该城市最多可以装电话的数量为

$$C_8^1 \cdot C_{10}^1 \cdot C_{10}^1 \cdot C_{10}^1 \cdot C_{10}^1 \cdot C_{10}^1 = 8 \times 10 \times 10 \times 10 \times 10 \times 10 = 800\ 000 \text{（部）}.$$

即这个城市最多可以装电话 800 000 部.

例 4 3 名医生和 6 名护士被分配到 3 个班级（一班、二班、三班）为学生做体检，每班分配 1 名医生和 2 名护士，共有多少种不同的分法？

分析 这是一个排列和组合的综合应用. 医生和护士的两种分配方法可以分成两步来完成. 第一步，把 3 名医生分配到 3 个班级，这是一个排列问题，有 P_3^3 种分配方法；第二步，把 6 名护士分配到 3 个班级，其中又可以分成 3 小步，第一小步：一班分得 2 名护士有 C_6^2 种分法，第二小步：二班分得剩下 4 名护士中的两位，有 C_4^2 种分法，第三小步：余下 2 名护士分给三班，有 C_2^2 种分法.

解 由分步计数原理，所求的分配方法总数有

$$P_3^3 \cdot (C_6^2 \cdot C_4^2 \cdot C_2^2)=3! \cdot \frac{6\times 5}{2!} \cdot \frac{4\times 3}{2!} \cdot 1=540\text{（种）}.$$

练习

1. 某校由 8 名学生和 2 名教师组成一支篮球队参加比赛，每次比赛有 5 名队友上场，上场阵容作如下安排：

(1) 若只有 1 名教师在内，有多少种不同的排法？

(2) 若有 2 名教师在内，有多少种不同的排法？

(3) 若至少有 1 名教师在内，有多少种不同的排法？

2. 有 4 名班主任和 12 名实习老师被分配到 4 个班级（幼师班、财会班、计算机班、服装班），每班分配 1 名班主任和 3 名实习老师，共有多少种不同的分配方法？

习题 3.3

A 组

1. 从 6 名学生中选出 3 名学生为校运动会服务，有多少种不同的选法？若这 3 名学生各担任不同的工作，又有多少种不同的选法？

2. 某班有 7 个班委和班主任老师排成一排照毕业相，班主任站中间，班长站班主任旁边，问有多少种不同的排法？

3. 从 8 件产品中任意抽取 3 件进行检查，如果这 8 件产品中有 2 件次品，则抽出的 3 件中恰有 2 件合格品的抽取方法有多少种？

4. 某乒乓球队有 10 名队员，其中 2 名是种子选手，从中选出 5 名参加一项比赛，那么，最多选 1 名种子选手的不同选法有多少种？

B 组

1. 从 6 名男生和 5 名女生中，各选出 2 名学生担任四门不同的课代表，共有多少种不同的排法？

2. 某组同学共 10 人，其中团员同学有 6 人，现需从本组同学中选 3 人参加一项宣传活动.

(1) 3 人都是团员的选法有多少种？

(2) 恰有 2 人是团员的选法有多少种？

(3) 至少有一人是团员的选法有多少种？

3. 把 4 个老师和 8 个同学分到 4 个田赛场地服务，每个场地去 1 个教师 2 个同学，那么不同的分法共有多少种？

4. 电话号码由 0，1，2，3，4，5，6，7，8，9 这 10 个数字中取 8 位数字构成（允许数字重复），某城市的电话号码前两位是 68，三、四位只能用 1，2，3，4 这几个数字，其余的可任取，问这个城市最多可装电话多少部？

数学园地

组合数学

广义的组合数学就是离散数学，狭义的组合数学主要研究满足一定条件的组态（也称组合模型）的存在、计数以及构造等方面的问题. 组合数学的主要内容有组合计数、组合设计、组合矩阵、组合优化等.

组合数学不仅在基础数学研究中具有极其重要的地位，在其他学科中也有重要的应用，如计算机科学、编码和密码学、物理、化学、生物等学科中均有重要应用，而组合数学的发展更是奠定了本世纪的计算机革命的基础. 一些著名的有趣的世界问题就是借助组合数学、借助计算机才能得以解决，比如四色问题（世界难题）、中国邮差问题、任务分配问题、装箱问题、过河问题、铺地砖问题等.

组合数学在国外早已成为十分重要的学科，甚至可以说是计算机科学的基础. 一些大公司，如 IBM、Microsoft、Bill Gates、AT&T 都有全世界最强的组合研究中心. 因此中国组合数学迫于发展自身的需要，以及中国信息产业发展的需要，在中国发展组合数学已经迫在眉睫，刻不容缓.

复习与小结

【知识框图】

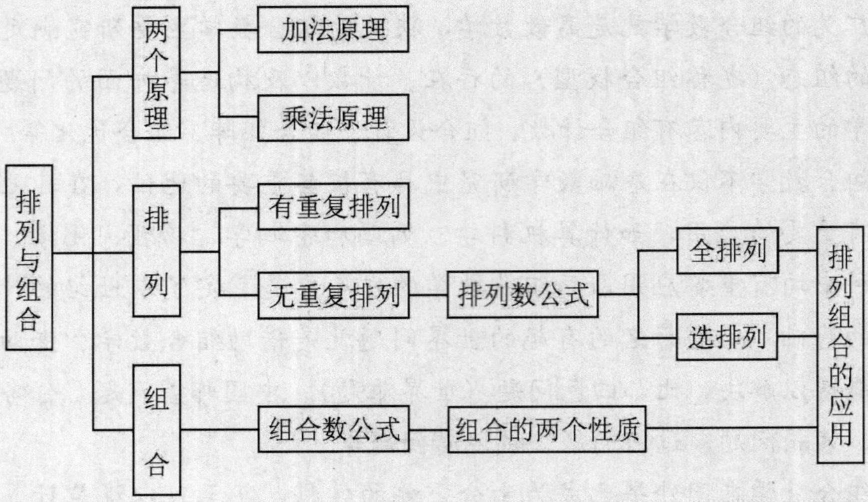

【学习要求】

1. 排列

了解排列的概念及排列数的计算.

2. 组合

(1) 了解组合的概念及组合数的计算；

(2) 熟练运用组合的两条性质.

3. 排列与组合的应用举例

能用排列和组合解决一些简单的实际问题. 同时，通过实践活动课进一步了解，学会排列和组合的简单运用.

【学习提示】

1. 理解两个计数原理、排列和组合的概念；

2. 排列可分为全排列和选排列；

3. 熟练掌握排列数公式和组合数公式；

4. 排列和组合的区别是前者有序，后者无序；

5. 注意灵活运用组合的两个性质.

复习题三

A 组

1. 选择题

(1) 张强、李明、陈刚将分别担任班长、学习委员、生活委员，那么有(　　)种不同的分工方式.

A. 3 种　　B. 6 种　　C. 9 种　　D. 12 种

(2) 从 10 名同学中选 2 名同学代表大家去看望老师，有(　　)种不同的选法.

A. 90 种　　B. 20 种　　C. 5 种　　D. 45 种

(3) 用 1，2，3，4，5 这五个数字组成没有重复数字的三位数，那么在这些三位数中是 5 的倍数的共有(　　).

A. 48 个　　B. 36 个　　C. 24 个　　D. 12 个

(4) 一位教师与四位学生站一排照相，教师必须站在正中的站法有(　　)种.

A. 4 种　　B. 5 种　　C. 24 种　　D. 120 种

(5) 两个袋子里分别装有 40 个红球，60 个白球，从中取一个红球和一个白球，有(　　)种不同的取法.

A. 2400　　B. 100　　C. 120　　D. 240

2. 填空题

(1) 已知 5 名同学站成一排，则不同的排法有________种.

(2) 某班有学生 30 人，毕业时每两人互赠照片一张，共有照片________张；每两人互相握手一次，共握手________次.

(3) 在迎接 2008 年的北京奥运会期间，某学校组织班级单循环篮球比赛，全校共有 6 个班，每个班组织一个篮球队，每个队与其他各队比赛一场，则共需要比赛的场数是________场.

(4) 若 5 个同学排成一排，甲乙两人相邻的排法数有________种不同的排法.

(5) 若 $C_n^5=C_n^7$，则 $n=$ ________；若 $C_{19}^n=C_{19}^{2n-5}$，则 $n=$________.

3. 计算

(1) $\frac{P_9^9-8!}{8P_7^7}$；　　(2) $3C_7^3-2C_5^2$；

(3) $C_{201}^2-(C_{199}^{198}+C_{199}^{197})$；　　(4) $C_6^1+C_6^2+C_6^3+C_6^4+C_6^5+C_6^6$.

4. (1) 从某班15名战士中选出2名战士，去帮助某职业学校进行团体操训练，有多少种不同的选法？

(2) 从某班15名战士中选出2名战士，其中一名为领队，去帮助某职业学校进行团体操训练，有多少种不同的选法？

5. 用0，1，2，3，4，5，6，7这8个数字可以组成多少个无重复数字的三位数？

6. 6位同学和2位老师坐成一排观看演出，如果老师坐中间，则有多少种不同的坐法？

7. 有四个男学生，三个女学生排队拍照，七个人排成一列，四个男学生必须连接在一起；有多少种不同的排列结果？

8. 10名同学分两组，一组7人，一组3人，不同的分法有多少种？

9. 4人同时被邀请参加一项活动，必须有人去，去几个人自己决定，共有多少种不同的安排方法？

10. 从1，2，3，4，5，6，7，8，9这9个数字中任取2个数字组成一个两位数，那么可以组成多少个不同的偶数？

11. 50件产品中有2件次品，任意抽取3件，其中最多有1件次品的抽法有多少种？

12. 某小组有10名学生，其中女生3名，从中选3名代表，要求至少有1名女生，则不同选法种数为多少种？

13. 有6本不同的课外书籍：

(1) 平均分成2堆，有多少种不同的分法？

(2) 平均分给2个人看，又有多少种不同的分法？

B组

1. 银行卡的密码是由0—9中的6个数字组成（允许重复），可以组成多少个不同的密码？

2. 5个人坐在一条板凳上，其中甲、乙二人不能相邻的坐法共有多少种？

3. 某职业中学高一计算机班有男同学 16 名，女同学 14 名，现从中选 3 名同学：

(1) 若这 3 名同学分别担任语文、数学、英语课代表，有多少种不同的选法?

(2) 若被选的 3 名同学中至少有 1 名是女同学，又有多少种不同的选法?

4. 100 件产品有 3 件是次品，现抽 3 件检查.

(1) 有且只有 1 件次品的抽法是多少?

(2) 最多有 1 件次品的抽法共多少种?

(3) 至少有 1 件次品的抽法是多少?

5. 某学生要请 10 名同学中的 6 位参加自己的生日聚会，其中有 2 个同学要么都请，要么都不请，共有多少种不同的邀请方法?

6. 某班有 30 名学生，其中班长、副班长各 1 名，现选派 3 名同学当本班代表.

(1) 如果班长和副班长都可以参加，有多少种不同的选法?

(2) 如果班长和副班长只能有 1 名参加，有多少种不同的选法?

(3) 如果班长和副班长都不能参加，有多少种不同的选法?

(4) 如果班长和副班长至少有 1 名参加，有多少种不同的选法?

7. 有男同学 5 名，女同学 3 名，要从中选 4 名男同学和 2 名女同学站成一排，有多少种不同的排法?

8. 5 个元素组成的集合 $\{a, b, c, d, e\}$，有多少个子集?

9. 有 9 名学生分成三个小组，每组的人数分别为 4，3，2 人，他们去参加数学、物理、化学课外兴趣小组，一共有多少种不同的排法?

综合复习

代数知识

学习指导

本章是职高数学基础知识的学习，包含了很多概念、定义、性质和公式等，是学习后面章节的工具和基础，在学习中多理解记忆，注意正确应用.

知识结构

一、集合

集合的概念 → 集合的运算 → 充要条件

§4.1 集合的概念

考点分析

考点1. 元素与集合的关系

考点2. 集合与集合的关系

知识回顾

1. 集合：具有某种属性的一些确定对象的全体就构成了集合，一般用大写英文字母 A，B，C 表示. 其中每一个对象叫集合的元素，一般用小写英文字母 a，b，c 表示.

注意：

(1) 集合的元素的特性：确定性、互异性、无序性.

(2) 常见的数集：$\mathbf{N}$—自然数集，$\mathbf{N}^*$—正整数集，$\mathbf{Z}$—整数集，$\mathbf{Q}$—有理数集，$\mathbf{R}$—实数集，$\varnothing$—空集（不含任何元素的集合）

2. 元素与集合的关系：若 a 是集合 A 的元素，记为：$a\in A$，读着“a 属于 A”；否则“a 不属于 A”，记为：$a\notin A$. 注意：$0\notin\varnothing$，$0\in\{0\}$.

3. 集合的表示方法：

(1) 列举法：把集合的元素一一列举出来，写在大括号里. 如 $\{a, b, c\}$.

(2) 描述法：$\{x|p(x)\}$，其中 x 为代表元素，$p(x)$ 为元素具有的条件或属性. 如 $\{x|(x-1)(x+2)\geqslant 0\}$.

4. 集合与集合的关系：

(1) 子集：对两个集合 A，B，如果集合 A 中的每一个元素都是集合 B 中的元素，那么把 A 叫 B 的子集，记为：$A\subseteq B$ 或 $B\supseteq A$. 易知，$A\subseteq A$，$\varnothing\subseteq A$.

(2) 真子集：如果集合 A 是 B 的子集，并且 B 中至少有一个元素不属于 A，那么 A 叫 B 的真子集，记为：$A\subsetneqq B$ 或 $B\supsetneqq A$. 注意：空集是任何一个非空集合的真子集，如，$\varnothing\subsetneqq\{0\}$.

(3) 集合相等：若 $A\subseteq B$ 且 $B\supseteq A$，则称 $A=B$.

典例剖析

例 1 选择：

(1) 设集合 $M=\{0, 1\}$，$P=\{1\}$，下列关系中正确的是（　　）.

A. $M\subsetneqq P$　　B. $M\supsetneqq P$　　C. $M=P$　　D. $M\in P$

(2) 设集合 $M=\{m\mid m\geqslant 3\sqrt{3}\}$，$x=2\sqrt{5}$，则下列关系中正确的是（　　）.

A. $x\subseteq M$　　B. $x\notin M$　　C. $\{x\}\in M$　　D. $\{x\}\subseteq M$

解　(1) B；　(2) B.

例 2 用恰当的符号（$\in$，$\notin$，$\not\subset$，$\subsetneqq$，$\supsetneqq$，$=$）填空：

(1) 0 ________ $\{0\}$，0 ________ $\varnothing$，$\varnothing$ ________ $\{0\}$；

(2) $\{1, 2, 3\}$ ________ $\{4, 3, 2, 1, 0\}$；

(3) $\{1, 2\}$ ________ $\{x\mid (x-1)(x-2)=0\}$；

(4) $\{a, b\}$ ________ $\{a, c, d\}$；

(5) $(1, 2)$ ________ $\left\{(x,y)\left|\begin{cases}x+y=3\\x-y=1\end{cases}\right.\right\}$；

解　(1) $\in$，$\notin$，$\subsetneqq$；(2) $\subsetneqq$；(3) $=$；(4) $\not\subset$；(5) $\notin$.

例 3 已知集合 $A=\{a, ab, a-b\}$，$B=\{0, |a|, b\}$，若 $A=B$，求 a，b 的值.

解　因为 $A=B$ 且 $0\in B$，所以 $0\in A$.

由集合 A 的元素的互异性知 $a\neq 0$，$b\neq 0$，所以 $a-b=0$，即 $a=b$，此时

$$A=\{a, a^2, 0\}, B=\{0, |a|, a\}.$$

所以有 $a^2=|a|$，解得 $a=1$ 或 $=-1$.

但当 $a=1$ 时，$A=\{1, 1, 0\}$ 矛盾，所以 $a=b=-1$.

点拨　集合相等的问题通常是利用集合的确定性和互异性建立方程或方程组，解出未知数，然后用互异性检验.

基础训练

一、填空题

用恰当的符号（$\in$，$\notin$，$\not\subset$，$\subsetneqq$，$\supsetneqq$，$=$）填空：

1. 0 ________ {0}，0 ________$\varnothing$，$\varnothing$________ {0}；

2. a ________ $\{a, b\}$，(2，1) ________ { (1，2)}；

3. $\varnothing$________ **N**，**Q** ________ **Z**，**Z** ________ **R**；

4. $\{a, b\}$ _______ $\{a, c, d, b\}$，{0，1} _______ $\{x|x(x-1)=0\}$；

5. 用列举法表示集合：$\{x|x^2=4\}$=________.

二、选择题

6. {倒数等于它本身的数} 可表示为(　　).

A. {1}　　B. {−1}　　C. {−1，1}　　D. {−1,1,0}

7. $\left\{(x, y)\ \middle|\ \begin{cases}x-y=-2\\x+y=4\end{cases}\right\}$=(　　).

A. {1，3}　　B. {−1，3}　　C. {(1,3)}　　D. {(−1,3)}

8. 下列说法正确的是(　　).

A. 不高不矮的人能组成集合

B. 空集是任何集合的真子集

C. 单词 happy 的字母构成集合是 {h，a，p，p，y}

D. 所有的直角三角形能组成集合

9. 设集合 $M=\{-1, 0, 1\}$，$N=\{-1, 1\}$，则(　　).

A. $M\subsetneqq N$　　B. $M\subseteq N$　　C. $M=N$　　D. $N\subseteq M$

10. 下列判断正确的是(　　).

A. $\varnothing=\{0\}$　　B. $0\in\{0\}$　　C. $\{0\}\subsetneqq\varnothing$　　D. $\varnothing\in\{0\}$

三、解答题

11. 已知集合 $A=\{1, 2, 3\}$，求集合的真子集.

12. 已知集合 $A=\{1, 2, 3\}$，求集合的子集.

综合训练

一、填空题

1. 已知集合 A={不大于 5 的自然数}，试用列举法和描述法表示 A=________ =________.

2. 用描述法表示平面直角坐标系中第一象限所有点的集合为________.

3. 集合 A 满足 $\{1, 0\}\subseteq A\subsetneqq\{0, 1, 2, 3\}$，则这样的集合 A 有________个.

4. 集合 $\{a, b, c\}$ 的子集有________个，真子集有________个.

5. 集合 $\{(x, y) \mid |x-y-2|+(x+y-4)^2=0, (x, y \in \mathbf{R})\}=$________.

二、选择题

6. 下列关系错误的是(　　).

A. $\varnothing \subsetneqq \{0\}$　　B. $0 \in \{0\}$　　C. $0 \in \varnothing$　　D. $0 \notin \varnothing$

7. 若 x 为实数，向量 $\boldsymbol{a}=(x, 0)$，$\boldsymbol{b}=(0, x)$，则下列各数 x，$-x$，$|x|$，$\sqrt[3]{x^3}$，$\sqrt{x^2}$，$|\boldsymbol{a}|$，$|\boldsymbol{b}|$ 所组成的集合的元素最多有(　　)个.

A. 1　　B. 2　　C. 3　　D. 7

8. 设 x，y 均为非零实数，则由 $\frac{x}{|x|}+\frac{y}{|y|}+\frac{z}{|z|}$ 的值所组成的集合的元素有(　　)个.

A. 1　　B. 2　　C. 3　　D. 4

9. 下列集合中，$M=N$ 的是(　　).

A. $M=\{(2, 1)\}$　$N=\{(1, 2)\}$　　B. $M=\{1, 2\}$　$N=\{2, 1\}$

C. $M=\{0\}$　$N=\varnothing$　　D. $M=\{(1, 2)\}$　$N=\{1, 2\}$

10. 设集合 $M=\{m \mid m \geqslant 3\sqrt{3}\}$，$x=\sqrt{30}$，则下列关系中正确的是(　　).

A. $x \subseteq M$　　B. $x \notin M$　　C. $\{x\} \in M$　　D. $\{x\} \subseteq M$

三、解答题

11. 对集合 $A=\{2, 4, 6\}$，若 $a \in A$，则 $(6-a) \in A$，求 a 的值.

拓展训练

已知集合 $A=\{a, a+d, a+2d\}$，$B=\{a, aq, aq^2\}$（a 为常量）且 $A=B$，求 d，q 的值.

§4.2 集合的运算

考点分析

考点 1. 集合的交、并、补等简单运算

考点 2. 交集、并集、补集的主要性质

知识回顾

1. 交集：由既属于集合 A 且属于集合 B 的元素组成的集合叫 A 与 B 的交集，记作 $A\cap B$（如图阴影部分）即 $A\cap B=\{x|x\in A$，且 $x\in B\}$. 其主要性质有：

(1) $A\cap B=B\cap A$；　　(2) $A\cap A=A$；

(3) $A\cap\varnothing=\varnothing$；　　(4) $A\cap B=A\Leftrightarrow A\subseteq B$.

2. 并集：由所有属于集合 A 或属于集合 B 的元素组成的集合叫 A 与 B 的并集，记作 $A\cup B$（如图阴影部分）即 $A\cup B=\{x|x\in A$，或 $x\in B\}$. 其主要性质有：

(1) $A\cup B=B\cup A$；　　(2) $A\cup A=A$；

(3) $A\cup\varnothing=A$；　　(4) $A\cup B=A\Leftrightarrow B\subseteq A$.

3. 全集：如果集合 U 含有所研究的各个集合的全部元素，这个集合 U 就可看作一个全集.

补集：设 U 是全集，且 $A\subseteq U$. 由 U 中所有不属于 A 的元素组成的集合，叫做集合 A 的补集（如图 4-1 阴影部分），记作 $\complement_U A$，即 $\complement_U A=\{x|x\in U$，但$x\notin A\}$. 其主要性质有：

(1) $A\cap\complement_U A=\varnothing$；　　(2) $A\cup\complement_U A=U$；

(3) $\complement_U(\complement_U A)=A$.

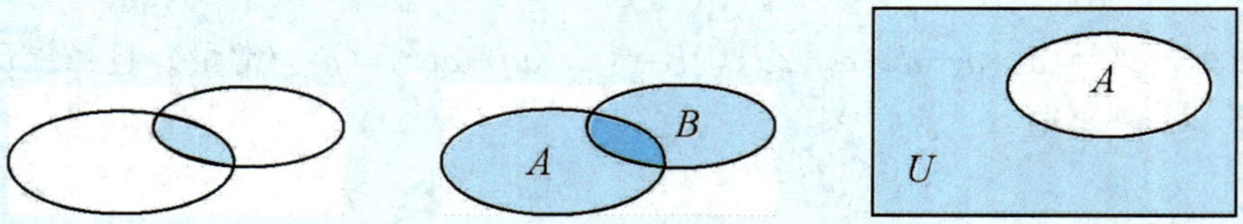

$A\cap B$　　$A\cup B$　　$\complement_U A$

图 4-1

典例剖析

例 1　选择题

(1) 设集合 $A=\{a, b\}$，$B=\{b, c\}$，则 $A\cap B=($　　$)$.

A. $\{a, b\}$　　B. $\{b, c\}$　　C. $\{b\}$　　D. $\{a, b, c\}$

（2）已知集合 $M=\{a, b\}$，$N=\{b, c, d\}$，则$M\cup N=($　　$)$.

A. $\{b\}$　　B. $\{a, c, d\}$

C. $\{a, b, c\}$　　D. $\{a, b, c, d\}$

解　（1）C；（2）D.

例 2　设全集 $U=\{n|n\in \mathbf{N}^*, n<9\}$，$A=\{2, 4, 5\}$，$B=\{4, 6, 8\}$，求：$\complement_U A$，$\complement_U B$，$\complement_U A\cap \complement_U B$，$\complement_U A\cup \complement_U B$，$\complement_U(A\cap B)$，$\complement_U(A\cup B)$.

分析　本题考查集合之间的运算，关键在于正确理解交集、并集、补集等集合的有关概念.

解　$\complement_U A=\{1, 3, 6, 7, 8\}$，　$\complement_U B=\{1, 2, 3, 5, 7\}$，

$\complement_U A\cap \complement_U B=\{1, 3, 7\}$，　$\complement_U A\cup \complement_U B=\{1, 2, 3, 5, 6, 7, 8\}$，

$\complement_U(A\cap B)=\{1, 2, 3, 5, 6, 7, 8\}$，

$\complement_U(A\cup B)=\{1, 3, 7\}$.

点拨　①要正确理解概念；②注意集合运算顺序.

例 3　设 $A=\{x|x>0\}$，$B=\{x|x<3\}$，求 $A\cap B$.

分析　对含有不等式的集合的交、并、补运算，最好先用数轴表示出来，再从图形中读出结果（见图 4-2）.

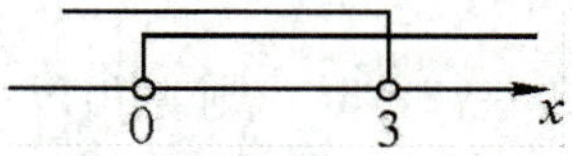

图 4-2

解　$A\cap B=\{x|x>0$ 且 $x<3\}=\{x|0<x<3\}$.

例 4　设全集 $U=\{2, 3, m^2+2m-3\}$，$A=\{x, 2\}$，$\complement_U A=\{5\}$ 求实数 m，x 的值.

解　因为 $\complement_U A=\{5\}$，所以 $5\in U$ 且 $5\notin A$.

又 $x\in A$，所以 $x\in U$，$m^2+2m-3=5$，$x=3$.

则 $m=2$ 或 $m=-4$，$x=3$.

点拨　$\complement_U A=\{5\}$ 有两层含义，5 是 U 的元素即 $5\in U$，5 不是 A 的元素即 $5\notin A$.

基础训练

一、选择题

1. 已知集合 $A=\{1, 2\}$，$B=\{3, 4\}$，则 $A\cap B=$（　　）.

A. $\{2, 3\}$　　B. $\{3\}$　　C. $\{3, 4\}$　　D. $\{2, 3, 4\}$

2. 已知全集 $U=\{a, b, c, d\}$，且集合 $A=\{a, c\}$，$B=\{b, c\}$，则 $\complement_U A\cup B$ $=$（　　）.

A. $\{b\}$　　B. $\{b, c, d\}$

C. $\{a, b, c\}$　　D. $\{a, b, c, d\}$

3. 已知全集 $U=\{0, 1, 2, 3, 4, 5\}$，集合 $R=\{1, 3\}$，$S=\{2, 4\}$，则下列命题中**真命题**是（　　）.

A. $R\cap S=\{1, 2, 3, 4\}$　　B. $\complement_U R=S$

C. $\complement_U R\cup \complement_U S=\{0, 1, 2, 5\}$　　D. $\complement_U R\cap \complement_U S=\{0, 5\}$

4. 已知集合 $M=\{2, 3, 4\}$，$N=\{2, 4, 6, 8\}$，则 $M\cap N=$（　　）.

A. $\{2\}$　　B. $\{2, 4\}$

C. $\{2, 3, 4, 6, 8\}$　　D. $\{3, 6, 8\}$

5. 已知 $U=\{-1, 1, 2, 3, 4\}$，$E=\{-1, 2, 4\}$，$F=\{1, 2, 4\}$，则 $E\cap \complement_U F$ $=$（　　）.

A. $\{1, 4\}$　　B. $\{1, 2\}$　　C. $\{-1, 2, 4\}$　　D. $\{-1\}$

二、填空题

6. 已知集合 $M=\{1, 2\}$，$N=\{2, 3\}$，则 $M\cap N=$________.

7. 已知全集 $U=\{1, 2, 3, 4, 5\}$，$A=\{1, 3\}$ 则 $\complement_U A=$________.

8. 设全集 $U=\{x|x\in \mathbf{N}^* 且 x\leqslant 6\}$，集合 $A=\{2, 4\}$，$B=\{1, 2, 3\}$，则 $A\cap \complement_U B$ $=$________.

9. 已知全集 $U=\{x|-4<x\leqslant 5，且 x\in \mathbf{N}\}$，集合 $A=\{1, 3\}$，$B=\{2, 4\}$，则 $\complement_U(A\cup B)=$ ________.

10. 满足条件 $M\cap\{1, 2, 3\}=\{1\}$，$M\cup\{1, 2, 3\}=\{0, 1, 2, 3\}$ 的集合 M $=$________.

三、解答题

11. 已知集合 $N=\{1, m^2+5m\}$，且 $6\in N$，求 m 的值.

12. 方程 $x^2-mx+15=0$ 与 $x^2-5x+n=0$ 的解集分别是 A 与 B，且 $A\cap B=\{3\}$，求 m，n 的值.

综合训练

一、选择题

1. 设集合 $M=\{x|x<4\}$，$N=\{x|x>-1\}$，则 $M\cap N=$（　　）.

A. $\{x|x>4\}$　B. $\{x|x<-1\}$　C. $\{x|-1<x<4\}$　D. $\{x|x<4\}$

2. 方程组 $\begin{cases}x+y=8\\xy=15\end{cases}$ 的解集是（　　）.

A. $\{(3,5)\}$　B. $\{(3,5),(5,3)\}$

C. $\{(5,3)\}$　D. $\{(x,y)|x=3$ 或 $x=5$，$y=5$ 或 $y=3\}$

3. 设集合 $A=\{1\}$，$B=\{1,2\}$，$C=\{1,2,3\}$，则 $(A\cup B)\cap C=$（　　）.

A. $\{1,2,3\}$　B. $\{1,2\}$　C. $\{1\}$　D. $\{3\}$

4. 设全集 $U=\{0,1,2,3,4\}$，集合 $A=\{0,1,2,3\}$，$B=\{2,3,4\}$，则 $\complement_U A\cup\complement_U B=$（　　）.

A. $\{0\}$　B. $\{0,1\}$　C. $\{0,1,4\}$　D. $\{1,2,3,4,0\}$

5. 设全集 $U=\{$不大于 7 的自然数$\}$，集合 $A=\{3,4,5,6,7\}$，$B=\{0,1,2,3\}$ 则 $\complement_U A\cap B=$（　　）.

A. $\{0,1,2\}$　B. $\{0,1,2,3\}$

C. $\{3\}$　D. $\{0,1,2,3,4,5,6\}$

二、填空题

6. 设集合 $A=\{(x,y)|x-y=1\}$，$B=\{(x,y)|x+2y=4\}$，则 $A\cap B=$________.

7. 设全集 $U=\{x|x\in\mathbf{N}^*,x\leqslant 6\}$，集合 $A=\{2,4\}$，$B=\{1,2,3\}$，则 $A\cap\complement_U B=$________

8. 已知集合 $A=\{1,2,3,4,5\}$，$B=\{1,3,5,7\}$，则 $A\cap B=$________，$A\cup B=$________.

9. 设全集 $U=\{n|n\in\mathbf{N},n<5\}$，$A=\{1,3\}$，$B=\{2,4\}$，则 $\complement_U(A\cup B)=$________.

10. 集合 $A=\{x|-2\leqslant x\leqslant 7\}$，$B=\{x|x>0\}$，则 $A\cap B=$________，$A\cup B=$________.

三、解答题

11. 已知集合 $A=\{1,3,a\}$，$B=\{1,a^2-a+1\}$，且 $A\cup B=A$，求实数 a 的值.

拓展训练

12. 设集合 $M=\{x|-2<x<3\}$，$N=\{x|x\geqslant a\}$.

(1) 若 $M\cap N=\varnothing$，求实数 a 的值；

(2) 若 $M\cup N=N$，求实数 a 的值.

§4.3 充要条件

考点分析

考点1. 简单的充分条件、必要条件、充要条件的判定

知识回顾

1. 充分条件、必要条件、充要条件：对命题 p，q，

若 $p\Rightarrow q$，则称 p 是 q 的充分条件；

若 $p\Leftarrow q$，则称 p 是 q 的必要条件；

若 $p\Rightarrow q$ 且 $p\Leftarrow q$，则称 p 是 q 的充要条件，记作 $p\Leftrightarrow q$，也称 p 等价于 q，或 p 当且仅当 q.

典例剖析

例1 用"充分非必要、必要非充分、充要、非充分非必要"填空：

①$x=y$ 是 $x^2=y^2$ 的________条件；

②a 是实数为 a 是有理数的________条件；

③$x<1$ 是 $x^2\geqslant 4$ 的________条件；

④$a^2+b^2=0$ 是 $a=b=0$ 的________条件；

⑤已知 m 是 n 的充要条件，q 是 m 的充分条件，则 n 是 q 的________条件.

解 ①充分非必要；②必要非充分；③非充分非必要；④充要；⑤必要非充分.

例2 选择题

(1) 设 x，$y\in\mathbf{R}$，则"$x<0$ 且 $y<0$"是"$xy>0$"的(　　).

A. 充分非必要条件　　B. 必要非充分条件

C. 充分必要条件　　D. 非充分非必要条件

(2) $\tan\alpha=\beta$ 是 $\alpha=\beta$ 的(　　).

A. 充分非必要条件　　B. 必要非充分条件

C. 充分必要条件　　D. 非充分非必要条件

(3) "$0<\alpha<\frac{\pi}{4}$" 是 "$\sin\alpha<\frac{\sqrt{2}}{2}$" 的(　　).

A. 充分非必要条件　　B. 必要非充分条件

C. 充分必要条件　　D. 非充分非必要条件

解　(1) A　(2) D　(3) A

基础训练

一、填空题(用"充分、必要、充要、非充分非必要"填空)

1. x 是无理数是 x 是实数的________条件;

2. $0<\alpha<90°$是 $\sin\alpha>0$ 的________条件;

3. $a=0$ 是 $ab=0$ 的________条件;

4. $x^2<y^2$ 是 $|x|<|y|$ 的________条件;

5. $\alpha<\beta$ 是 $\sin\alpha<\cos\beta$ 的________条件.

二、选择题

6. $A\cup B=\varnothing$是 $A=\varnothing$且 $B=\varnothing$的(　　)

A. 充分非必要条件　　B. 必要非充分条件

C. 充分必要条件　　D. 非充分非必要条件

7. 两个三角形的三个内角对应相等是两个三角形全等的(　　)

A. 充分非必要条件　　B. 必要非充分条件

C. 充分必要条件　　D. 非充分非必要条件

8. $xy>0$ 是 $x>0$ 且 $y>0$ 的(　　)

A. 充分非必要条件　　B. 必要非充分条件

C. 充分必要条件　　D. 非充分非必要条件

9. $r=2$ 是圆 $(x-2)^2+y^2=r^2$ 经过原点的(　　)

A. 充分非必要条件　　B. 必要非充分条件

C. 充要条件　　D. 非充分非必要条件

三、解答题

10. 写出下列命题的等价命题.

(1) $\triangle ABC$ 为等边三角形;　　(2) $x=1$ 或 $x=-1$;

(3) $(a+1)^2+(b-1)^2=0$;　　(4) $x\neq3$ 且 $x\neq-2$.

综合训练

一、选择题

1. 在四边形 $ABCD$ 中，$\overrightarrow{AB}=\overrightarrow{CD}$ 是 $ABCD$ 为平行四边形的（　　）.

A. 充分非必要条件　　B. 必要非充分条件

C. 充分必要条件　　D. 非充分非必要条件

2. p 是 q 的充分条件，q 是 r 充要条件，则 p 是 r（　　）.

A. 充分非必要条件　　B. 必要非充分条件

C. 充分必要条件　　D. 非充分非必要条件

3. 两直线斜率相等是两直线平行的（　　）.

A. 充分非必要条件　　B. 必要非充分条件

C. 充分必要条件　　D. 非充分非必要条件

4. 设 $x\in\mathbf{R}$，则“$x>1$”是“$x^2>1$”的（　　）.

A. 充分非必要条件　　B. 必要非充分条件

C. 充分必要条件　　D. 非充分非必要条件

二、解答题

5. 设全集 $U=\{x|x$ 是 L 校全校学生$\}$，$A=\{x|x$ 是 L 校的男生$\}$，$B=\{x|x$ 是 L 校的身高 1.6 米以上的男生$\}$，请用准确又简洁的逻辑语言表述下列集合：

(1) $\complement_U A$；(2) $A\cap B$.

拓展训练

设全集 $U=\{x|x$ 是 L 校全校学生$\}$，$A=\{x|x$ 是 L 校三好学生$\}$，$\complement_U B=\{x|x$ 是 L 校非团员学生$\}$，$M=\{x|x$ 是 L 校全校女学生$\}$，请用准确又简洁的逻辑语言表述下列集合：

(1) B；(2) $A\cap B$；(3) $\complement_U M\cap B$；(4) $\complement_U(B\cup M)$.

二、不等式

知识结构

- 不等式的性质 → 不等式的解法
  - 绝对值不等式的解法
  - 一元二次不等式的解法
  - 线性分式不等式的解法
  - 一元一次不等式组的解法

§4.4 不等式的性质

考点分析

考点 1. 不等式的重要性质

考点 2. 用比差法比较两个数（式）的大小

知识回顾

1. 对 a，$b\in\mathbf{R}$，均有：$a-b>0\Leftrightarrow a>b$；

$a-b=0\Leftrightarrow a=b$；

$a-b<0\Leftrightarrow a<b$.

2. 不等式的重要性质：

(1) 对称性：$a>b\Leftrightarrow b<a$；

(2) 传递性：$a>b$，$b>c\Leftrightarrow a>c$（或 $a<b$，$b<c\Leftrightarrow a<c$）；

(3) 基本性质：①$a>b\Rightarrow a+c>b+c$；

②$a>b$，$c>0\Rightarrow ac>bc$（或 $a>b$，$c<0\Rightarrow ac<bc$）；

(4) 移项法则：$a+b>c\Rightarrow a>c-b$；

(5) 同向不等式的可加性：

$$\left.\begin{matrix}a>b\\c>d\end{matrix}\right\}\Rightarrow a+c>b+d;$$

(6) 同向正数不等式的可乘性：

$$\left.\begin{matrix}a>b>0\\c>d>0\end{matrix}\right\}\Rightarrow ac>bd>0.$$

3. 不等式的证明方法有：差值比较法、综合法和均值定理等.

典例剖析

例 1 选择题

(1) 设 x，$y\in\mathbf{R}$，则“$x<0$ 且 $y<0$”是 $xy>0$ 的(　　).

A. 充分而不必要条件　　B. 必要而不充分条件

C. 充要条件　　D. 既不充分也不必要条件

(2) 设 a，b，$c\in\mathbf{R}$，且 $a>b$，则下列不等式中一定成立的是(　　).

A. $|a|>|b|$　　B. $2^a<2^b$

C. $\left(\frac{1}{2}\right)^a<\left(\frac{1}{2}\right)^b$　　D. $\lg(a-b)>0$

解 (1) A；(2) C.

例 2 比较大小：

(1) x^3 与 $x^2-x+1(x>1)$；(2) a^2+b^2 与 $2a-4b-5$.

解 (1) 因为
$$\begin{aligned}x^3-(x^2-x+1)&=x^3-x^2+x-1=(x^3+x)-(x^2+1)\\&=x(x^2+1)-(x^2+1)\\&=(x^2+1)(x-1),\end{aligned}$$

又 $x>1$，所以 $x-1>0$ 且 $x^2+1>0$，所以 $(x^2+1)(x-1)>0$，即

$$x^3>x^2-x+1.$$

(2) 因为 $a^2+b^2-(2a-4b-5)$

$=a^2+b^2-2a+4b+5$

$=(a^2-2a+1^2-1)+(b^2+4b+2^2-4)+5$

$=(a-1)^2+(b+2)^2\geqslant 0$，

所以 $a^2+b^2\geqslant 2a-4b-5$.

例 3 求证：当 $a>b$ 时，$a^3-b^3>ab(a-b)$.

证明 因为 $a^3-b^3-ab(a-b)=a^3-b^3-a^2b+ab^2$

$=(a^3-a^2b)-(b^3-ab^2)$

$=a^2(a-b)+b^2(a-b)=(a-b)(a^2+b^2)$，

又 $a>b$，所以 $a-b>0$ 且 $a^2+b^2>0$，即 $(a-b)(a^2+b^2)>0$，

所以 $a^3-b^3>ab(a-b)$.

点拨 比差法比较大小或证明不等式的思路为：作差→变形→判号→结论；为便于判号，作差化简后通常用因式分解和配方两种方法变形.

基础训练

一、选择题

1. 不等式 $1\leqslant x\leqslant 2$ 用区间表示为(　　).

A. $(1, 2)$　　B. $(1, 2]$　　C. $[1, 2)$　　D. $[1, 2]$

2. 下列命题中正确的是(　　).

A. 若 $x^2>x$，则 $x>0$　　B. 若 $x^2>0$，则 $x>0$

C. 若 $x<0$，则 $x^2>x$　　D. 若 $x<1$，则 $x^2<x$

3. 设 $a>0$，且 $|a|<b$，则下列命题正确的是(　　).

A. $a+b<0$　　B. $b-a>0$

C. $a-b>0$　　D. $|b|<a$

4. 若 $\left(-\frac{a}{b}\right)>0$，则下列命题正确的是(　　).

A. $a>0$，$b<0$　　B. $a<0$，$b>0$

C. $a>0$，$b>0$ 或 $a<0$，$b<0$　　D. $a<0$，$b>0$ 或 $a>0$，$b<0$

5. $ab>0$ 是 $a>0$ 且 $b>0$ 的(　　).

A. 充分但非必要条件　　B. 必要但非充分条件

C. 充分必要条件　　D. 既非充分也非必要条件

6. 如果 a，b，c，d 是任意实数，则下列命题正确的是(　　).

A. 若 $a>b$，$c>d$，则 $a>d$　　B. 若 $a>-b$，则 $c+a>c-b$

C. 若 $a>b$，则 $ac^2>bc^2$　　D. 若 $a>b$，$c>d$，则 $ac>bc$

7. 若 $a<b$，c 为非负实数，则下列不等式恒成立的是（　　）.

A. $ac<bc$　　B. $ac^2<bc^2$　　C. $a\sqrt{c}<b\sqrt{c}$　　D. $ac\leqslant bc$

二、填空题

8. 若 $a<b+c$，则 $a-b$ ________ c；

9. 如果 $x>y$，那么 $-\frac{1}{3}x$ ________ $-\frac{1}{3}y$；

10. 若 $a+b>b+c$，则 a ________ c；

11. 若 $a<b<0$，则 ab ________ 0；

12. 如果 $a>b$，那么 $a+3$ ________ $b+3$，$a-7$ ________ $b-7$.

三、解答题

13. 比较大小：

(1) $3a+2b$ 与 $2b-2+3a$；(2) a^2+b^2 与 $4b-2a-5$；(3) $(x-3)^2$ 与 $(x-2)(x-4)$.

综合训练

一、选择题

1. 下列各式，对于任意实数 a 都成立的是（　　）.

A. $7a>6a$　　B. $a>-a$

C. $\frac{1}{3}a<\frac{1}{2}a$　　D. $a-2>a-3$

2. 设 a，b，$c\in\mathbf{R}$，且 $a>b$，则下列不等式恒成立的是（　　）.

A. $a^2>b^2$　　B. $|a+c|>|b+c|$

C. $a-c>b-c$　　D. $ac>bc$

3. 设 $a>|b|$ 且 $b<0$ 则（　　）.

A. $a+b>0$　　B. $a+b<0$　　C. $|a|<|b|$　　D. $b-a>0$

4. 如果 $a+b>0$，$b<0$，则一定有（　　）.

A. $a>b>-a>-b$　　B. $a>-a>b>-b$

C. $a>-b>b>-a$　　D. $-a>-b>a>b$

5. 设 x，y 都是小于 1 的正数，且 $x<y$，则有（　　）.

A. $x^2>y$　　B. $\frac{1}{x}>\frac{1}{y}$　　C. $x<xy$　　D. $x<x^2$

二、填空题

6. 若 $a<b<0$，则 $|a|$ ________ $|b|$.

7. 若 $a>b$，则 $2a$ ________ $a+b$.

8. 若 $a<b<0$，$c<d<0$，则 ac ________ bd.

9. 如果 $a>b$，$c>d$，则 $a+c$ ________ $b+d$.

10. 如果 $5-x>3$，那么 x ________ 2.

三、解答题

11. 比较大小：

(1) a^2+b^2+5 与 $2(2a-b)$；(2) $x(x+1)^2$ 与 x^3+x^2-x-5.

12. 若 $a<-b<0$，则 $|a+b|-|a-b|$ 的值为多少？

拓展训练

求证：当 $a+b>0$ 且 $a\neq b$ 时，$a^3+b^3>a^2b+ab^2$.

§4.5 不等式的解法（1）

考点 1. 用集合、区间、数轴上的点表示不等式（组）的解集

考点 2. 一元一次不等式组的解法

考点 3. 一元二次不等式的解法

知识回顾

1. 用区间表示解集：设 $b<a$，则 $\{x|b\leqslant x\leqslant a\}=[b, a]$，$\{x|b\leqslant x<a\}=[b, a)$，$\{x|b<x\leqslant a\}=(b, a]$，$\{x|b<x<a\}=(b, a)$，$\{x|x<a\}=(-\infty, a)$，$\{x|x>a\}=(a, +\infty)$.

2. 一元一次不等式组的解集的四种情况：设 $b<a$，则

① $\begin{cases} x>a, \\ x>b \end{cases} \Rightarrow \{x|x>a\}=(a, +\infty)$；

② $\begin{cases} x<a, \\ x<b \end{cases} \Rightarrow \{x|x<b\}=(-\infty, b)$；

③ $\begin{cases} x<a, \\ x>b \end{cases} \Rightarrow \{x|b<x<a\}=(b, a)$；

④ $\begin{cases} x>a, \\ x<b \end{cases} \Rightarrow \varnothing$.

注：找不等式解集的简单口诀："同大取大、同小取小、大小小大中间找、大大小小找不了".

3. 一元二次方程的根、根的判别式 Δ、二次函数、一元二次不等式的解集的关系如表：

$\Delta=b^2-4ac$	$\Delta>0$	$\Delta=0$	$\Delta<0$
二次函数 $y=ax^2+bx+c$ $(a>0)$ 的图像	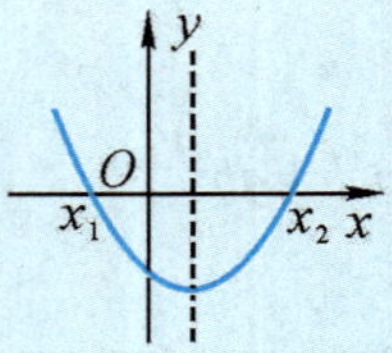	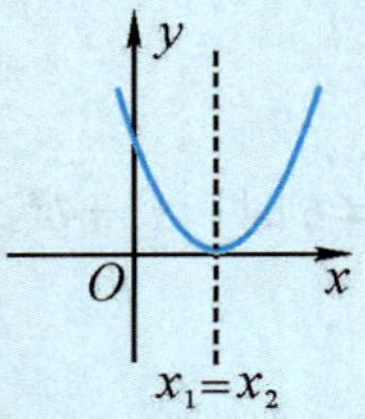	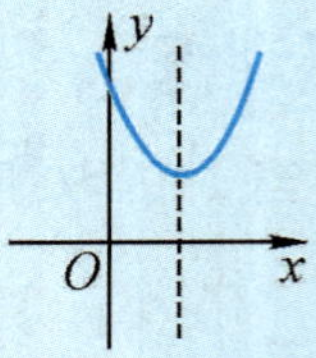
$ax^2+bx+c=0$ 的根	$x_{1,2}=\dfrac{-b\pm\sqrt{\Delta}}{2a}$	$x_1=x_2=-\dfrac{b}{2a}$	无实根
$ax^2+bx+c>0$ 的解集	$x<x_1$ 或 $x>x_2$ $(x_1<x_2)$	$\left\{x \mid x\neq-\dfrac{b}{2a}\right\}$	$\mathbf{R}$
$ax^2+bx+c<0$ 的解集	$x_1<x<x_2$ $(x_1<x_2)$	$\varnothing$	$\varnothing$

注：当 $a<0$ 时，将不等式两边同时除以 -1，转化为 $a>0$ 的形式，然后可求得其解集.

典例剖析

例 1 选择题

(1) 不等式 $x^2-x-2<0$ 的解集是(　　).

A. $(-2, 1)$　　B. $(-\infty, -2)\cup(1, +\infty)$

C. $(-1, 2)$　　D. $(-\infty, -1)\cup(2, +\infty)$

(2) 一元一次不等式组 $\begin{cases}x+1>0\\x-2<0\end{cases}$ 的解集为(　　).

A. $(-1, +\infty)$　B. $(-\infty, 2)$　C. $(-1, 2)$　D. $\varnothing$

解　(1) C；(2) C.

例 2 填空题

(1) 不等式 $4-3x-x^2\geqslant 0$ 的解集为________.

(2) 不等式 $\dfrac{2x-1}{3}>1-\dfrac{4x+3}{4}$ 的解集为________.

(3) 不等式组 $\begin{cases}3x-4<2x-2\\x+4>4x-5\end{cases}$ 的解集为________.

(4) 不等式组 $\begin{cases}x+1>0\\x-2<0\\-x<5\end{cases}$ 的解集为________（用区间表示）.

解 (1) $\{x|-4\leqslant x\leqslant 1\}$；(2) $\left\{x|x>\dfrac{7}{20}\right\}$；(3) $\{x|x<2\}$；(4) $(-1,\ 2)$.

例 3 已知不等式 $x^2+ax+b\leqslant 0$ 的解集为 $\{x|-1\leqslant x\leqslant 3\}$，(1) 求 a，b 的值；(2) 求不等式 $x^2-bx-a\geqslant 0$ 的解集.

分析 此题既考查不等式，又考查一元二次方程根与系数的关系.

解 (1) 由一元二次方程的根和一元二次不等式的解集的关系知：-1 和 3 是方程 $x^2+ax+b=0$ 的两根. 由韦达定理可得：

$$a=-(-1+3)=-2,\ b=(-1)\times 3=-3.$$

(2) 不等式 $x^2-bx-a\geqslant 0$ 变为 $x^2+3x+2\geqslant 0$，所以解集为 $\{x|x\leqslant -2$ 或 $x\geqslant -1\}$.

点拨 根据韦达定理求待定系数是解题的关键.

例 4 设一元二次不等式 $ax^2-6x+a\geqslant 0$ 的解集为 $\mathbf{R}$，求 a 的取值范围.

分析 根据一元二次不等式解集的情况分析，只有满足 $a>0$ 且 $\Delta\leqslant 0$，不等式的解集为 $\mathbf{R}$.

解 由题意知 $\begin{cases}a>0,\\\Delta\leqslant 0\end{cases}\Rightarrow\begin{cases}a>0,\\(-6)^2-4a^2\leqslant 0\end{cases}\Rightarrow a\geqslant 3$,

所以 a 的取值范围是 $\{a|a\geqslant 3\}$.

点拨 此题应结合一元二次函数的图像来求讨论一元二次不等式的解集.

基础训练

一、选择题

1. 一元一次不等式 $3x+9>0$ 的解集是(　　).

A. $\{x|x\geqslant 3\}$　　B. $\{x|x\geqslant -3\}$

C. $\{x|\ x>-3\}$　　D. $\{x|x<-3\}$

2. 不等式 $(x+3)(x-2)\geqslant 0$ 的解集是(　　).

A. $\{x|-3\leqslant x\leqslant 2\}$　　B. $\{x|-2\leqslant x\leqslant 3\}$

C. $\{x|x\leqslant -2$ 或 $x\geqslant 3\}$　　D. $\{x|x\leqslant -3$ 或 $x\geqslant 2\}$

3. 不等式 $x<x^2$ 的解集为(　　).

A. $\{x|x>1\}$　　B. $\{x|x<0\}$

C. $\{x|0<x<1\}$　　D. $\{x|x<0$ 或 $x>1\}$

4. 不等式 $x^2\leqslant 4$ 的解集为(　　).

A. $\{x|x\leqslant -2$ 且 $x\geqslant 2\}$　　B. $\{x|x\leqslant -2$ 或 $x\geqslant 2\}$

C. $\{x|-2\leqslant x\leqslant 2\}$　　D. $\varnothing$

二、填空题

5. 一元一次不等式组$\begin{cases}x-1>0\\x-2<0\end{cases}$的解集为________.

6. 不等式 $(x+4)(x-7)<0$ 的解集是 ________.（解集用区间表示）.

7. 不等式 $x^2+5x+6\geqslant 0$ 的解集用区间表示为 ________.

8. 不等式 $x(x-1)+1>0$ 的解集为________.

9. 不等式组$\begin{cases}x+2<0,\\x-5>0,\\-x<3\end{cases}$的解集为________.

三、解答题

10. 关于 x 的方程 $mx^2-(1-m)x+m=0$，当 m 为何值时，方程有实数根?

11. 要使式子 $\sqrt{2x+x^2}$ 有意义，求 x 的取值范围.

综合训练

一、选择题

1. 已知集合 $A=\{x\ |\ x+1>0\}$，$B=\{x\ |\ -2x+3>0\}$，则 $A\cap B=$(　　).

A. $\{x|x>1\}$　　B. $\left\{x|x<\dfrac{3}{2}\right\}$

C. $\left\{x|-1<x<\dfrac{3}{2}\right\}$　　D. $\varnothing$

2. 不等式 $3x<4+x^2$ 的解集为(　　).

A. $(1,+\infty)$　　B. $(-\infty,0)$

C. $(-\infty,+\infty)$　　D. $(0,+\infty)$

3. 不等式 $x^2>3x$ 的解集是(　　).

A. $\{x|x>3\}$　　B. $\{x|x<0$ 或 $x>3\}$

C. $\mathbf{R}$　　D. $\{x|0<x<3\}$

4. 不等式 $-4x^2+4x-1<0$ 的解集是(　　).

A. $\varnothing$　　B. $\mathbf{R}$

C. $\left(-\infty,\frac{1}{2}\right)\cup\left(\frac{1}{2},+\infty\right)$　　D. $\left(-\infty,-\frac{1}{2}\right)\cup\left(-\frac{1}{2},+\infty\right)$

二、填空题

5. 不等式组 $\begin{cases}3x-2<x+4\\x+5>4x-1\end{cases}$ 的解集为________.

6. 不等式 $(x+2)(x-2)\leqslant 5$ 的解集用区间表示为________.

7. 不等式 $x^2+2\leqslant 3x^2$ 的解集用区间表示为________.

8. 不等式 $(x+5)(x-3)>0$ 的解集用区间表示为________.

9. 已知关于 x 的不等式 $ax^2-6x+8>0$ 的解集是 $\{x|x<2$ 或 $x>4\}$，则实数 a 的值为________.

三、解答题

10. 已知关于 x 的方程 $x^2-(k+1)x+2k-1=0$ 的两根异号，求实数 k 的取值范围.

拓展训练

已知 $a\in\mathbf{R}$，要使不等式 $ax^2-ax+2a+1>0$ 对 $x\in\mathbf{R}$ 恒成立，试求实数 a 的取值范围.

§4.6 不等式的解法(2)

考点分析

考点 1. 一元一次绝对值不等式的解法

考点 2. 一元线性分式不等式的解法

知识回顾

1. 绝对值的概念：$|x|=\begin{cases}x, & x>0,\\ 0, & x=0,\\ -x, & x<0.\end{cases}$

2. 设 $0<b<a$，则

①$|x|>a \Leftrightarrow x>a$ 或 $x<-a$；

②$|x|<a \Leftrightarrow -a<x<a$；

③$|mx+n|>a \Leftrightarrow mx+n>a$ 或 $mx+n<-a$；

④$|mx+n|<a \Leftrightarrow -a<mx+n<a(a>0)$.

3. $\dfrac{ax+b}{cx+d}>0 \Leftrightarrow (ax+b)(cx+d)>0$；

$\dfrac{ax+b}{cx+d}<0 \Leftrightarrow (ax+b)(cx+d)<0$；

$\dfrac{ax+b}{cx+d}\geqslant 0 \Leftrightarrow \begin{cases}(ax+b)(cx+d)\geqslant 0,\\ cx+d\neq 0;\end{cases}$

$\dfrac{ax+b}{cx+d}\leqslant 0 \Leftrightarrow \begin{cases}(ax+b)(cx+d)\leqslant 0,\\ cx+d\neq 0.\end{cases}$

注：解绝对值不等式或一元线性分式不等式的关键是将其转化为一元一次或一元二次不等式或不等式组，再解之.

典例剖析

例 1 选择

(1) 不等式 $3|x+1|<6$ 的解集是(　　).

A. $\{x|x<1$ 或 $x>-3\}$　　B. $\{x|-3\leqslant x\leqslant 1\}$

C. $\{x|-3<x<1\}$　　D. $\{x|-1<x<3\}$

(2) 不等式 $|2-3x|>1$ 的解集为(　　).

A. $\left(-\infty, \dfrac{1}{3}\right)\cup(1, +\infty)$　　B. $(-\infty, -1)\cup\left(-\dfrac{1}{3}, +\infty\right)$

C. $\left(\dfrac{1}{3}, 1\right)$　　D. $\left(-1, -\dfrac{1}{3}\right)$

解 (1) C；(2) A.

例 2 解不等式 $(1-|x|)(1+x)>0$.

分析 本题根据 x 的取值范围将不等式中的绝对值符号打开，再将原不等式转化为两个一元二次不等式组.

解 原不等式可转化为：

$$(\text{I})\begin{cases}x\geqslant 0,\\(1-x)(1+x)>0;\end{cases}\text{或}(\text{II})\begin{cases}x<0,\\(1+x)(1+x)>0.\end{cases}$$

不等式组（Ⅰ）的解集为 $[0,1)$，不等式组（Ⅱ）的解集为 $(-\infty,-1)\cup(-1,0)$，所以原不等式的解集是

$$(-\infty,-1)\cup(-1,0)\cup[0,1)=(-\infty,-1)\cup(-1,1).$$

基础训练

一、选择题

1. 不等式 $|2x-1|<3$ 的解集是（　　）.

A. $\{x|-1<x<1\}$　　B. $\{x|-1<x<2\}$

C. $\{x|x<-1\text{ 或 }x>2\}$　　D. $\{x|-2<x<1\}$

2. 不等式 $\dfrac{x+1}{x+2}>0$ 的解集是（　　）.

A. $(-1,+\infty)$　　B. $(-\infty,-2)$

C. $(-\infty,-2)\cup(-1,+\infty)$　　D. $(-2,-1)$

3. 不等式 $|x-2|>3$ 的解集是（　　）.

A. $\{x|x<5\}$　　B. $\{x|x>-5\}$

C. $\{x|-1<x<5\}$　　D. $\{x|x<-1\text{ 或 }x>5\}$

4. 不等式 $|2x+3|-1\leqslant 0$ 的解集是（　　）.

A. $[-2,-1]$　　B. $(-\infty,-2]\cup[-1,+\infty)$

C. $[1,2]$　　D. $(-\infty,1]\cup[2,+\infty)$

5. 不等式 $|x-2|\leqslant 1$ 的整数解的个数有（　　）.

A. 0　　B. 1　　C. 2　　D. 3

二、填空题

6. 不等式 $|3x-5|\geqslant 4$ 的解集是________.

7. 不等式 $\dfrac{2x-1}{x}\geqslant 0$ 的解集为________.

8. 不等式 $|2x-5|<5$ 的整数解集是________.

9. 不等式 $|x|>x$ 的解集为________.

10. 不等式$\frac{x-3}{2-x}\geqslant 0$的解集为________.

三、解答题

11. 解下列不等式（解集用区间表示）：

(1) $\frac{2x+1}{x-2}\leqslant 0$；　(2) $\frac{2}{x-3}>1$.

综合训练

一、选择题

1. 不等式$\frac{2x-15}{x+2}\leqslant 0$的解集是(　　).

A. $\left(-2, \frac{15}{2}\right)$　B. $\left[-2, \frac{15}{2}\right]$　C. $\left(-2, \frac{15}{2}\right]$　D. $\left[-2, \frac{15}{2}\right)$

2. 不等式$|3-4x|>5$的解集是(　　).

A. $(2, +\infty)$　B. $\left(-\infty, -\frac{1}{2}\right)$

C. $\left(-\frac{1}{2}, 2\right)$　D. $\left(-\infty, -\frac{1}{2}\right)\cup(2, +\infty)$

3. 与不等式$\frac{2-x}{2+x}<0$有相同解集的是(　　).

A. $x^2-4<0$　B. $x^2-4>0$　C. $\begin{cases}2-x>0\\2+x<0\end{cases}$　D. $\begin{cases}x-2<0\\2+x>0\end{cases}$

4. 已知$m<0$，$n>0$，则不等式$|mx|<n$的解集是(　　).

A. $\left\{x \middle| -\frac{n}{m}<x<\frac{n}{m}\right\}$　B. $\left\{x \middle| \frac{n}{m}<x<-\frac{n}{m}\right\}$

C. $\left\{x \middle| x<\frac{n}{m}\text{或}x>-\frac{n}{m}\right\}$　D. $\varnothing$

5. 满足不等式$|5x+4|<11$的整数x的值的集合是(　　).

A. $\{-2, -1, 0, 1\}$　B. $\{1\}$

C. $\{0, 1\}$　D. $\{-3, -2, -1, 0, 1\}$

二、填空题

6. 不等式$\frac{3x-2}{2x}\geqslant 0$的解集是________.

7. 不等式$2+|-2x-3|\geqslant 4$的解集是________.

8. 已知$A=\{x||x-1|>2\}$，$B=\{x||x+1|\leqslant 1\}$，则$A\cap B=$________.

9. 已知$|x-a|<b$的解集为$\{x|-3<x<9\}$，则$a=$________，$b=$________.

10. 不等式$\frac{2x-7}{3x+2}\leqslant 0$的解集为________.

三、解答题

11. 解下列不等式（解集用区间表示）：

（1）$\frac{3-2x}{x+2}>2$；（2）$2\leqslant|1-4x|<5$.

拓展训练

已知集合 $A=\{x\,|\,|x-2|<a,\ a>0\}$，$B=\{x\,|\,|x-1|>3\}$，且 $A\cap B=\varnothing$，求 a 的取值范围.

三、函数

知识结构

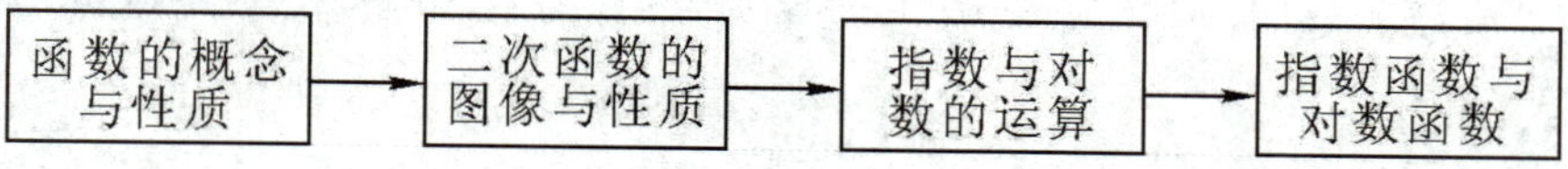

§4.7 函数的概念

考点分析

考点 1. 已知函数解析式，求给定自变量的函数值.

考点 2. 求简单函数的定义域.

知识回顾

1. 函数的概念：设 A、B 是非空的数集，如果按某个确定的对应关系 f，使对于集合 A 中的任意一个数 x，在集合 B 中都有唯一确定的数 $f(x)$ 和它对应，那么就称 f：$A\to B$ 为从集合 A 到集合 B 的一个函数，记作 $y=f(x)$，$x\in A$. 其中 x 叫做自变量. x 的取值范围 A 叫做函数的定义域；与 x 的值相对应的 y 的值叫做函数值，函数值的集合 $\{f(x)\,|\,x\in A\}$ 叫做函数的值域.

2. 函数三要素：定义域A、值域B、对应法则f，两个函数相等必须三个要素一样才相等.

3. 函数的三种表示方法：列表法、公式法、图像法.

4. 常见函数定义域的求法：

（1）若$y=\dfrac{1}{f(x)}$，则$f(x)\neq 0$；

（2）若$y=\sqrt{f(x)}$，则$f(x)\geqslant 0$；

（3）若$y=\log_a f(x)$，则$f(x)>0$；

（4）若$y=\tan(f(x))$，则$f(x)\neq k\pi+\dfrac{\pi}{2}$（$k\in\mathbf{Z}$）.

注：①求函数定义域，通常是将其转化为解不等式或不等式组.

②在实际问题中，还要考虑自变量的实际意义.

③函数定义域通常用区间或集合表示.

典例剖析

例1 选择题

（1）已知函数$f(x)=\sqrt{\dfrac{x+1}{6-2x}}$，则其定义域为（　　）.

A.（3，$+\infty$）　　B.（-1，3）　　C.（$-\infty$，-1]　　D.［-1，3）

（2）设$f(x)=x^2+x$，则$f(-x)=$（　　）.

A. $-x^2-x$　　B. $-x^2+x$　　C. x^2-x　　D. x^2+x

解　（1）D；　（2）C.

例2 求下列函数的定义域：

（1）$f(x)=\sqrt{3^x-9}+\dfrac{10}{x-7}$；（2）$g(x)=\log_2(x^2-2x-3)$.

解　（1）要使函数$f(x)$有意义$\Leftrightarrow\begin{cases}3^x-9\geqslant 0,\\ x-7\neq 0\end{cases}\Leftrightarrow\begin{cases}x\geqslant 2,\\ x\neq 7\end{cases}\Leftrightarrow x\geqslant 2$且$x\neq 7$，函数$f(x)$的定义域为$[2,7)\cup(7,+\infty)$.

（2）要使函数$g(x)$有意义$\Leftrightarrow x^2-2x-3>0\Leftrightarrow x>3$或$x<-1$，函数

$g(x)$的定义域为 $(-\infty, -1)\cup(3, +\infty)$.

点拨 如果函数是由一些基本函数通过四则运算结合而成的，那么，它的定义域是使各部分都有意义的 x 的值组成的集合.

例 3 已知函数 $f(x)=a^x-2(a>0$ 且 $a\neq1)$ 的图像经过点 $P(1, 1)$，(1) 求 $f(0)$；(2) 当 x 取何值时 $f(x)=25$.

解 (1) 由题意，得

$$a^1-2=1，解得 a=3，$$

所以
$$f(x)=3^x-2,$$

则
$$f(0)=3^0-2=-1.$$

(2) 当 $f(x)=25$ 时，即 $3^x-2=25$，解得 $x=3$.

所以，当 $x=3$ 时，$f(x)=25$.

例 4 已知函数 $f(x)=x^2-1$. 求：(1) $f(0)$ 的值；(2) $f(x+1)$ 的表达式.

解 (1) $f(0)=0^2-1=-1$；

(2) $f(x+1)=(x+1)^2-1=x^2+2x$.

基础训练

一、选择题

1. 下列函数中，与 $y=x$ 表示同一函数的是(　　).

A. $y=\sqrt{x^2}$　　B. $y=(\sqrt{x})^2$

C. $y=\dfrac{x^2}{x}$　　D. $y=\sqrt[3]{x^3}$

2. 函数 $y=\dfrac{\sqrt{x}}{x+3}$的定义域为(　　).

A. $\{x|x\neq-3\}$　　B. $\{x|x\geqslant0$ 且 $x\neq-3\}$

C. $\{x|x\geqslant0\}$　　D. $\{x|x\geqslant-3\}$

3. $y=x^2-2x+4$ 在 $x=1$ 处的函数值为(　　).

A. 4　　B. -4　　C. 3　　D. -3

4. 函数 $f(x)=\dfrac{1}{\sqrt{x^2+5x-6}}$ 的定义域是(　　).

A. $\{x|x\leqslant-6$ 或 $x\geqslant1\}$　　B. $\{x|6\leqslant x\leqslant1\}$

C. $\{x|x<-6$ 或 $x>1\}$　　D. $\{x|-6<x<1\}$

5. 函数 $f(x)=\sqrt{3x-6}$的定义域为(　　).

A. $\{x|x\neq 2\}$　　B. $\{x|x\geqslant 2\}$　　C. $\{x|x>2\}$　　D. $\{x|x\leqslant 2\}$

二、填空题

6. 函数 $g(x)=\log_2(x^2+2x)$ 的定义域为________.

7. 已知 $f(x)=x^2+2x-1$，则 $f(0)=$________.

8. 函数 $f(x)=\sqrt{x^2-2}$，则 $f(-2)=$________，$f(3)=$________.

9. 函数 $f(x)=\dfrac{2x}{|x|-3}$的定义域为________.

三、解答题

10. 求函数 $y=\dfrac{\sqrt{x+4}}{x-4}$的定义域.

11. 已知函数 $f(x)=\dfrac{x^2-4}{\sqrt{x^2-16}}$，求 $f(5)$，$f(-6)$.

综合训练

一、选择题

1. $f(x)=3x^2-1$ 在 $x=2$ 处的函数值为(　　).

A. 9　　B. 10　　C. 11　　D. 12

2. 函数 $y=\dfrac{\sqrt{4-x^2}}{x-1}$的定义域是(　　).

A. $[-2，2]$　　B. $(-\infty，-2)$

C. $[-2，1)\cup(1，2]$　　D. $[2，+\infty)$

3. 函数 $y=3x$（$x\in\mathbf{N}$，$1\leqslant x\leqslant 5$）的图像是(　　).

A. 直线　　B. 射线

C. 线段　　D. 离散的点

4. 函数 $y=x^2-3x+1$ 的定义域为(　　).

A. $\mathbf{R}$　　B. $\{x|x\geqslant 0$ 且 $x\neq 2\}$

C. $\{x|x\geqslant 0\}$　　D. $\{x|x\geqslant 2\}$

二、填空题

5. 函数 $y=\dfrac{1}{x^2-2x-3}$的定义域为 ________.

6. 函数 $y=\sqrt{|5-3x|-1}$的定义域是________.

7. 函数 $y=\sqrt{\log_{0.1}(2-x)}$的定义域为________.

三、解答题

8. 已知函数 $f(x)=3-\log_6(x^2-3x-4)$

(1) 求函数 $f(x)$ 的定义域；(2) 若 $f(x)\geqslant 2$，求 x 的取值范围.

拓展训练

已知函数 $f(x)=\dfrac{1}{\log_2(3-2x)-1}$，求：

(1) 函数 $f(x)$ 的定义域；

(2) 当 x 为何值时，$f(x)$ 的图像位于 x 轴上方？

§4.8 函数的性质

考点分析

考点 1. 简单函数的单调性判定

考点 2. 简单函数奇偶性的判定

知识回顾

1. 函数的单调性定义：设 $y=f(x)$ 的定义域为 A，$I\subseteq A$，则对任意的 x_1，$x_2\in I$，且 $x_1<x_2$ 时，有

①若 $f(x_1)<f(x_2)$，则称 $f(x)$ 在 I 上为增函数，I 为增区间；

②若 $f(x_1)>f(x_2)$，则称 $f(x)$ 在 I 上为减函数，I 为减区间.（如图 4－3）

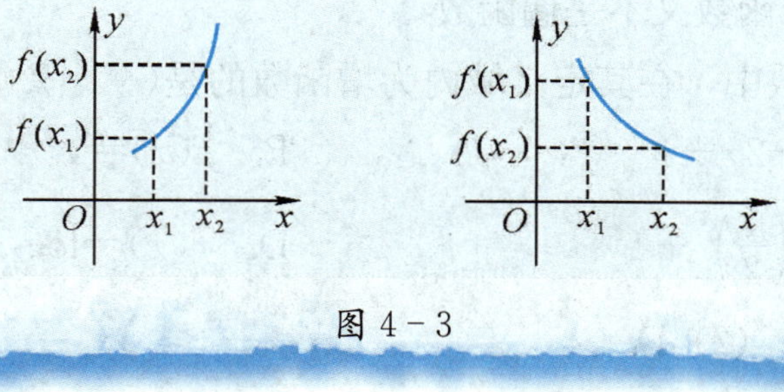

图 4－3

2. 证明函数单调性的一般方法：

定义法：设 x_1，$x_2 \in A$ 且 $x_1 < x_2$；作差 $f(x_1)-f(x_2)$（一般结果要分解为若干个因式的乘积，且每一个因式的正或负号能清楚地判断出）；判断正负号.

3. 函数的奇偶性定义：

设函数 $y=f(x)$ 的定义域是关于原点对称的区间 D，

①任取 $x \in D$，都有 $f(-x)=f(x)$，则称 $f(x)$ 为偶函数；

②任取 $x \in D$，都有 $f(-x)=-f(x)$，则称 $f(x)$ 为奇函数.

注：偶函数的图像关于 y 轴对称，奇函数的图像关于原点对称.

4. 判断函数奇偶性的一般方法：

判断函数的奇偶性，首先是检验其定义域是否关于原点对称，然后再严格按照奇偶性的定义经过化简、整理，再与 $f(x)$ 比较得出结论.

典例剖析

例 1 选择题

(1) 已知函数 $f(x)=x+\dfrac{3}{x}$ $(x\neq 0)$，则此函数是(   ).

A. 奇函数

B. 偶函数

C. 既是奇函数又是偶函数

D. 既不是奇函数又不是偶函数

(2) 下列函数中，在其定义域内为增函数的是(   ).

A. $f(x)=-2x+1$　　B. $f(x)=x^2+1$

C. $f(x)=\left(\dfrac{1}{2}\right)^x+1$　　D. $f(x)=\log_2 x+1$

解 (1) A；(2) D.

例 2 判断下列函数的奇偶性：

(1) $f(x)=\sqrt{x}+\dfrac{1}{x}$； (2) $g(x)=x-\dfrac{1}{x^3}$； (3) $h(x)=\lg\dfrac{1-x}{1+x}$；(4) $k(x)=2x^2-3$.

解 (1) 函数 $f(x)$ 的定义域为 $(0,+\infty)$，由于定义域关于原点不对称，故 $f(x)$ 为非奇非偶函数.

(2) 函数 $g(x)$ 的定义域为 $(-\infty,0)\cup(0,+\infty)$，关于原点对称. 因为

$$g(-x)=-x-\frac{1}{(-x)^3}=-x+\frac{1}{x^3}=-g(x),$$

所以函数 $g(x)$ 为奇函数.

(3) $\dfrac{1-x}{1+x}>0$，即 $-1<x<1$，定义域关于原点对称. 因为

$$h(-x)=\lg\frac{1+x}{1-x}=\lg\left(\frac{1-x}{1+x}\right)^{-1}=-\lg\frac{1-x}{1+x}=-h(x),$$

所以函数 $h(x)$ 为奇函数.

(4) 函数 $k(x)$ 的定义域为 **R**，关于原点对称. 因为

$$k(-x)=2(-x)^2-3=2x^2-3=k(x),$$

所以函数 $k(x)$ 为偶函数.

点拨 用定义判断函数的奇偶性，首先要检验其定义域是否关于原点对称.

基础训练

一、选择题

1. 已知函数 $f(x)$ 在 $(-\infty,+\infty)$ 上为偶函数，且 $f(-2)=3$，则 $f(2)=$(　　).

A. 2　　B. -2　　C. -3　　D. 3

2. 已知函数 $f(x)$ 在 $(-\infty,+\infty)$ 上为增函数，则 $f(2)$ 和 $f(4)$ 的大小关系是(　　).

A. $f(2)=f(4)$　　B. $f(2)>f(4)$

C. $f(2)<f(4)$　　D. 无法判断

3. 下列函数既不是奇函数又不是偶函数的是(　　).

A. $y=3x$　　B. $y=3x^2$　　C. $y=\dfrac{1}{x}$　　D. $y=3^x$

4. 下列函数在定义域或指定范围内是增函数的是(　　).

A. $y=\left(\frac{1}{2}\right)^x$　　B. $y=\log_{0.1}x$

C. $y=-x$　　D. $y=\tan x$，$x\in\left(-\frac{\pi}{2}+k\pi,\frac{\pi}{2}+k\pi\right)$，$k\in\mathbf{Z}$

二、填空题

5. 若函数 $f(x)$ 在 $(-\infty,+\infty)$ 上是增函数，则 $f(4)$________$f(6)$；若 $f(x)$ 在 $(-\infty,+\infty)$ 上为减函数．则 $f(-4)$________ $f(-6)$（填“$<$”或“$>$”）；

6. 设 $f(x)$ 的定义域为 $\mathbf{R}$，

①若 $f(x)$ 为奇函数，且 $f(-4)=2$，则 $f(4)=$________；

②若 $f(x)$ 为偶函数，且 $f(2)=3$，则 $f(-2)=$________.

7. 判断下列函数的奇偶性：

① $f(x)=3x-2$ ________；② $f(x)=4|x|$ ________；③ $f(x)=x^3+x$ ________.

三、解答题

8. 用定义判断函数 $y=x^2-2x$ 在 $(1,+\infty)$ 上的单调性.

9. 判断下列函数的奇偶性：

①$y=x+1$；　　②$y=x^2+1$；

③$y=\frac{1}{x}$；　　④ $y=\frac{1}{x+1}$.

综合训练

一、选择题

1. 下列函数在 $(0,+\infty)$ 上为单调增函数是(　　).

A. $y=-3x+2$　　B. $y=-\frac{4}{x}$

C. $y=-2x^2+x$　　D. $y=3x^2-x$

2. 下列哪个函数的定义域关于原点对称(　　).

A. $y=\frac{1}{x+1}$　　B. $y=\sqrt{x+1}$

C. $y=x^2+1$，$x\in[-1,1)$　　D. $y=x^3+1$

3. 定义域在 $\mathbf{R}$ 上的偶函数 $f(x)$ 在 $(0,+\infty)$ 上是增函数，则有(　　).

A. $f(3)<f(-4)<f(-\pi)$　　B. $f(-\pi)<f(-4)<f(3)$

C. $f(3)<f(-\pi)<f(-4)$　　D. $f(-4)<f(-\pi)<f(3)$

4. 下列函数，在定义域内为偶函数的是(　　).

A. $f(x)=\sin x$　　B. $f(x)=2^x$

C. $f(x)=-\frac{x^2}{x^2-1}$　　D. $f(x)=\frac{(x-1)^2}{x^2}$

5. 若 $y=f(x)$ 是定义在 $\mathbf{R}$ 上的函数，则 $y=f(x)$ 为奇函数的一个充要条件是(　　).

A. 对任意的 $x\in\mathbf{R}$，都有 $f(x)=0$

B. 图像关于 y 轴对称

C. 对任意的 $x\in\mathbf{R}$，都有 $f(x)+f(-x)=0$

D. 存在某一 $x_0\in\mathbf{R}$，使得 $f(-x_0)=-f(x_0)$

二、填空题

6. 已知 $f(x)=ax^3+bx+3$，且 $f(3)=9$，则 $f(-3)=$________.

7. 若函数 $y=f(x)$ 的图像关于原点对称，且 $f(5)=-8$，则 $f(-5)$为________.

8. 已知 $f(x)$ 在 $\mathbf{R}$ 上是奇函数，且 $f(1)=-2$，$f(3)=1$，则 $f(-3)$________$f(-1)$.（填“<”或“>”）

9. 已知 $f(x)=x^2+bx$ 在定义域上是偶函数，则 b 的值为________.

10. 已知函数 $f(x)$ 为 $\mathbf{R}$ 上的奇函数，$g(x)$为 $\mathbf{R}$ 上的偶函数，且$f(2)=-1$，$g(2)=3$. 则当 $h(x)=2f(x)-3g(x)+1$ 时，$h(-2)=$________.

三、解答题

11. 判断函数 $y=-\frac{\cos 2x}{x^2+1}+2$ 的奇偶性.

12. 证明函数 $f(x)=x^2+1$ 在 $[0,+\infty)$ 上是增函数.

拓展训练

判断函数 $f(x)=x\frac{2^x-1}{2^x+1}$的奇偶性.

§4.9　二次函数的图像和性质

考点分析

考点 1. 二次函数的概念、图像、性质

考点 2. 用待定系数法求二次函数解析式

考点 3. 用不等式、方程、函数的知识解决有关实际问题

知识回顾

1. 函数 $y=ax^2+bx+c$（$a\neq0$）叫做一元二次函数．一元二次函数的图像是一条抛物线，其图像及性质如下表：

	$a>0$	$a<0$
图像	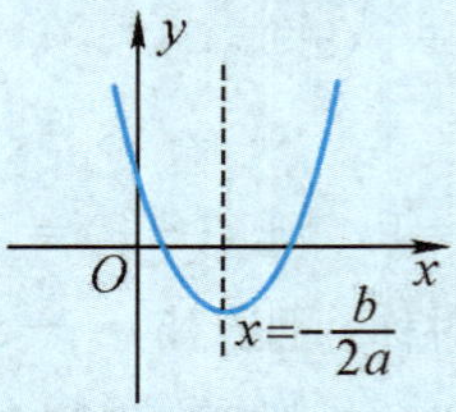	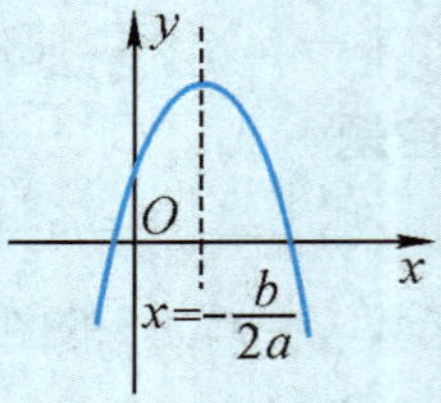
开口方向	向上	向下
顶点坐标	$\left(-\dfrac{b}{2a},\ \dfrac{4ac-b^2}{4a}\right)$	
对称性	关于直线 $x=-\dfrac{b}{2a}$ 对称	
单调性	在 $\left(-\infty,\ -\dfrac{b}{2a}\right]$ 上为减函数， 在 $\left[-\dfrac{b}{2a},\ +\infty\right)$ 上为增函数	在 $\left(-\infty,\ -\dfrac{b}{2a}\right]$ 上为增函数， 在 $\left[-\dfrac{b}{2a},\ +\infty\right)$ 上为减函数
最值	当 $x=-\dfrac{b}{2a}$ 时， $y_{\min}=\dfrac{4ac-b^2}{4a}$	当 $x=-\dfrac{b}{2a}$ 时， $y_{\max}=\dfrac{4ac-b^2}{4a}$

注：①当 $\Delta=b^2-4ac\geqslant0$ 时抛物线与 x 轴有交点，交点横坐标为方程 $ax^2+bx+c=0$ 的两个实根；

②抛物线与 y 轴交点为（0，c）；

③研究二次函数的性质常用的方法有两种：配方法和公式法；

④无论是利用公式法还是配方法都可以直接得出二次函数的顶点坐标与对称轴；但讨论函数的最值以及它的单调区间时一定要考虑它的开口方向．

2. 二次函数的三种形式：

①一般式：$y=ax^2+bx+c$（$a\neq0$）；

②顶点式：$y=a(x-h)^2+k$，其中（h，k）为抛物线的顶点；

③截距式（交点式）：$y=a(x-x_1)(x-x_2)$，其中 x_1，x_2 为抛物线与 x 轴交点横坐标.

典例剖析

例 1 选择

(1) 函数 $y=x^2-2x-3$ 的图像是(　　).

A. 开口向上，顶点为（-1，4）的一条抛物线

B. 开口向上，顶点为（1，-4）的一条抛物线

C. 开口向下，顶点为（-1，4）的一条抛物线

D. 开口向下，顶点为（1，-4）的一条抛物线

(2) 二次函数 $y=x^2+bx+c$ 的图像上有两点（3，-8）和（-5，-8），则此抛物线的对称轴是(　　).

A. $x=-1$　　B. $x=1$　　C. $x=2$　　D. $x=3$

解 (1) B；(2) A.

例 2 已知二次函数图像顶点坐标为（-2，3），且过点（1，0），求此二次函数的解析式.

分析 根据所给条件中有顶点坐标的特点，可以选用顶点式.

解 设二次函数的解析式为：$y=a(x+2)^2+3$.

因为二次函数图像过点（1，0），所以

$$0=a(1+2)^2+3，解得 a=-\frac{1}{3}.$$

所以函数解析式为

$$y=-\frac{1}{3}(x+2)^2+3，即 y=-\frac{1}{3}x^2-\frac{4}{3}x+\frac{5}{3}.$$

点拨 ①在实际应用中，需要根据题目的条件选择相应的形式以简化计算.

②利用待定系数法确定二次函数的解析式的步骤可以总结为四个字：设、列、求、定.

例 3 已知一元二次函数图像的顶点是（6，−12），且它与 x 轴的一个交点为（8，0），求：（1）二次函数的解析式；（2）使二次函数值非负的自变量 x 取值范围.

解 （1）由题意，设函数解析式为

$$y=a(x-6)^2-12.$$

因为其图像与 x 轴有一交点（8，0），所以

$$0=a\ (8-6)^2-12，即\ a=3，$$

故所求函数解析式为

$$y=3(x-6)^2-12\ ，即\ y=3x^2-36x+96.$$

（2）因为 $y\geqslant 0$，即 $3x^2-36x+96\geqslant 0$，亦即 $x^2-12x+32\geqslant 0$，所以 $x\geqslant 8$ 或 $x\leqslant 4$ 为所求取值范围.

例 4 某农户现准备了 100 米的建筑材料，设计修造一座如图 4－4 所示大小相同的 4 间矩形养殖场舍，每间小矩形房间长为 x 米．问：x 为多长时，所造养殖场舍的面积最大？最大面积为多少？

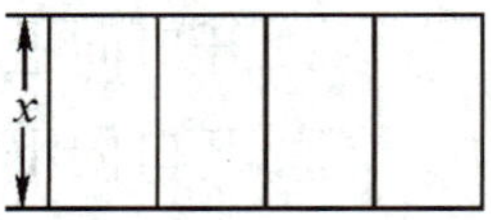

图 4－4

解 由题设知每间小矩形的长为 x 米，则 4 间小矩形组成的大矩形的宽度为 $\frac{100-5x}{2}$ 米．设大矩形的面积为 S 平方米，由题意得

$$\begin{aligned}S&=x\cdot\frac{100-5x}{2}=-\frac{5}{2}x^2+50x\\&=-\frac{5}{2}(x^2-20x)\\&=-\frac{5}{2}(x-10)^2+250\ (0<x<20)，\end{aligned}$$

所以当 $x=10$ 时，$S_{max}=250$.

答：当 x 为 10 米长时，所造养殖场舍的面积最大，最大面积为 250 平方米.

基础训练

一、选择题

1. 二次函数 $f(x)=-x^2+2x-8$ 的最大值是（　　）.

A. 7　　B. 6　　C. -6　　D. -7

2. 函数 $y=-2x^2-4x-2$ 具有性质（　　）.

A. 开口向上，对称轴 $x=-1$，顶点坐标 $(-1, 0)$

B. 开口向上，对称轴 $x=1$，顶点坐标 $(1, 0)$

C. 开口向下，对称轴 $x=-1$，顶点坐标 $(-1, 0)$

D. 开口向下，对称轴 $x=1$，顶点坐标 $(1, 0)$

3. 函数 $y=x^2+bx+c$ 的图像经过点 $(-2, 0)$，且关于直线 $x=1$ 对称，则（　　）.

A. $b=-2$，$c=-8$　　B. $b=-1$，$c=-6$

C. $b=1$，$c=-2$　　D. $b=2$，$c=0$

4. 二次函数 $y=x^2+x-2$ 的图像与 x 轴交点的横坐标是（　　）.

A. 2 和 -1　　B. -2 和 1　　C. 2 和 1　　D. -2 和 -1

5. 二次函数 $y=x^2-2x-1$ 配方成顶点式为（　　）.

A. $y=(x-1)^2$　　B. $y=(x-1)^2-2$

C. $y=(x+1)^2+1$　　D. $y=(x+1)^2-2$

二、填空题

6. 已知 $y=9x^2-6x+6$，则 y 有最________值为________.

7. 二次函数 $y=x^2-3x-4$ 与 x 轴的交点坐标是________，与 y 轴交点坐标是________.

8. 写出一个二次函数，其图像过点 $(1, -1)$，且开口向下的函数解析式为________.

9. 已知函数 $f(x)=kx+b$ 的图像过点 $(2, 1)$，$(-1, 4)$，则这个函数的解析式为________.

10. 已知函数 $y=2x^2-x-1$，若 $y\leqslant 0$，则 x 的取值范围是________.

三、解答题

11. 求函数 $y=x^2+6x+9$ 的最小值及图像的对称轴和顶点坐标，并求它的单调区间.

12. 已知二次函数的图像与 x 轴交于 $(-1, 0)$，$(3, 0)$ 两点，并经过点 $(4, 5)$. (1) 求二次函数的解析式；(2) 求此二次函数的最大值或最小值.

综合训练

一、选择题

1. 二次函数 $y=5x^2+mx+4$ 在区间 $(-\infty, -1)$ 上是减函数，在区间 $[-1, +\infty)$ 上是增函数，则 $m=$(　　).

A. 2　　B. -2　　C. 10　　D. -10

2. 已知函数 $f(x)=ax^2+bx+c$ $(a\neq0)$ 的大致图像（如图 4-5 所示），则下列结论正确的是(　　).

A. $a>0$，$b<0$，$c>0$

B. $a>0$，$b>0$，$c>0$

C. $a>0$，$b>0$，$c<0$

D. $a<0$，$b>0$，$c>0$

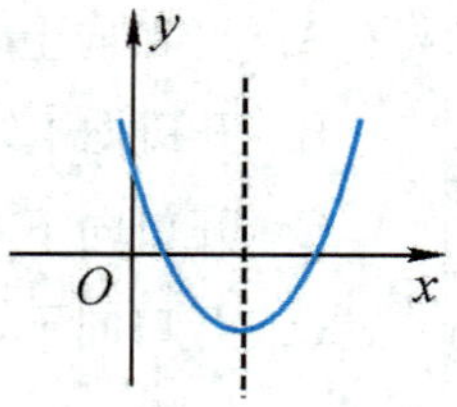

图 4-5

3. 对于二次函数 $y=-2x^2+8x$，下列结论正确的是(　　).

A. 当 $x=2$ 时，y 有最大值 8

B. 当 $x=-2$ 时，y 有最大值 8

C. 当 $x=2$ 时，y 有最小值 8

D. 当 $x=-2$ 时，y 有最小值 8

4. 已知直线 $y=x+b$ 与抛物线 $y=x^2+1$ 有两个交点，则 b 的取值范围是(　　).

A. $b>\frac{3}{4}$　　B. $b<\frac{3}{4}$　　C. $b>\frac{5}{4}$　　D. $b<\frac{5}{4}$

5. 如图 4-6 所示，二次函数 $y=x^2-4x+3$ 的图像交 x 轴于 A，B 两点，交 y 轴于 C 点，则 $\triangle ABC$ 的面积为(　　).

A. 6　　B. 4

C. 3　　D. 1

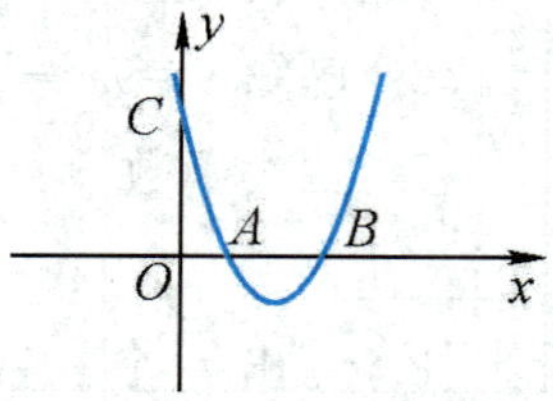

图 4-6

二、填空题

6. 已知函数 $f(x)=2x^2+mx+n$，且 $f(1)=f(2)=0$，则 $f(-1)=$________.

7. 用一根 80 cm 的铁丝，把它弯成一个矩形框，矩形框的最大面积是________.

8. 二次函数 $y=(|m|-2)x^2+4x+1$ 的开口向下，则 m 的取值范围是________；若二次函数图像与 x 轴无交点，则 m 的取值范围是________.

9. 如果二次函数 $y=x^2+mx+(m+3)$ 与 x 轴有两个不同的交点，则 m 的取值范围是________.

10. 抛物线 $y=x^2+bx+c$ 经过点 $A(-1, 0)$，$B(4, 0)$ 两点，则这条抛物线的解析式为________.

三、解答题

11. 某学校先准备了可以建 24 米长的墙的建筑材料，想利用一面墙设计修建如图 4－7 所示的两矩形花台 $ABEF$，$FECD$（其中墙 EF 共用）．设矩形 $ABCD$ 的宽 AB 为 x 米，面积为 S 平方米：

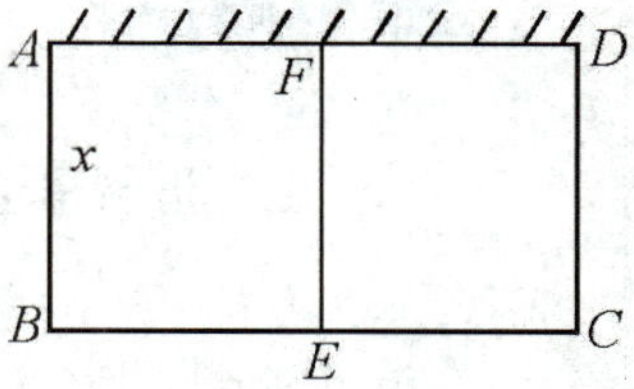

图 4－7

（1）写出 S 与 x 的函数关系式及 x 的取值范围；

（2）若矩形 $ABCD$ 的面积为 45 平方米，求 AB 的长度；

（3）能修建比面积为 45 平方米更大的矩形花台吗？如果能，求出此最大面积；如果不能，请说明理由．

12. 现有一块矩形场地，长为 30 米，宽为 20 米，要将这块地划分为四块小矩形场地，分别种植：A 向日葵、B 牵牛花、C 菊花、D 玫瑰花．设 D 的长与 B 的宽相等，如图 4－8 所示．

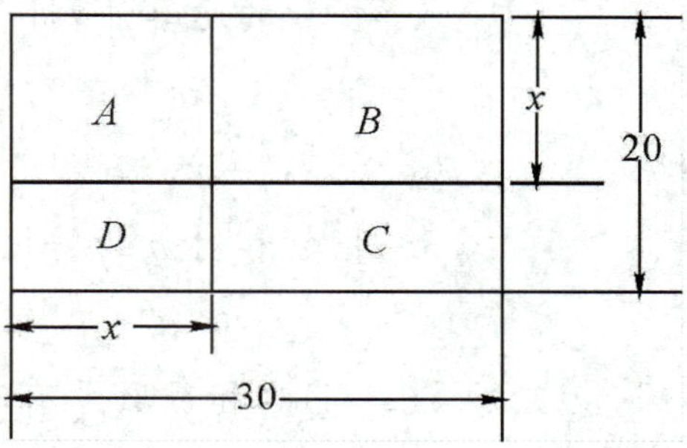

图 4－8

（1）求 D 的面积 y 与 D 的长 x 之间的函数关系式，并写出定义域；

（2）当 x 取何值时，D 的面积最大？最大面积是多少？

拓展训练

某旅行社准备在某地组织旅游团到北京观看奥运会，每人往返机票、食宿、门票等费用共需 3 000 元，如果把每人收费标准定为 4 000 元，则只有 20 人参加旅游团；高于 4 000 元时，没有人参加．如果每人收费标准从 4 000 元每降低 100 元，则参加旅游团人数就增加 10 人．试问：每人收费标准定为多少时，该旅行社获利润最大？此时参加旅游团人数是多少？

§4.10 指数与对数的运算

考点分析

考点 1．指数和对数的概念、性质

考点 2．运用指数和对数运算法则及公式计算

知识回顾

1. 指数幂：①$\underbrace{a\cdot a\cdot a\cdot\cdots\cdot a}_{n}=a^n$，其中 a 为底数，n 为指数，a^n 叫 a 的 n 次幂；

②当 $a\neq 0$ 时，$a^{-n}=\dfrac{1}{a^n}$，$a^0=1(n\in\mathbf{N}^*)$；

③$a^{\frac{n}{m}}=\sqrt[m]{a^n}$ 当 m 为偶数且 n 为奇数时，$a\geqslant 0$；当 m 为奇数或 n 为偶数时，$a\in\mathbf{R}$.

2. 指数的运算法则：设 $a>0$，$b>0$，x，$y\in\mathbf{R}$，则

①$a^x\cdot a^y=a^{x+y}$；　　②$a^x\div a^y=a^{x-y}$；

③ $(a^x)^y=a^{x\cdot y}$；　　④ $(ab)^x=a^x\cdot b^x$.

3. 指数和对数的转化：当 $a>0$，$a\neq 1$ 时，

$$a^b=N\Leftrightarrow \log_a N=b\ (N>0).$$

注：① 0 和负数没有对数；②$\log_{10}N$ 记作 $\lg N$；

③$\log_e N$ 记作 $\ln N$，$e=2.71828\cdots$

4. 对数的运算公式及法则：设 $a>0$，$a\neq 1$，$b>0$，$b\neq 1$，$M>0$，$N>0$，则

①$\log_a 1=0$；　②$\log_a a=1$；　③$a^{\log_a N}=N$；　④$\log_a a^n=n$；

⑤$\log_a M+\log_a N=\log_a(M\cdot N)$；

⑥$\log_a M-\log_a N=\log_a\dfrac{M}{N}$；

⑦ $\log_a M^n=n\log_a M$；　　⑧$\log_b N=\dfrac{\log_a N}{\log_a b}$；

⑨$\log_a b\cdot\log_b a=1$.

典例剖析

例 1　选择题

(1) 设 m，n 为不等于 1 的两个正数，则下列等式成立的是(　　).

A. $e^{\lg mn}=mn$　　　　B. $(3^n)^m=3^{mn}$

C. $\dfrac{\lg m}{\lg n}=\lg(m-n)$　　D. $\log_m n=\log_n m$

(2) $2^{\log_4 5}=($　　$)$.

A. 2　　$B\sqrt{5}$　　C. 5　　D. 25

解　(1) B;　(2) B.

例 2　计算:

$$2^{\log_2 \frac{1}{4}}+\left(\frac{16}{9}\right)^{-\frac{1}{2}}+\lg 20-\lg 2-\log_3 2\cdot\log_2 3.$$

解　原式$=\dfrac{1}{4}+\left[\left(\dfrac{4}{3}\right)^2\right]^{-\frac{1}{2}}+\lg\dfrac{20}{2}-\dfrac{\lg 2}{\lg 3}\cdot\dfrac{\lg 3}{\lg 2}$

$$=\frac{1}{4}+\left(\frac{4}{3}\right)^{-1}+\lg 10-1=\frac{1}{4}+\frac{3}{4}+1-1=1.$$

例 3　计算:

$$16^{\frac{1}{4}}-\left(\frac{1}{27}\right)^{-\frac{1}{3}}-\lg\sqrt{1000}+\sin\left(-\frac{\pi}{6}\right)+(\sqrt{2}-1)^{\lg 1}.$$

解　原式$=(2^4)^{\frac{1}{4}}-\left[\left(\dfrac{1}{3}\right)^3\right]^{-\frac{1}{3}}-\lg\ (10^3)^{\frac{1}{2}}-\sin\dfrac{\pi}{6}+\ (\sqrt{2}-1)^0$

$$=2-\left(\frac{1}{3}\right)^{-1}-\lg 10^{\frac{3}{2}}-\frac{1}{2}+1$$

$$=2-3-\frac{3}{2}-\frac{1}{2}+1$$

$$=-2.$$

基础训练

一、选择题

1. 下列运算中正确的是(　　).

A. $\log_2 3\cdot\log_2 5=\log_2 15$　　B. $\log_2 3\cdot\log_2 5=\log_2 8$

C. $\dfrac{\log_2 3}{\log_2 5}=\log_5 3$　　D. $\dfrac{\log_2 3}{\log_2 5}=\log_2\left(\dfrac{3}{5}\right)$

2. 下列运算中正确的是(　　).

A. $(-1)^0=-1$　　B. $3\times\left(\dfrac{1}{2}\right)^{-2}=12$

C. $(5^3)^2\times 5^4=5^9$　　D. $\dfrac{-3^5}{(-3)^3}=-3^2$

3. 下列互化正确的是(　　).

A. $3^x=4\Leftrightarrow x=\log_3 4$　　B. $3^x=4\Leftrightarrow x=\log_4 3$

C. $3^x=4\Leftrightarrow x=\sqrt[3]{4}$　　　　D. $3^x=4\Leftrightarrow x=\sqrt[4]{3}$

4. 计算 $\log_4 3\cdot\log_9 16=$(　　).

A. 1　　　　B. $\frac{4}{3}$　　　　C. $\log_3 4$　　　　D. $\log_3 2$

5. 已知 $x^{-3}=8$，那么 x 等于(　　).

A. 2　　　　B. -2　　　　C. ± 2　　　　D. $\frac{1}{2}$

二、填空题

6. 计算填空：

$\left(1\frac{9}{16}\right)^{\frac{1}{2}}=$________，$\log_9 3+\log_9 27=$________，$\log_4 3\cdot\log_3 4=$________，$\log_5(\sqrt{2}-1)^0=$________.

7. 若 $\log_2 x=4$，则 $x=$________.

8. $(x^2\cdot x^{-\frac{4}{5}})\div x^{\frac{1}{5}}=$________.

9. 若 $\log_{\sqrt{2}}8=y$，则 $y=$________.

10. $3^{\log_{\sqrt{3}}4}$的值是________.

三、解答题

11. 计算：$2^{\log_2 3}+0.01^{-\frac{1}{2}}-\left(\frac{1}{\sqrt{2}-1}\right)^0$.

12. 计算：$\lg 10-\sin 30^\circ+C_2^2-\left(\frac{1}{2010}\right)^0$.

13. 计算：$(-2)^{-2}+\lg 0.1-3^{\log_3 2}+\log_3 25\cdot\log_{125}27$.

综合训练

一、选择题

1. 若 $\log_{12}3=m$，则 $\log_{12}4=$(　　).

A. $\frac{m}{3}$　　　　B. $m+1$　　　　C. $m-1$　　　　D. $1-m$

2. 下列四个式子（其中 $a>0$ 且 $a\neq 1$，$M>0$，$N>0$）中正确的有（　　）.

① $\log_a M+\log_a N=\log_a(MN)$　　　　② $\log_a M-\log_a N=\log_a\left(\frac{M}{N}\right)$

③ $\log_a(M-N)=\log_a\frac{M}{N}$　　　　④ $\frac{\log_a M}{\log_a N}=\log_N M$

A. 1个　　B. 2个　　C. 3个　　D. 4个

3. 如果 x，$y\in\mathbf{R}$，且 $(2x-1)^2+(y-8)^2=0$，则 $\log_8\dfrac{x}{y}=$(　　).

A. $\dfrac{4}{3}$　　B. $\dfrac{3}{4}$　　C. $-\dfrac{4}{3}$　　D. $-\dfrac{3}{4}$

4. 计算 $\log_2 25\cdot\log_5 8=$(　　).

A. 5　　B. 6　　C. 7　　D. 8

5. 化简 $\lg 2100-\lg 21=$(　　).

A. 1　　B. 2　　C. -1　　D. -2

二、填空题

6. 计算：$\log_5\sqrt{5}=$________.

7. 计算：$\left(2\dfrac{7}{9}\right)^{\frac{1}{2}}+(\lg 5)^0+\left(\dfrac{27}{64}\right)^{-\frac{1}{3}}=$________.

8. 计算：$\sqrt{2}\times\sqrt[4]{2}\times\sqrt[8]{4}=$________.

9. 计算：$\log_8 9\cdot\log_{27}32=$________.

10. 计算：$\log_6 4+\log_6 9=$________.

三、解答题

11. 计算：$(\sqrt{2}+1)^0-\cos 60^\circ-\lg 10+P_2^2+2^{-1}$.

12. 计算：$\lg 5+\lg 2+\tan\dfrac{\pi}{4}-C_3^1+\left(\dfrac{1}{2}\right)^{-1}$.

拓展训练

计算：$\lg 5+\sin^2(-45^\circ)+\lg 2+\log_5 6\cdot\log_6 25+C_4^2$.

§4.11 指数函数与对数函数

考点分析

考点1. 指数函数与对数函数的定义与图像

考点2. 指数函数与对数函数的性质

考点3. 用指数函数、对数函数、指数式及对数式的互化关系解决有关简单问题

知识回顾

指数函数与对数函数的图像与性质：

项目		指数函数	对数函数
定义		形如 $y=a^x$（$a>0$ 且 $a\neq1$）的函数	形如 $y=\log_a x$（$a>0$ 且 $a\neq1$）的函数
定义域		$(-\infty,+\infty)$	$(0,+\infty)$
图像		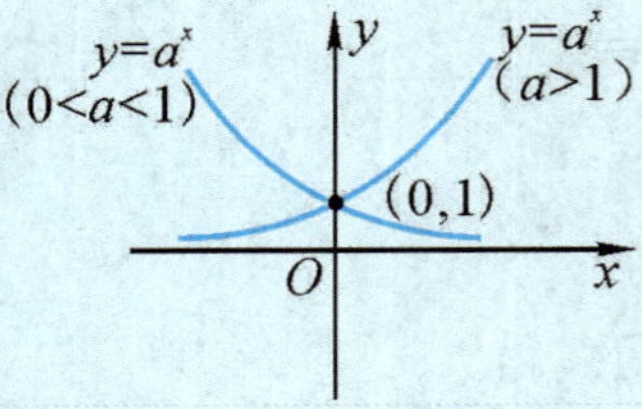	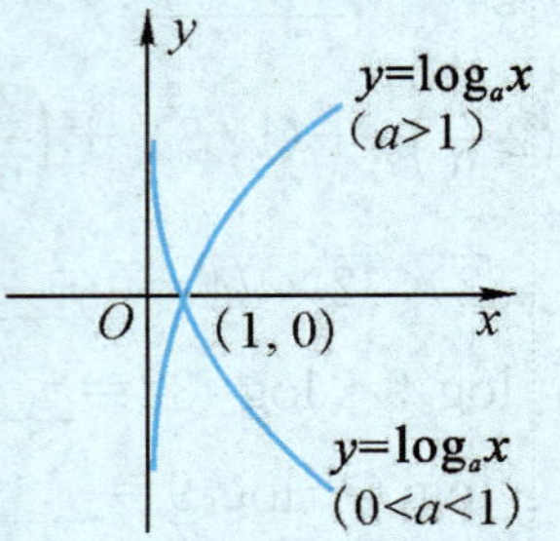
性质	1	$y>0$ 图像在 x 轴上方	$x>0$ 图像在 y 轴右方
	2	图像过（0，1）点（即 $a^0=1$）	图像过（1，0）点（即 $\log_a1=0$）
	3	$a>1$ 时，$y=a^x$ 是增函数； $0<a<1$ 时，$y=a^x$ 是减函数	$a>1$ 时，$y=\log_a x$ 是增函数； $0<a<1$ 时，$y=\log_a x$ 是减函数

典例剖析

例 1 选择

(1) 下列不等式成立的是（　　）.

A. $3^{0.3}<0.3^3<\log_3 0.3$　　B. $0.3^3<3^{0.3}<\log_3 0.3$

C. $\log_3 0.3<0.3^3<3^{0.3}$　　D. $\log_3 0.3<3^{0.3}<0.3^3$

(2) 已知 $a^{\frac{3}{2}}<a^{\sqrt{2}}$，则 a 的取值范围是（　　）.

A. $(0,1)$　　B. $(-\infty,0)$

C. $(1,+\infty)$　　D. $(1,2)$

解　(1) C；(2) A.

例 2 用“<”或“>”填空：

(1) $9^{0.12}$ ________ $9^{0.11}$；　　(2) $0.6^{-2.1}$ ________ $0.6^{-2.2}$；

(3) $\log_2 3.5$ ________ $\log_2 4$；　　(4) $\log_{0.9} 0.2$ ________ $\log_{0.9} 0.3$；

(5) $\log_3 \frac{1}{4}$ ________ 0；　　(6) $3^{0.3}$ ________ 1.

解　(1) >；(2) <；(3) <；(4) >；(5) <；(6) >.

点拨　①利用函数的单调性比较；②借用中间值比较.

例 3　解方程：$2^{x(x-4)}=32$.

解　原方程化为：$2^{x^2-4x}=2^5$，

所以 $x^2-4x=5$，即 $x^2-4x-5=0$，

$x_1=5$，$x_2=-1$ 为原方程的解.

例 4　解方程：$\lg(x^2-4x)=\lg(x+14)$.

解　原方程化为：$x^2-4x=x+14$，

即　　$x^2-5x-14=0$，

所以　　$x=7$ 或 $x=-2$.

经检验，$x=-2$ 或 $x=7$ 都是原方程的根.

点拨　解对数方程时，要检验所求得的解是否使对数式有意义.

基础训练

一、选择题

1. 函数 $y=\lg(1+x)$ 的定义域为(　　).

A. $x>-1$　　B. $x<-1$

C. $x\geqslant-1$　　D. $x\leqslant-1$

2. 函数 $y=3^x$ 的大致图像是(　　).

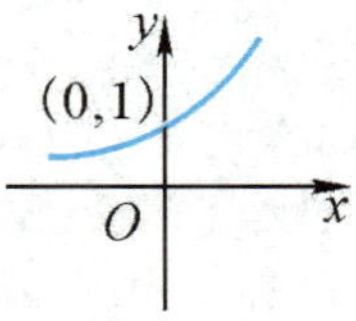

A

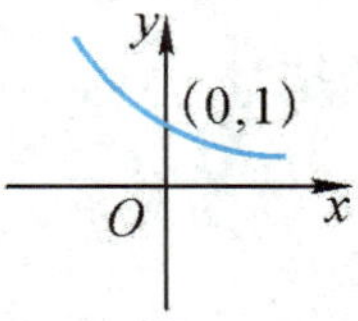

B

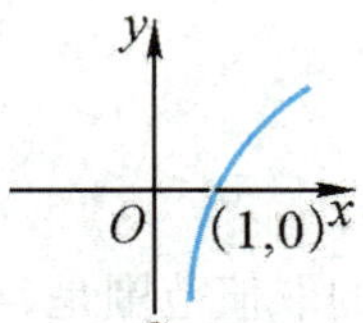

C

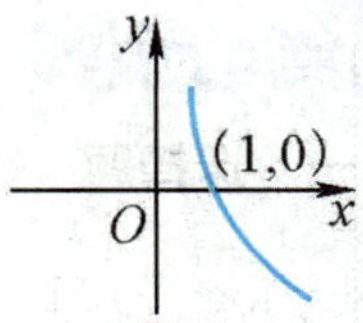

D

3. 函数 $y=\log_{\frac{1}{2}}x$ 的大致图像是(　　).

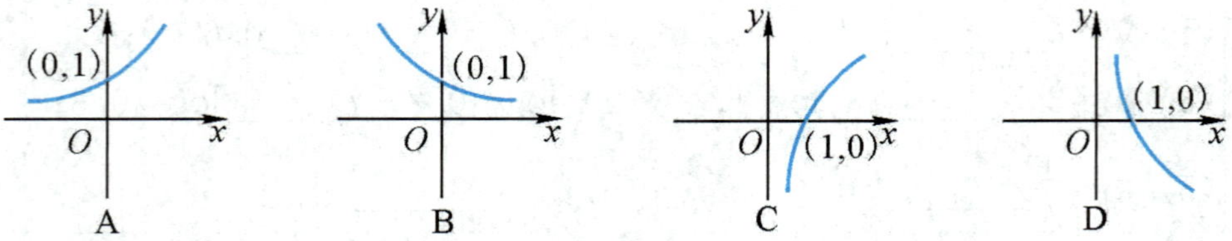

4. 下列不等式，成立的是(　　).

A. $3.1^{0.1}>3.1^{0.2}$　　B. $\left(\frac{1}{3}\right)^{0.1}>\left(\frac{1}{3}\right)^{0.2}$

C. $\log_{0.5}0.2>\log_{0.5}0.1$　　D. $\lg 0.1>\lg 0.2$

5. 若函数 $y=\log_a x$ 在区间 $(0，+\infty)$ 是减函数，则 a 的取值范围是(　　).

A. $a>1$　　B. $a>0$

C. $1<a<2$　　D. $0<a<1$

二、填空题

6. 指数函数必过定点________，对数函数必过定点________.

7. 函数 $f(x)=\lg(2-x^2)$ 的定义域是________.

8. 已知 $1\leqslant\log_2 x<2$，则 x 的取值范围是________________________________.

9. 比较大小：

①$5^{-2}$________ 5^{-3}；　　②$0.3^{0.1}$________ $0.3^{0.2}$；

③$\log_{0.2}7$ ________ $\log_{0.2}9$；　　④$\lg 6$ ________ $\lg 8$；

⑤$\log_{0.1}2$ ________ 0；　　⑥$0.5^{-0.2\pi}$ ________ 1.

10. 函数 $y=\sqrt{2^x-4}$ 的定义域是________.

三、解答题

11. 求函数 $f(x)=\log_2(x+1)+\sqrt{1-x}$ 的定义域.

12. 指数函数 $f(x)=a^x$ 图像过点 $\left(2，\frac{1}{16}\right)$，求 $f(0)$，$f(1)$，$f(-2)$.

综合训练

一、选择题

1. $\log_a\frac{3}{4}<1$，则 a 的取值范围是(　　).

A. $\left(0，\frac{3}{4}\right)\cup(1，+\infty)$　　B. $\left(\frac{3}{4}，+\infty\right)$

C. $\left(\frac{3}{4}，1\right)$　　D. $(1，+\infty)$

2. 三个数 $6^{0.7}$，0.7^6，$\log_{0.7}6$ 的大小顺序是(　　).

A. $0.7^6<\log_{0.7}6<6^{0.7}$　　B. $0.7^6<6^{0.7}<\log_{0.7}6$

C. $\log_{0.7}6<0.7^6<6^{0.7}$　　D. $\log_{0.7}6<6^{0.7}<0.7^6$

3. 若 $\left(\frac{1}{4}\right)^m<0.25^n$，则 m，n 的关系是(　　).

A. $m=\frac{n}{2}$　　B. $m=n$　　C. $m>n$　　D. $m<n$

4. 函数 $y=\frac{\sqrt{\log_{\frac{1}{2}}x}}{x-1}$ 的定义域为(　　).

A. $x>0$　　B. $0<x\leqslant 1$

C. $0<x<1$　　D. $0<x\leqslant\frac{1}{2}$

5. 方程 $4^x=2^{x+1}$ 的解为(　　).

A. $x=-1$　　B. $x=1$　　C. $x=2$　　D. $x=3$

二、填空题

6. 函数 $y=\log_3(x+2)+\frac{1}{x-3}$ 的定义域是________.

7. 若 $y=(a+2)^x$ 在 $(-\infty,+\infty)$ 上是减函数，则 a 的取值范围是________.

8. 若 $f(x)=\log_3(x-1)$，且 $f(a)=2$，则 $a=$________.

9. 已知 $2\log_6 x=1-\log_6 3$，则 x 的值是________.

10. 若 $\log_a 5>\log_a 7$，则 a 的取值范围是________.

三、解答题

11. 解方程：$\log_2(x^2-5x-2)=2$.

12. 已知函数 $f(x)=a^x(a>0)$ 的图像过点 $\left(2,\frac{1}{4}\right)$，

(1) 求 a 的值；

(2) 若 $a^{x+2}<a^{x^2}$，求 x 的取值范围.

拓展训练

已知函数 $f(x)=\log_2(x^2-x)$，

(1) 求函数 $f(x)$ 的定义域；

(2) 求当 x 为何值时，$f(x)=1$.

四、数列

知识结构

§4.12 等差数列

考点分析

考点1. 数列的通项公式

考点2. 等差数列的概念、等差中项

考点3. 等差数列的通项公式、前n项和公式

考点4. 用等差数列知识解决有关简单实际问题

知识回顾

1. 数列

(1) 定义：按一定次序排列的一列数叫数列. 一般用a_1，a_2，a_3，…，a_n，…表示，记作$\{a_n\}$.

(2) 项：数列中的每一个数都叫这个数列的一项，第一项又叫首项.

(3) 通项公式：一个数列$\{a_n\}$中的第n项a_n与项数n之间的关系，如果可以用一个公式$a_n=f(n)$来表示，那么这个公式就叫做这个数列的通项公式.

(4) 前n项和：记作$S_n=a_1+a_2+\cdots+a_n$，显然有

$$a_n=\begin{cases}S_n-S_{n-1}, & n\geqslant 2;\\ S_1, & n=1.\end{cases}$$

2. 等差数列

(1) 定义：一个数列从它的第二项起，每一项与它的前一项之差都是同一个常数，这样的数列称为等差数列，这个常数叫公差，通常用 d 来表示，即 $a_{n+1}-a_n=d$（常用此定义来判断或证明一个数列是否是等差数列）.

(2) 通项公式：$a_n=a_1+(n-1)d$.

(3) 等差中项：a，b，c 三数成等差数列$\Leftrightarrow b$ 叫做 a 与 c 的等差中项$\Leftrightarrow 2b=a+c\Leftrightarrow b=\frac{a+c}{2}$.

(4) 前 n 项和公式：$S_n=\frac{n(a_1+a_n)}{2}$ 或 $S_n=na_1+\frac{n(n-1)}{2}d$.

(5) 性质：设 $\{a_n\}$ 为等差数列，p，q，m，n 为正整数.

当 $p+q=m+n$ 时，有 $a_p+a_q=a_m+a_n$（注：等式两端的项数之和要相同），

特别地：当 $m=n$，而 $p+q=2m$ 时，有 $a_p+a_q=2a_m$，这表明当 p，m，q 成等差数列时，其对应项也成等差数列，这是等差中项的更一般的表达形式.

注意：三个数成等差数列时，通常设这三个数为：$a-d$，a，$a+d$.

典例剖析

例 1 选择题

(1) 数 2 和 4 的等差中项为(　　).

A. 1　　B. 2　　C. 3　　D. 4

(2) 已知数列的通项公式为：$a_n=(-1)^n\frac{1}{n(n+1)}$，则它的第 5 项为(　　).

A. $\frac{1}{30}$　　　　B. $-\frac{1}{30}$　　　　C. $-\frac{1}{42}$　　　　D. $\frac{1}{42}$

解　(1) C；(2) B.

例 2　已知一张小正方形桌子可坐 4 人，现按图4－9方式将小桌子拼凑成大桌子坐人，若要 32 人围坐在一张拼凑之后的大桌子旁，则需要________张小正方形桌子拼凑.

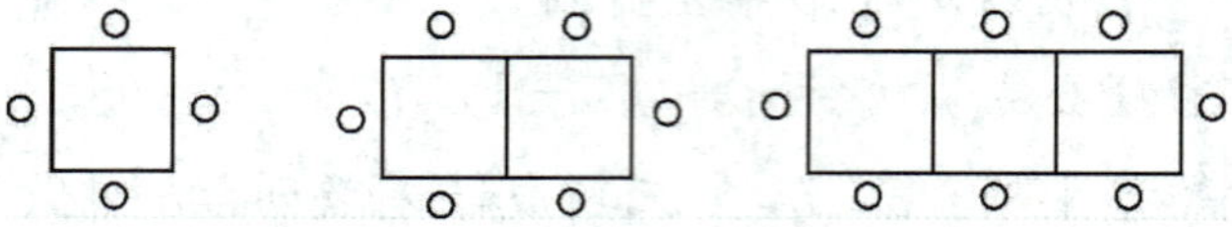

图 4－9

分析　本题考查等差数列的通项公式，关键在于如何把实际问题转化为等差数列问题.

解　由图 4－9 可知，1 张小正方形桌子可坐 4 人，

2 张小正方形桌子可坐 6 人，

3 张小正方形桌子可坐 8 人，

……

所以小正方形桌子可坐人数构成一个等差数列. 已知 $a_1=4$，$d=2$，$a_n=32$，求项数 n.

$$a_n=4+(n-1)\times 2=32, n=15.$$

所以，若要 32 人围坐在一张拼凑之后的大桌子旁，则需要 15 张小正方形桌子拼凑.

点拨　①要正确构建等差数列模型；②等差数列通项公式记忆准确.

例 3　(1) 等差数列 $\{a_n\}$ 的前 11 项和 $S_{11}=55$，公差 $d=2$，求 a_1 的值.

(2) 在等差数列 $\{a_n\}$ 中，$a_1=-60$，$a_{17}=-12$，求 d，a_{20}，S_{20}.

解　(1) 因为 $S_{11}=11a_1+\frac{11(11-1)}{2}\times 2=55$，所以 $a_1=-5$.

(2) 因为 $a_{17}=a_1+16d$，所以 $-12=-60+16d$，$d=3$.

又因为 $a_{20}=a_1+19d=-60+19\times 3=-3$，所以

$S_{20}=\frac{20(a_1+a_{20})}{2}=10\times(-60-3)=-630$.

注：也可用 $S_{20}=20a_1+\frac{20\times(20-1)}{2}d=-630$.

点拨　要正确记忆等差数列的前 n 项和公式和通项公式.

例 4 某一公司向银行贷款 1 200 万元，进行一个项目建设，每月末还本息，一年还完，月利率为 0.5%. 问：公司实付全部本息多少？

分析 本题考查等差数列的前 n 项和公式解决实际问题的能力.

解 贷款 1 200 万元，一年还完，则每月应还的本金为：

$$\frac{1\,200}{12}=100 \text{（万元）}.$$

第一月末还本和息：

$$1\,200\times0.5\%+100=106 \text{（万元）},$$

第二月末还本和息：

$$(1\,200-100)\times0.5\%+100=5.5+100=105.5 \text{（万元）},$$

第三月末还本和息：

$$(1\,200-2\times100)\times0.5\%+100=5+100=105 \text{（万元）},$$

……

第 n 月末还本和息：

$$[1\,200-(n-1)\times100]\times0.5\%+100$$
$$=106+(n-1)\times(-0.5) \text{（万元）}(n\leqslant12).$$

所以，每月末还的本息款刚好构成一个等差数列，且首项 $a_1=106$（万元），公差 $d=-0.5$（万元）.

一年还的本息总金额：

$$S_{12}=12\times106+\frac{12\times11}{2}\times(-0.5)$$
$$=1\,272-33$$
$$=1\,239 \text{（万元）}.$$

答：公司实付全部本息 1 239 万元.

基础训练

一、选择题

1. 数 6 和 12 的等差中项为(　　).

A. 3　　B. 6　　C. 8　　D. 9

2. 等差数列 $\{a_n\}$ 中，$a_1=2$，$a_{10}=20$，则 S_{10} 为（　　）.

A. 22　　B. 220　　C. 110　　D. 11

3. 等差数列 13，11，9，…的第 6 项是（　　）.

A. 1　　B. 23　　C. 3　　D. 25

4. 等差数列中，$a_1=3$，$a_4=-3$，则公差 d 是（　　）.

A. 2　　B. -2　　C. 1　　D. -1

5. 等差数列 $\{a_n\}$ 的前 5 项的和是 25，$a_1=-1$，则公差 d 是（　　）.

A. 1　　B. 2　　C. 3　　D. 4

二、填空题

6. 已知等差数列 3，6，9，12，…，则其通项公式 $a_n=$________.

7. 数列 $\{a_n\}$ 中，已知 $a_n=\dfrac{3n}{2+n}$，那么 $a_{10}=$________.

8. 已知 $a_1=18$，$d=-3$，$S_n=18$，则 $n=$________.

9. 已知等差数列 $\{a_n\}$ 中，$a_3+a_7=10$，则 $a_2+a_8=$________，$a_5=$________.

10. 某影院设置 15 排座位，第一排有 10 个座位，往后每一排都比前一排多 2 个座位，则第 15 排的座位数是________个.

三、解答题

11. 已知等差数列 $\{a_n\}$ 中，$a_4=10$，$a_5=6$，求 d 与 a_8.

12. 在等差数列 $\{a_n\}$ 中，已知公差 $d=1$，且 $a_1+a_3+a_5+\cdots+a_{19}=40$，求 S_{19} 和 a_1.

13. 有一个小礼堂，准备安装一批椅子，按装修设计共需安装 20 排椅子，第一排只安装 10 张椅子，从第二排起，每一排都比前面一排多 2 把椅子，试问，这个礼堂一共需要准备多少张椅子才能按要求装好？

14. 有人购房，向银行贷款 24 万元，然后每月付本金和利息，1 年还完，月利率为 0.5%，问此人购房实付多少万元？

综合训练

一、选择题

1. 已知等差数列 $\{a_n\}$ 中，$a_2=4$，$a_5=13$，则 $a_8=$（　　）.

A. 22　　B. 25　　C. 4　　D. 9

2. 等差数列 10，8，6，…的前 10 项和是（　　）.

A. 10　　B. 20　　C. 30　　D. 40

3. 已知数列 $\{a_n\}$ 的前五项为 -1，$\dfrac{2^2}{3}$，$-\dfrac{2^3}{4}$，$\dfrac{2^4}{5}$，$-\dfrac{2^5}{6}$，则满足这个数列的一

个通项公式为(　　).

A. $a_n=\frac{2^n}{n+1}$　　　　B. $a_n=(-1)^n\frac{2^n}{n+1}$

C. $a_n=(-1)^n\frac{2^{n+1}}{n}$　　　　D. $a_n=(-1)^n\frac{2^{n-1}}{n+1}$

4. 若 lg 8，lg a，lg 2 成等差数列，则 a 的值为(　　).

A. 4　　B. 4 或 -4　　C. 16　　D. -4

5. 在等差数列 $\{a_n\}$ 中，若 $a_3=15$，$a_{18}=90$，则 $S_{10}=$(　　).

A. 50　　B. 100　　C. 275　　D. 400

二、填空题

6. $\log_3 a$ 与 $\log_3\frac{1}{a}$ 等差中项为________.

7. 等差数列 $\{a_n\}$ 中，$S_4=32$，$S_8=96$，则 $a_8=$________.

8. 等差数列 $\{a_n\}$ 的前 11 项和 $S_{11}=210$，公差 $d=4$，则 a_1 的值________.

9. 设 $\{a_n\}$ 是等差数列，已知 $a_9+a_{15}=24$，则 $a_{12}=$________.

10. 如图 4－10 所示，用火柴棒摆成正方形图形，则第 50 个图形需用火柴棒________根.

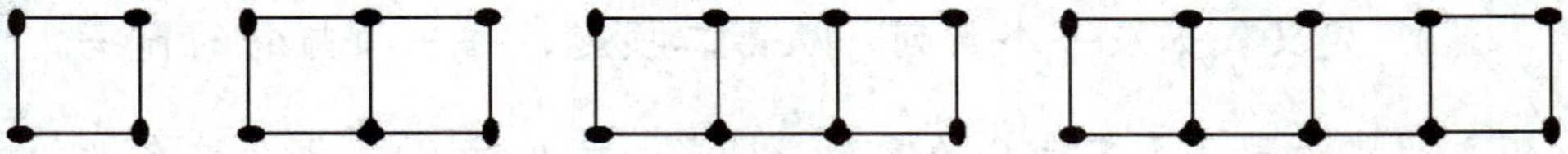

图 4－10

三、解答题

11. 已知等差数列 $\{a_n\}$ 中，$a_4=2$，$a_9=-6$，求 S_{14}.

12. 在等差数列 $\{a_n\}$ 中，$S_{10}=10$，$S_{20}=-180$. 求 $a_{21}+a_{22}+\cdots+a_{30}$ 的值.

13. 公路安装电线线路需要用 80 根电线杆. 用一辆货车从堆放电线杆的料场，每次装载 8 根电线杆，运到 1050 米远的施工地，在 1050 米处放一根，以后每隔 50 米放一根，将 8 根电线杆放完后，返回料场，再次装载，继续运送安放.

问：(1) 这辆货车在安放完第一车 8 根电线杆后，返回料场，它的总行程为多少公里?

(2) 这辆货车完成全部 80 根电线杆的运输任务，并返回料场，它的总行程为多少公里?

拓展训练

设等差数列 $\{a_n\}$ 的前 n 项和 S_n，已知首项 $a_1=21$ 且 $S_{14}\geqslant 0$，$S_{15}\leqslant 0$．（1）求公差 d 的取值范围；（2）当 n 为何值时，前 n 项的和 S_n 最大？

§4.13 等比数列

考点分析

考点 1．等比数列的概念、等比中项

考点 2．等比数列的通项公式、前 n 项和公式

考点 3．用等比数列知识解决有关简单实际问题

知识回顾

1．定义：如果一个数列，从第二项起，每一项与它的前一项之比都为同一个不为 0 的常数，即 $\frac{a_{n+1}}{a_n}=q(q\neq 0)$，那么这个数列就是等比数列．

注：①常用此定义来判断或证明一个数列是否是等比数列．

②一个数列为等比数列的必要条件是该数列各项均不为零．

2．通项公式：$a_n=a_1q^{n-1}$（$q=1$ 时，a_n 是一个常数列）．

3．等比中项：若 a，b，c 三数成等比数列$\Leftrightarrow b$ 叫做 a 与 c 的等比中项$\Leftrightarrow b^2=ac\Leftrightarrow b=\pm\sqrt{ac}$．

4．前 n 项和公式 $S_n=\begin{cases}na_1, & q=1;\\ \frac{a_1(1-q^n)}{1-q}=\frac{a_1-a_nq}{1-q}, & q\neq 1.\end{cases}$

5．性质：设 $\{a_n\}$ 为等比数列，p，q，m，n 为正整数．

当 $p+q=m+n$ 时，有 $a_pa_q=a_ma_n$．

特别地：当 $m=n$ 时，上述结论仍成立，即 $p+q=2m$ 时有 $a_pa_q=a_m^2$，这表明当 p，m，q 成等比数列时，其对应项也成等比数列，这是等比中项的更一般的表达形式.

注意：三个数成等比数列时，通常设这三个数为：$\frac{a}{q}$，a，aq.

典例剖析

例 1 选择题

(1) 已知某等比数列的前三项为 1，-2，4，则它的第四项为（　　）.

A. -8　　B. -6　　C. 6　　D. 8

(2) 数列 1，-2，4，-8，16…的一个通项公式为（　　）.

A. $a_n=(-1)^{n+1}\cdot 2^n$ $(n\in\mathbf{N}^*)$

B. $a_n=(-1)^{n+1}\cdot 2^{n-1}$ $(n\in\mathbf{N}^*)$

C. $a_n=(-1)^n\cdot 2^n$ $(n\in\mathbf{N}^*)$

D. $a_n=(-1)^n\cdot 2^{n-1}$ $(n\in\mathbf{N}^*)$

(3) 在等比数列 $\{a_n\}$ 中，$a_2=2$，$S_3=7$，那么公比 $q=$（　　）.

A. $\pm\frac{1}{2}$　　B. $\frac{1}{2}$或 2

C. $\frac{1}{2}$或-2　　D. ± 2

解　(1) A.

(2) 因为 $a_1=1$，$q=-2$，所以 $a_n=1\times(-2)^{n-1}=(-1)^{n-1}\times 2^{n-1}$. 故选 B.

(3) 因为$\begin{cases}2=a_1q,\\ 7=\frac{a_1(1-q^3)}{1-q},\end{cases}$所以 $q=\frac{1}{2}$或 2.

故选 B.

例 2 填空题

(1) 已知 2^x，2，2^{x^2} 依次组成等比数列，那么实数 $x=$________.

(2) 已知三个数 $4-\sqrt{15}$，x，$4+\sqrt{15}$ 依次组成等比数列，则 x 的值

为 ________.

分析 两题都考查等比中项的概念和公式.

解 (1) 因为 $2^2=2^x\times 2^{x^2}$，所以 $x^2+x=2$，解得：$x=-2$ 或 1.

(2) 因为 $x^2=(4-\sqrt{15})(4+\sqrt{15})$，所以 $x=\pm 1$.

例 3 在等比数列 $\{a_n\}$ 中，$a_5+a_6=48$，$a_7-a_5=48$，求 S_{10}.

分析 此题考查等比数列的通项公式.

解 由已知得

$$\begin{cases}a_1q^4+a_1q^5=48,\\ a_1q^6-a_1q^4=48,\end{cases}\Rightarrow\begin{cases}a_1q^4(1+q)=48, & ①\\ a_1q^4(q+1)(q-1)=48. & ②\end{cases}$$

将①代入②得：$q-1=1\Rightarrow q=2$.

将 $q=2$ 代入①得 $a_1=1$，所以

$$S_{10}=\frac{a_1(1-q^{10})}{1-q}=1\ 023.$$

例 4 某工厂三年的计划中，三年的产值逐年增长且成等差数列，其总产值为 300 万元. 在实际生产中，如果第一年，第二年，第三年的产值分别比原计划多 10 万元，10 万元，11 万元，那么这三年的产值又成等比数列. 求原计划中每一年的产值.

分析 本题综合考查等差数列和等比数列，关键在于如何构建两种数列模型.

解 设原计划三年的产值分别为 $a-d$，a，$a+d$ 万元.

由题意得 $(a-d)+a+(a+d)=300$，解得 $a=100$.

由题意得 $a-d+10$，$a+10$，$a+d+11$ 成等比数列，所以

$$110^2=(110-d)(111+d),$$

解得 $d_1=10$，$d_2=-11$（不合题意，舍去).

答：原计划三年的产值分别为 90 万元、100 万元、110 万元.

点拨 ①要清楚等差数列和等比数列连续三项之间的关系；②注意所得结果与实际情况符合.

基础训练

一、选择题

1. 下列数列是等比数列的是(　　).

A. -1，2，-4，8　　　　B. -4，2，1

C. 2，4，6，8　　D. 1，0，1，0

2. 等比数列 1，$-\frac{1}{2}$，$\frac{1}{4}$，…的第 4 项是(　　).

A. $\frac{1}{8}$　　B. $-\frac{1}{16}$　　C. $-\frac{1}{8}$　　D. $\frac{1}{16}$

3. 2 和 8 的等比中项是(　　).

A. 4　　B. ±4　　C. 5　　D. ±5

4. 已知 a，6，9 成等比数列，则 a=(　　).

A. $\frac{3}{2}$　　B. $\frac{16}{9}$　　C. 4　　D. 3

5. 等比数列 1，2，4，…的前 5 项和是(　　).

A. −31　　B. 31　　C. −32　　D. 32

二、填空题

6. 等比数列 $\{a_n\}$ 中，$a_1=3$，公比 $q=2$，则 $a_n=$________，$a_4=$________.

7. $2+\sqrt{3}$与 $2-\sqrt{3}$的等比中项是________.

8. 在等比数列 $\{a_n\}$ 中，$a_5=3$，$a_7=4$，则 $a_6=$________，公比 $q=$________.

9. 已知数列−1，2，−4，8，…，则 $a_5=$________，$S_5=$________.

10. 已知等比数列 $\{a_n\}$ 中 $a_4\cdot a_7=12$，则 $a_5\cdot a_6=$________.

三、解答题

11. 在等比数列 $\{a_n\}$ 中，$a_3=12$，$a_4=24$，求 a_5.

12. 在数 2 和 32 之间插入 3 个数使之成等比数列，求这 3 个数.

13. 已知一个等比数列的前 6 项和是$\frac{63}{32}$，公比是$-\frac{1}{2}$，求 a_1.

14. 已知三个正数成等差数列，它们的和为 12，若将这三个数分别加上 3，2，1 后得到的 3 个数成等比数列，求这三个数.

综合训练

一、选择题

1. 设 5，$x+1$，5 成等比数列，则 x=(　　).

A. 4 或−4　　B. −4 或 6　　C. 4 或−6　　D. 4 或 6

2. “$b^2=ac$”是“a，b，c 成等比数列”的(　　).

A. 充分条件　　B. 必要条件

C. 充要条件　　D. 非充分非必要条件

3. 在等比数列 $\{a_n\}$ 中 $a_3=10$，$a_5=40$，则公比 q 为(　　).

A. ±2　　B. 2　　C. −2　　D. 4

4. 已知等比数列的公比 q 为 2，若前 4 项之和为 1，那么前 8 项之和为(　　).

A. 15　　B. 17　　C. 19　　D. 21

5. (2002 年高考题) 某种细菌在培养过程中，每 20 分钟分裂一次，每次分裂的规律是每个细菌分裂为 2 个细菌. 那么，经过 2 小时这种细菌由 1 个分裂成(　　).

A. 63 个　　B. 64 个　　C. 31 个　　D. 32 个

二、填空题

6. 已知 b 是 a 与 c 的等比中项，且 $abc=27$，则 $b=$________.

7. 设 $\{a_n\}$ 是等比数列，已知 $a_9 \cdot a_{11} \cdot a_{16}=64$，则 $a_{12}=$________.

8. 等比数列 $\{a_n\}$ 中，已知 $a_3=4$，$S_3=7$，那么公比 $q=$________.

9. 在等比数列 $\{a_n\}$ 中，$a_2=10$，$a_3=20$，则 $a_1=$________，$a_5=$________.

10. 在等比数列 $\{a_n\}$ 中，已知 a_2 和 a_{10} 是方程 $x^2+3x+2=0$ 的根，那么 $a_6=$________.

三、解答题

11. 已知等比数列 $\{a_n\}$，$a_3=2$，$a_8=64$，求 a_1 和 q.

12. 已知等比数列 $\{a_n\}$，$S_3=14$，$a_1=2$，求 q.

13. 三个数 x，y，z 成等差数列，公差 d 为 3，且 x，$y+1$，$z+6$ 成等比数列，求 x，y，z.

拓展训练

有四个整数，其中前三个数成等差数列，后三个数成等比数列，并且第一个数与第四个数之和为 37，第二个数与第三个数之和为 36，求这四个数.

五、排列与组合

§4.14 排列与组合

考点分析

考点 1. 排列与组合的公式

考点 2. 用计数原理和排列组合的知识处理简单的问题

知识回顾

1. 计数原理

(1) 分类计数原理（加法原理）：完成一件事件有 n 类办法，在第一类办法中有 m_1 种不同的方法，在第二类办法中有 m_2 种不同的方法，……在第 n 类办法中有 m_n 种不同的方法，那么完成这件事共有 $N=m_1+m_2+\cdots+m_n$ 种不同的方法.

(2) 分步计数原理（乘法原理）：完成一件事需要分成 n 个步骤，在做第一步时有 m_1 种不同的方法，在做第二步时有 m_2 种不同的方法，……在做第 n 步时有 m_n 种不同的方法，那么完成这件事有 $N=m_1\cdot m_2\cdot\cdots\cdot m_n$ 种不同的方法.

注：两个原理的区别在于一个和分类有关，一个与分步有关.

2. 排列

(1) 定义：从 n 个不同元素中，任取 m（$m\leqslant n$）个元素，按照一定顺序排成一列，叫做从 n 个不同元素中取出 m 个元素的一个排列. 当 $m=n$ 时，叫全排列；当 $m<n$ 时，叫选排列.

(2) 排列数：从 n 个不同元素中取出 m 个不同元素的所有排列的个数，叫做从 n 个不同元素中取出 m 个元素的排列数，记作：P_n^m.

(3) 排列数公式：$\mathrm{P}_n^m=n(n-1)(n-2)\cdots(n-m+1)$

$$\mathrm{P}_n^n=n(n-1)(n-2)\cdots2\times1=n!$$

$$\mathrm{P}_n^m=\frac{n!}{(n-m)!}.$$

注：①约定 0！=1.

②排列数一定与选出 m 个元素的排列顺序有关.

3. 组合

(1) 定义：从 n 个不同元素中，任取 m（$m\leqslant n$）个不同元素，不讲顺序并组成一组，叫做从 n 个不同元素中取出 m 个元素的一个组合.

（2）组合数：从 n 个不同元素中取出 m 个不同元素的所有组合的个数，叫做从 n 个不同元素中取出 m 个元素的组合数．记作：C_n^m．

（3）组合数公式：

$$C_n^m=\frac{P_n^m}{P_m^m}=\frac{n(n-1)(n-2)\cdots(n-m+1)}{m!}，C_n^m=\frac{n!}{m!\ (n-m)!}．$$

注：约定 $C_n^0=1$．

（4）组合数的性质：$C_n^m=C_n^{n-m}$，$C_{n+1}^m=C_n^m+C_n^{m-1}$．

注：组合问题与选出的 m 个元素的顺序无关．

典例剖析

例 1　选择题

（1）$C_5^x=1$ 是“$x=5$”的（　　）．

A．充分条件　　　　B．必要条件

C．充要条件　　　　D．非充分且非必要条件

解　因为 $C_5^x=1$，$C_5^5=C_5^0=1$，所以 $x=5$ 或 0，故选 B．

（2）由数字 1，2，3，4，5 这 5 个数字组成没有重复数字的三位数，那么在这些三位数中，是奇数的共有（　　）．

A．120 个　　　　B．48 个

C．36 个　　　　D．24 个

分析　个位为奇数 1，3，5，先考虑低位，再考虑高位．

解　先排个位 $P_3^1=3$，再排百位和千位 $P_4^2=12$，所以，3 位奇数共有 $3\times12=36$，故选 C．

（3）参加世界杯足球赛决赛共有 32 支球队，分成 8 个小组，每个小组 4 支球队进行小组赛，小组赛的进行方式是：每个小组的每支球队之间都要进行一场比赛，那么小组赛阶段总共进行的比赛场数是（　　）．

A．24　　　　B．32

C．48　　　　D．54

解　因为每个小组内部赛 $C_4^2=6$，所以 8 个小组共有比赛 $8\times6=48$．故选 C．

(4) 若 $C_8^{2x-1}=C_8^{x+3}$ 则 x 的值为(　　).

A. 1 或 2　　　　B. 3 或 4　　　　C. 2 或 4　　　　D. 1 或 3

分析　根据组合数的性质 $C_n^m=C_n^{n-m}$，满足等式的 x 的值应该有两个.

解　因为 $C_8^{2x-1}=C_8^{x+3}$，所以 $2x-1=x+3$ 或 $2x-1+x+3=8$，则 $x=4$ 或 2.

故选 C.

(5) 若 5 个同学排成一排，甲乙两人相邻的排法数有(　　)种.

A. 16　　　　B. 24　　　　C. 48　　　　D. 64

分析　“相邻”问题在解题时常用“合并元素法”，可把两个以上的元素当做一个元素来看，这是处理相邻问题时最常用的方法.

解　先把甲乙两人“捆绑”成一人，则 5 人变成 4 人的全排列 $P_4^4=24$，再甲乙两人全排列 $P_2^2=2$，共有 $24\times2=48$（个).

故选 C.

(6) 已知 5 人站成一排，甲必须站正中间的排法有(　　)种.

A. 24　　　　B. 48　　　　C. 96　　　　D. 120

解　先把甲定位在正中间 $P_1{}^1$ 种，则其他 4 人的排法有 $P_4{}^4$ 种，故共有 $P_1{}^1\cdot P_4{}^4=24$（种).

故选 A.

(7) 5 人站成一排，甲乙不能相邻而站，则站法有(　　)种.

A. 72　　　　B. 24　　　　C. 48　　　　D. 64

分析　“不邻”问题在解题时常用“插空排列法”.

解　甲乙两人除外，排剩下的 3 人 $P_3^3=6$，再用“插空法”，3 人 4 个空位，则甲乙两人的排法有 $P_4^2=12$ 共有排法 $6\times12=72$（种).

故选 A.

例 2　用数字 0，1，2，3，4 组成不含重复数字的自然数，其中大于 10000 的奇数共有多少个?

解　先排个位，在奇数 1，3 中选一个 $P_2^1=2$；

再排首位，除了 0 和个位的数，还剩 3 个数 $P_3^1=3$；

排中间 3 位，5 个数中选了 2 个数，还剩 3 个数 $P_3^3=6$.

$$P_2^1\cdot P_3^1\cdot P_3^3=36,$$

所以大于 10000 的奇数共有 36 个.

基础训练

一、选择题

1. 甲地到乙地有 4 条路，乙地到丙地有 3 条路，问从甲地经乙地到丙地，共有多少种不同走法（　　）.

A. 12　　B. 7　　C. 1　　D. 8

2. 从 10 个学生中选出 3 名代表，共有选法（　　）种.

A. P_{10}^{3}　　B. C_{10}^{3}　　C. $3P_{10}^{3}$　　D. $3C_{10}^{3}$

3. “$C_{11}^{2x-1}=C_{11}^{x+3}$”是“$x+4=0$”的（　　）.

A. 充分条件　　B. 必要条件　　C. 充要条件　　D. 非充分且非必要条件

4. 三个男同学和两个女同学站成一排唱歌，其中两个女同学相邻的站法有（　　）.

A. 12 种　　B. 24 种　　C. 48 种　　D. 120 种

5. 从北京到天津，可以乘火车、汽车、坐飞机，假定一天中北京到天津的火车有 12 次，汽车有 24 次，飞机有 6 次，则一天中乘坐上面交通工具从北京到天津选择不同的方法有多少种（　　）.

A. 42　　B. 1 728　　C. 96　　D. 158

二、填空题

6. 从 7 位班委中选出正副班长各一人，共有________种不同的选举结果.

7. 计算 $P_5^4=$________，$P_5^5=$________，$0!=$________，$4!=$________，$C_5^1=$________，$C_5^4=$________，$C_5^5=$________，$C_5^0=$________.

8. 5 位同学站成一排照相，有________种站法.

9. 若 $C_{100}^{x}=100$，则 $x=$________.

10. 一个口袋内加 5 个小球，另一个口袋内有 4 个小球，所有这些球的颜色互不相同. 若从中任取一个球，则有不同的取法________种，每个口袋中任取一个球，不同的取法________种，若从中任取 2 个球，则有不同的取法________种.

三、解答题

11. 学校开设两门不同的数学课程和四门不同计算机课程，作为选修课.

问：(1) 某学生从中任选一门的方法有多少种？

(2) 某学生从中选修数学与计算机各一门的方法有多少种？

12. 从 0，1，2，3，4，5 六个数字中任选三个，组成没有重复数字的三位数，求这样的三位数中的奇数的个数？

13. 用 1，2，3，4，5 这 5 个数字组成没有重复数字的三位数，那么在这些三位数中是 5 的倍数的共有多少个？

14. 3 位女同学和 5 位男同学站一排照相，若女同学不能相邻，则不同的站法有多少种？

综合训练

一、选择题

1. 计划在某画廊展出10幅不同的画，其中1幅水彩画，4幅油画，5幅国画，排成一行陈列，要求同一品种的画必须连在一起，并且水彩画不放在两端，那么陈列的方式有(   )种.

A. $P_4^4 \cdot P_5^5$　　B. $P_3^3 \cdot P_4^4 \cdot P_5^5$　　C. $P_3^1 \cdot P_4^4 \cdot P_5^4$　　D. $P_2^2 \cdot P_4^4 \cdot P_5^5$

2. 由数字1，2，3，4，5，这5个数字组成没有重复数字的三位数，那么在这些三位数中，是偶数的共有(   ).

A. 120个　　B. 48个　　C. 36个　　D. 24个

3. 若6个同学排成一排，甲乙两人不能相邻的排法种数是(   ).

A. 72　　B. 140　　C. 280　　D. 480

4. 若$C_{19}^{3x-2}=C_{19}^{2x+1}$则$x$的值为(   ).

A. 1或2　　B. 3或4　　C. 2或4　　D. 1或3

5. 已知$C_x^7=C_{10}^7+C_{10}^y$，则x，y的值分别是(   ).

A. 11，6　　B. 11，8　　C. 10，6　　D. 10，8

二、填空题

6. $C_{100}^2=$________，$C_{100}^{98}=$ ________，$C_{99}^{97}+C_{99}^{98}=$________.

7. 从10件产品中抽取3件产品，共有________种抽法，若10件产品中有3件次品，保证抽出的3件产品中恰有1件次品的抽法共有________种，保证抽出的3件产品中至少有一件次品的抽法有________种.

8. 5位同学，每位之间互通一封信，共写了________封信；每位互通一次电话，共通了________次电话.

9. 七个同学排成一横排照相，甲不站在排头也不站在排尾的不同排法有________种.

10. 从4位医生和6位护士中选出1位医生和2位护士组成一个医疗小组，不同的组成方法共有________种.

三、解答题

11. 用0，1，2，3，4五个数字可以组成多少个没有重复数字的四位偶数?

12. 5个学生，3个老师站在一排. ①学生不站排头，也不站排尾的站法有多少种? ②学生必须相邻而站，有多少种站法?

拓展训练

用0，1，2，3，4可以组成多少个大于2100且没有重复数字的四位数.

三角函数

知识结构

一、任意角的三角函数和三角函数的基本公式

角的概念推广 → 角的度量（角度制、弧度制） → 任意角的三角函数定义 → 三角函数的基本关系（同角关系、诱导公式）

学习指导

本章需要记忆的公式等知识材料较多. 在理解的知识内容的基础上，准确识记公式，并通过足够量的练习，熟练运用公式是学好本章的关键.

§5.1 角的概念与度量

考点分析

考点1. 角度与弧度的相互转换

考点2. 终边相同的角的表示

知识回顾

1. 角的定义：平面内一条射线绕着它的端点从一个位置旋转到另一个位置形成的图形. 射线的端点叫做角的顶点，初始位置的射线叫做角的始边，终止位置的射线叫做角的终边.

2. 根据角的旋转方向把角分为：正角、负角和零角.

(1) 正角：射线绕顶点按逆时针方向旋转而成的角；

(2) 负角：射线绕顶点按顺时针方向旋转而成的角；

(3) 零角：当射线没有发生旋转时而成的角.

3. 与角 α 的终边相同的角有无数个，可以用集合表示为：$\{k\cdot 360°+\alpha \mid k\in \mathbf{Z}\}$（角 α 的单位为度）或 $\{2k\pi+\alpha \mid k\in \mathbf{Z}\}$（角 α 的单位为弧度）.

4. 象限角：在直角坐标系中，把角的顶点放在原点，角的始边与 x 轴的正半轴重合，这时，角的终边在第几象限，这个角就叫第几象限的角.

第一象限的角的集合为：$\{\alpha \mid k\cdot 360°<\alpha<k\cdot 360°+90°,\ k\in \mathbf{Z}\}$；

第二象限的角的集合为：$\{\alpha \mid k\cdot 360°+90°<\alpha<k\cdot 360°+180°,\ k\in \mathbf{Z}\}$；

第三象限的角的集合为：$\{\alpha \mid k\cdot 360°+180°<\alpha<k\cdot 360°+270°,\ k\in \mathbf{Z}\}$；

第四象限的角的集合为：$\{\alpha \mid k\cdot 360°+270°<\alpha<k\cdot 360°+360°,\ k\in \mathbf{Z}\}$.

注：终边在坐标轴上的角不属于任何象限.

终边在 x 轴上的角的集合为 $\{\alpha \mid \alpha=k\cdot 180°,\ k\in \mathbf{Z}\}$；

终边在 y 轴上的角的集合为 $\{\alpha \mid \alpha = k \cdot 180° + 90°,\ k \in \mathbf{Z}\}$.

5. 弧度制：把弧长等于半径的圆弧所对圆心角叫做 1 弧度的角，记作 1rad（弧度），通常情况下 rad 可省略.

（1）周角 $360° = 2\pi$，平角 $180° = \pi$，直角 $90° = \dfrac{\pi}{2}$.

（2）度与弧度的互化公式：

$1\text{rad} = \dfrac{180°}{\pi} \approx 57°18' = 57.30°$；$1° = \dfrac{\pi}{180} \approx 0.01745\text{rad}$.

（3）圆的周长为 $C = 2\pi R$，弧长 $L = \alpha R$.

特殊角弧度与角度对应表：

角度	$0°$	$30°$	$45°$	$60°$	$90°$
弧度	0	$\dfrac{\pi}{6}$	$\dfrac{\pi}{4}$	$\dfrac{\pi}{3}$	$\dfrac{\pi}{2}$
角度	$120°$	$135°$	$150°$	$180°$	$270°$
弧度	$\dfrac{2\pi}{3}$	$\dfrac{3\pi}{4}$	$\dfrac{5\pi}{6}$	π	$\dfrac{3\pi}{2}$

典例剖析

例 1 选择题

（1）与 $60°$ 的角终边相同的角的集合是（　　）.

A. $\{\alpha \mid \alpha = k\pi + 60°,\ k \in \mathbf{Z}\}$　　B. $\{\alpha \mid \alpha = k \cdot 180° + 60°,\ k \in \mathbf{Z}\}$

C. $\{\alpha \mid \alpha = 2k\pi + 60°,\ k \in \mathbf{Z}\}$　　D. $\{\alpha \mid \alpha = k \cdot 360° + 60°,\ k \in \mathbf{Z}\}$

（2）已知角 α 的终边上有一点 $P(-3,\ 4)$，则 α 为第（　　）象限的角.

A. 一　　B. 二　　C. 三　　D. 四

解　（1）D；（2）B.

点拨　同一表达式中，角的单位要一致.

例 2　判定下列各角是第几象限的角：

（1）$840°$；（2）$-420°$；（3）$2010°$；（4）$-\dfrac{13}{6}\pi$；（5）$\dfrac{22}{3}\pi$.

解　（1）因为 $840° = 2 \times 360° + 120°$，所以它与 $120°$ 角的终边相同，是第二象限的角；

(2) 因为$-420°=-1\times360°-60°$，所以它与$-60°$角的终边相同，是第四象限的角；

(3) 因为$2010°=5\times360°+210°$，所以它与$210°$角的终边相同，是第三象限的角；

(4) 因为$-\frac{13}{6}\pi=-2\pi-\frac{\pi}{6}$，所以它与$-\frac{\pi}{6}$角的终边相同，是第四象限的角；

(5) 因为$\frac{22}{3}\pi=7\pi+\frac{\pi}{3}=6\pi+\frac{4}{3}\pi$，所以它与$\frac{4}{3}\pi$角的终边相同，是第三象限的角.

点拨 当给的角β的绝对值大于周角时，把β化成$k\cdot360°+\alpha$（或$2k\pi+\alpha$）的形式，再判断.

例 3 (1) 把下列各角化成弧度：

$$30°，-120°，135°，-60°；$$

(2) 把下列各角化成度：

$$\frac{\pi}{3}，-\frac{\pi}{3}，\frac{\pi}{4}，2.$$

解 (1) 因为$1°=\frac{\pi}{180}$，所以

$$30°=30\times\frac{\pi}{180}=\frac{\pi}{6}，-120°=-120\times\frac{\pi}{180}=-\frac{2\pi}{3}，$$

$135°=135\times\frac{\pi}{180}=\frac{3\pi}{4}，-60°=-60\times\frac{\pi}{180}=-\frac{\pi}{3}$；

(2) 因为$\pi=180°$，所以$1=\frac{180°}{\pi}$，所以

$\frac{\pi}{3}=\frac{180°}{3}=60°，-\frac{\pi}{3}=-\frac{180°}{3}=-60°$，

$\frac{\pi}{4}=\frac{180°}{4}=45°，2=2\times\frac{180°}{\pi}=\frac{360°}{\pi}$.

点拨 弧度化度：所给的角含π时，用$\pi=180°$；不含π时，用$1=\frac{180°}{\pi}$.

基础训练

一、选择题

1. 下列说法正确的是(　　).

A. 小于 $90°$ 的角都是锐角

B. 第二象限的角一定比第一象限的角大

C. 终边相同的角一定相等

D. $30°$ 和 $390°$ 的终边相同

2. 与 $-70°$ 的角终边相同的角的集合是(　　).

A. $\{\alpha \mid \alpha=k\cdot 180°-70°,\ k\in\mathbf{Z}\}$　　B. $\{\alpha \mid \alpha=k\cdot 360°-70°,\ k\in\mathbf{Z}\}$

C. $\{\alpha \mid \alpha=k\cdot 180°+70°,\ k\in\mathbf{Z}\}$　　D. $\{\alpha \mid \alpha=k\cdot 360°+70°,\ k\in\mathbf{Z}\}$

3. 与 $\frac{\pi}{6}$ 的角终边相同的角的集合是(　　).

A. $\{30°+k\cdot 180° \mid k\in\mathbf{Z}\}$　　B. $\{30°+k\cdot 360° \mid k\in\mathbf{Z}\}$

C. $\left\{-\frac{\pi}{6}+k\pi \mid k\in\mathbf{Z}\right\}$　　D. $\left\{-\frac{\pi}{6}+2k\pi \mid k\in\mathbf{Z}\right\}$

4. $-1000°$ 是第(　　)象限的角.

A. 一　　B. 二　　C. 三　　D. 四

5. $\frac{17\pi}{3}$ 是第(　　)象限的角.

A. 一　　B. 二　　C. 三　　D. 四

二、填空题

6. 角 α 的终边经过 $A(3,-2)$，则 α 为第________象限的角.

7. $30°=$________弧度，$-45°=$________弧度，$-120°=$________弧度，$-135°=$________弧度，$150°=$________弧度，$180°=$________弧度.

8. 把下列各角的弧度化成度：

$\frac{\pi}{6}=$________，$-\frac{\pi}{3}=$________，$-\frac{19}{6}\pi=$________，$\frac{3}{2}\pi=$________.

三、解答题

9. 写出与下列各角终边相同的角的集合.

(1) $-30°$；　　(2) $\frac{5\pi}{6}$.

10. 判断下列各角是第几象限的角.

(1) $700°$；　　(2) $-\frac{7\pi}{3}$.

综合训练

一、选择题

1. 终边在 y 轴上的角的集合表示正确的是(　　).

A. $\left\{\alpha \middle| \alpha=2k\pi+\frac{\pi}{2},\ k\in\mathbf{Z}\right\}$　　B. $\left\{\alpha \middle| \alpha=k\pi+\frac{\pi}{2},\ k\in\mathbf{Z}\right\}$

C. $\left\{\alpha \middle| \alpha=2k\pi+\frac{3}{2}\pi,\ k\in\mathbf{Z}\right\}$　　D. $\{\alpha \mid \alpha=k\pi+90°,\ k\in\mathbf{Z}\}$

2. 下列说法：(1) $-75°$是第四象限角；(2) $225°$是第三象限角；(3) $475°$是第二象限角；(4) $-315°$是第一象限角，其中正确的有(　　).

A. 1个　　B. 2个　　C. 3个　　D. 4个

二、填空题

3. $1320°$是第________象限的角，$-\frac{25}{6}\pi$ 是第________象限的角.

4. 与 $1000°$的角终边相同的最小正角是________.

三、解答题

5. 下列哪些角的终边与 $30°$角的终边相同：

$$390°,\ -30°,\ 750°,\ -330°.$$

拓展训练

已知 $A(3,\ -4)$，A 点关于 x 轴的对称点 B 刚好在角 α 的终边上，则角 α 应在第几象限?

§5.2　任意角的三角函数定义

考点分析

考点 1. 用三角函数的定义求任意角的三角函数值

考点 2. 特殊角的三角函数值及运算

考点 3. 应用同角三角函数的基本关系式求值、化简、证明

知识回顾

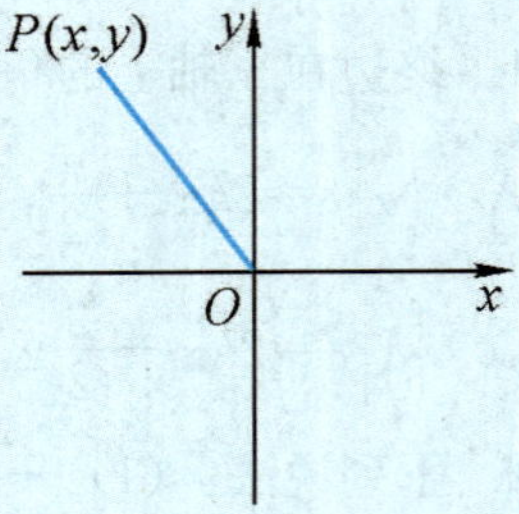

图 5－1

1. 三角函数的定义：在角 α 的终边上任取一点 $P(x, y)$，它到原点的距离为 $|OP|=r$（$r>0$）则有：

角 α 正弦：$\sin\alpha=\dfrac{y}{r}$；

角 α 余弦：$\cos\alpha=\dfrac{x}{r}$；

角 α 正切：$\tan\alpha=\dfrac{y}{x}$（$x\neq 0$）；

角 α 余切：$\cot\alpha=\dfrac{x}{y}$（$y\neq 0$）.

其中 $r=\sqrt{x^2+y^2}$.

注：角 α 的三角函数值与角的终边的位置有关，而与角终边上的点 P 的位置无关.

2. 三角函数值的符号法则：

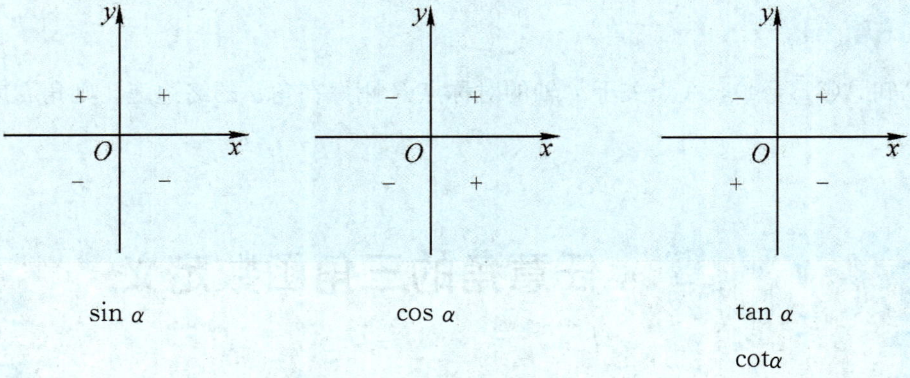

图 5－2

3. 特殊角的三角函数值：

(1) 表一

α	30°	45°	60°
弧度	$\frac{\pi}{6}$	$\frac{\pi}{4}$	$\frac{\pi}{3}$
$\sin\alpha$	$\frac{1}{2}$	$\frac{\sqrt{2}}{2}$	$\frac{\sqrt{3}}{2}$
$\cos\alpha$	$\frac{\sqrt{3}}{2}$	$\frac{\sqrt{2}}{2}$	$\frac{1}{2}$
$\tan\alpha$	$\frac{\sqrt{3}}{3}$	1	$\sqrt{3}$
$\cot\alpha$	$\sqrt{3}$	1	$\frac{\sqrt{3}}{3}$

（2）表二

α	0°	90°	180°	360°
弧度	0	$\frac{\pi}{2}$	π	2π
$\sin\alpha$	0	1	0	0
$\cos\alpha$	1	0	-1	1
$\tan\alpha$	0	不存在	0	0
$\cot\alpha$	不存在	0	不存在	不存在

4. 同角三角函数的基本关系式：

（1）$\sin^2\alpha+\cos^2\alpha=1$；

（2）$\tan\alpha=\frac{\sin\alpha}{\cos\alpha}$ $(\alpha\neq k\pi+\frac{\pi}{2}, k\in\mathbf{Z})$；

（3）$\cot\alpha=\frac{\cos\alpha}{\sin\alpha}$ $(\alpha\neq k\pi+\pi, k\in\mathbf{Z})$ *

（4）$\tan\alpha\cdot\cot\alpha=1$ *

典例剖析

例 1 选择题

（1）点 $M(-3, 4)$ 在角 θ 的终边上，那么 $\sin\theta+\cos\theta+\tan\theta=($　　$)$.

A. $\frac{17}{15}$　　B. $-\frac{1}{15}$　　C. $-\frac{17}{15}$　　D. $-\frac{23}{15}$

(2) 已知 $\cos\alpha=-\frac{1}{3}$，且 $\alpha\in\left(\pi, \frac{3\pi}{2}\right)$，则 $\sin\alpha$ 的值为(　　).

A. $-\frac{2\sqrt{2}}{3}$　　B. $\frac{2\sqrt{2}}{3}$　　C. $-\frac{\sqrt{2}}{4}$　　D. $\frac{\sqrt{2}}{4}$

(3) $\sin\frac{\pi}{6}+\cos\frac{\pi}{3}+\tan\frac{\pi}{4}-\sin\frac{\pi}{2}=$(　　).

A. 1　　B. $\sqrt{3}+1$

C. $2\sqrt{3}-1$　　D. $-\sqrt{3}-1$

(4) 若 $\sin\alpha\cos\alpha>0$，则 α 在(　　).

A. 第一、二象限　　B. 第一、三象限

C. 第一、四象限　　D. 第二、四象限

解　(1) 由已知 $x=-3$，$y=4$，则 $r=\sqrt{(-3)^2+4^2}=5$，

$$\sin\theta=\frac{y}{r}=\frac{4}{5},\ \cos\theta=\frac{x}{r}=-\frac{3}{5},\ \tan\theta=\frac{y}{x}=-\frac{4}{3},$$

所以 $$\sin\theta+\cos\theta+\tan\theta=\frac{4}{5}-\frac{3}{5}-\frac{4}{3}=-\frac{17}{15}.$$

故选 C.

(2) 因为 $\alpha\in\left(\pi, \frac{3\pi}{2}\right)$，$\sin\alpha<0$，所以

$$\sin\alpha=-\sqrt{1-\cos^2\alpha}=-\sqrt{1-\left(-\frac{1}{3}\right)^2}=-\sqrt{\frac{8}{9}}=-\frac{2\sqrt{2}}{3}.$$

故选 A.

(3) 原式 $=\frac{1}{2}+\frac{1}{2}+1-1=1$. 故选 A.

(4) 当 α 是第一象限的角时，$\sin\alpha>0$，$\cos\alpha>0$，有 $\sin\alpha\cos\alpha>0$，符合题意；

当 α 是第二象限的角时，$\sin\alpha>0$，$\cos\alpha<0$，有 $\sin\alpha\cos\alpha<0$，不符合题意；

当 α 是第三象限的角时，$\sin\alpha<0$，$\cos\alpha<0$，有 $\sin\alpha\cos\alpha>0$，符合题意.

故选 B.

例 2　已知：$\sin\alpha=\frac{4}{5}$，且 α 在第二象限，求 α 的其他三角函数值.

解　因为 α 在第二象限，$\cos\alpha<0$，所以

$$\cos\alpha=-\sqrt{1-\sin^2\alpha}=-\sqrt{1-\left(\frac{4}{5}\right)^2}=-\sqrt{\frac{9}{25}}=-\frac{3}{5},$$

$$\tan\alpha=\frac{\sin\alpha}{\cos\alpha}=\frac{\frac{4}{5}}{-\frac{3}{5}}=-\frac{4}{3},\ \cot\alpha=\frac{1}{\tan\alpha}=-\frac{3}{4}.$$

点拨 ①三角函数的化简、求值等问题，除题目给的条件外，三角公式是隐含的条件，要充分利用. ②已知一个角的正弦值求余弦值（或已知余弦值求正弦值）时，要根据角所在象限来确定根号前的符号.

例 3 已知：$\tan\alpha=-3$，且 α 是第四象限的角，求 $\cos\alpha$.

分析 由 $\tan\alpha=-3$，得 $\frac{\sin\alpha}{\cos\alpha}=-3$，再与 $\sin^2\alpha+\cos^2\alpha=1$ 组成方程组.

解 由 $\tan\alpha=-3$，得 $\frac{\sin\alpha}{\cos\alpha}=-3$，则

$$\sin\alpha=-3\cos\alpha. \qquad ①$$

把①代入 $\sin^2\alpha+\cos^2\alpha=1$，得

$(-3\cos\alpha)^2+\cos^2\alpha=1$，$\cos^2\alpha=\frac{1}{10}$.

又 α 是第四象限的角，所以 $\cos\alpha=\frac{\sqrt{10}}{10}$.

点拨 三角函数主要有四种，它们之间通过公式可以转化. 在解决有关问题时，减少函数种类（即消元）是一个基本原则，“切”化“弦”是有效的方法.

例 4 已知 $\tan\alpha=2$，求 $\frac{\sin\alpha-\cos\alpha}{\sin\alpha+\cos\alpha}$.

分析 此题我们不像例 3 那样由 $\tan\alpha$ 去求 $\sin\alpha$ 和 $\cos\alpha$（因为不知 α 属于哪个象限，需要分情况讨论，较复杂）. 我们先给出下面两种解法，再去体会.

解法一 由 $\tan\alpha=2$，得

$$\frac{\sin\alpha}{\cos\alpha}=2，即 \sin\alpha=2\cos\alpha,$$

所以 $\frac{\sin\alpha-\cos\alpha}{\sin\alpha+\cos\alpha}=\frac{2\cos\alpha-\cos\alpha}{2\cos\alpha+\cos\alpha}=\frac{\cos\alpha}{3\cos\alpha}=\frac{1}{3}$.

解法二 原式$=\dfrac{\dfrac{\sin\alpha-\cos\alpha}{\cos\alpha}}{\dfrac{\sin\alpha+\cos\alpha}{\cos\alpha}}=\dfrac{\tan\alpha-1}{\tan\alpha+1}=\dfrac{2-1}{2+1}=\dfrac{1}{3}$.

点拨 ①解法一是从已知出发化“切”为“弦”，解法二是从需求的式子变形化“弦”为“切”，都利用三角公式达到了减少函数种类（即消元）的目的．②从已知到未知思考；反过来，从未知到已知思考．是分析数学问题的两条途径．

例 5* （1）化简$\dfrac{\sin\theta-\cos\theta}{\tan\theta-1}$；（2）证明：$\dfrac{1+2\sin\alpha\cos\alpha}{\cos^2\alpha-\sin^2\alpha}=\dfrac{1+\tan\alpha}{1-\tan\alpha}$.

分析 化简的要求是，使函数种类尽可能少，式子运算结构尽可能简．式子中同时含有“切”和“弦”时，通常化“切”为“弦”，减少函数种类．

解 （1）$\dfrac{\sin\theta-\cos\theta}{\tan\theta-1}=\dfrac{\sin\theta-\cos\theta}{\dfrac{\sin\theta}{\cos\theta}-1}=\dfrac{\sin\theta-\cos\theta}{\dfrac{\sin\theta-\cos\theta}{\cos\theta}}$

$$=(\sin\theta-\cos\theta)\cdot\frac{\cos\theta}{\sin\theta-\cos\theta}=\cos\theta.$$

（2）左边$=\dfrac{1+2\sin\alpha\cos\alpha}{\cos^2\alpha-\sin^2\alpha}$

$$=\frac{\sin^2\alpha+\cos^2\alpha+2\sin\alpha\cos\alpha}{\cos^2\alpha-\sin^2\alpha}$$

$$=\frac{(\sin\alpha+\cos\alpha)^2}{(\cos\alpha-\sin\alpha)(\cos\alpha+\sin\alpha)}$$

$$=\frac{\sin\alpha+\cos\alpha}{\cos\alpha-\sin\alpha};$$

右边$=\dfrac{1+\dfrac{\sin\alpha}{\cos\alpha}}{1-\dfrac{\sin\alpha}{\cos\alpha}}=\dfrac{\dfrac{\cos\alpha+\sin\alpha}{\cos\alpha}}{\dfrac{\cos\alpha-\sin\alpha}{\cos\alpha}}$

$$=\frac{\cos\alpha+\sin\alpha}{\cos\alpha}\cdot\frac{\cos\alpha}{\cos\alpha-\sin\alpha}$$

$$=\frac{\sin\alpha+\cos\alpha}{\cos\alpha-\sin\alpha}.$$

所以，左边＝右边，故原等式成立．

点拨 ①证明三角恒等式，可以把左边化简到右边；也可以把右边化简到左边；还可以把左、右两边都化简成同一个式子．原则是把复杂的一边化简到简单的一边．②有时需要把“1”反写成某个三角函数式．如，1＝

$\sin^2\alpha+\cos^2\alpha$，$1=\tan\alpha\cdot\cot\alpha$，$1=\tan 45°$等. ③以上我们通过例 2—例 5 来说明同角三角函数关系的主要运用（即求值、化简、证明）.

基础训练

一、选择题

1. 已知 $\tan\alpha=3$，则$\dfrac{\sin\alpha+3\cos\alpha}{\sin\alpha-\cos\alpha}$的值为(　　).

A. 0　　B. 1　　C. 2　　D. 3

2. 已知 $\cos\alpha=-\dfrac{3}{5}$，且 α 是第三象限的角，则$\sin\alpha=$(　　).

A. $-\dfrac{4}{5}$　　B. $-\dfrac{3}{4}$　　C. $\dfrac{3}{4}$　　D. $\dfrac{4}{5}$

3. 下列说法正确的是(　　).

A. 终边相同的角相等

B. 终边相同的角的同名三角函数值相等

C. 同名的三角函数值相等的角一定相等

D. 一个角的三角函数值的大小与角终边上的点的坐标有关

4. 下列选项正确的一个是(　　).

A. $\cos 120°>0$　　B. $\cos 260°>0$　　C. $\sin 260°<0$　　D. $\sin 30°<0$

5. 设 α 是第三象限的角，则下列各式的值一定为正值的是(　　).

A. $\sin\alpha+\cos\alpha$　　B. $\tan\alpha-\sin\alpha$　　C. $\cos\alpha-\cot\alpha$　　D. $\cot\alpha\cdot\sin\alpha$

二、填空题

6. 已知角 α 终边上一点 $P(-1,\sqrt{3})$，则 $\sin\alpha=$____，$\cos\alpha=$____，$\tan\alpha=$____，$\cot\alpha=$____.

7. 计算：$\sin\dfrac{\pi}{6}=$____，$\cos\dfrac{\pi}{4}=$____，$\tan\dfrac{\pi}{3}=$____，$\sin\dfrac{\pi}{2}=$____，$\tan\dfrac{\pi}{4}=$____，$\cos\dfrac{\pi}{6}=$____，$\sin\dfrac{\pi}{2}=$____，$\cos\dfrac{\pi}{2}=$____.

8. 计算：$\sin^2 35°+\cos^2 35°=$________；$\sin^2\dfrac{\pi}{5}+\cos^2\dfrac{\pi}{5}=$________.

9. 若 $\cos\alpha=-\dfrac{5}{13}$，且 α 为第二象限的角，则 $\sin\alpha=$________，$\tan\alpha=$________.

10. 已知角 α 终边上一点 $P(-1,1)$，则 $\cos\alpha=$________.

三、解答题

11. 已知角 α 的终边上有一点 $A(-8,6)$，求 $\sin\alpha$，$\cos\alpha$，$\tan\alpha$ 的值.

12. 已知 $\sin\alpha=\dfrac{3}{5}$，α 为第二象限的角，求 $\cos\alpha$，$\tan\alpha$.

13. 已知 $\tan\alpha=3$，求 α 的其他三角函数值.

14. 化简：$\dfrac{2\sin^2\alpha-1}{1-2\cos^2\alpha}$.

综合训练

一、选择题

1. 已知角 α 终边上一点 $P(-3,\ 4)$，则 $\sin\alpha=$(　　).

A. $\dfrac{4}{5}$　　B. $\dfrac{3}{5}$　　C. $-\dfrac{3}{5}$　　D. $-\dfrac{4}{5}$

2. 已知 $\tan\alpha=-8$，则 $\dfrac{\sin\alpha+\cos\alpha}{\cos\alpha+2\sin\alpha}=$(　　).

A. $-\dfrac{7}{15}$　　B. $\dfrac{7}{15}$　　C. $-\dfrac{7}{4}$　　D. $\dfrac{7}{4}$

3. 已知 $\sin\alpha=-\dfrac{4}{5}$，且 α 为第三象限的角，则 $\tan\alpha=$(　　).

A. $-\dfrac{4}{3}$　　B. $-\dfrac{3}{4}$　　C. $\dfrac{3}{4}$　　D. $\dfrac{4}{3}$

4. $0°<\alpha<90°$是 $\cos\alpha>0$ 的(　　)条件.

A. 充分不必要　　B. 必要不充分

C. 充分且必要　　D. 不充分且不必要

5. 如果 α 是第三象限的角，则 $\sin\alpha\sqrt{\sin^2\alpha}+\cos\alpha\sqrt{\cos^2\alpha}=$(　　).

A. 1　　B. 2　　C. -1　　D. 0

二、填空题

6. 已知 $\sin\alpha=-\dfrac{4}{5}$，且 $\alpha\in\left(\dfrac{3\pi}{2},\ 2\pi\right)$，则 $\cos\alpha=$________.

7. 已知 $\tan\alpha=2$，且 $\alpha\in\left(-\pi,\ -\dfrac{\pi}{2}\right)$，则 $\sin\alpha=$________.

8. 若 $\sin\alpha\cos\alpha=\dfrac{1}{8}$，则 $(\sin\alpha+\cos\alpha)^2=$________.

9. 化简：$(\tan\alpha+\cot\alpha)(\sin\alpha\cdot\cos\alpha)=$ ________.

10. 若 $\sin\alpha-\cos\alpha=\dfrac{2}{5}$，则 $\sin\alpha\cos\alpha=$________.

三、解答题

11. 已知 $\sin\alpha=3\cos\alpha$，求证：$\sin^2\alpha+2\sin\alpha\cos\alpha-5\cos^2\alpha=1$.

12. 求证：$(\sin^4\alpha-\cos^4\alpha+2\cos^2\alpha)\tan\alpha\cdot\cot\alpha=1$.

拓展训练

已知角 α 的终边上有一点 $P(6, m)$，且 $\sin\alpha=-\frac{4}{5}$，求 m 和 $\tan\alpha$ 的值.

§5.3 诱导公式

考点分析

考点 1. 用诱导公式进行求值与化简

考点 2. 简单的三角函数恒等式的证明

知识回顾

1. 诱导公式是把任意角的正弦、余弦、正切、余切转化为锐角的正弦、余弦、正切、余切，进而求出相应的函数值.

2. 诱导公式：

(1) 初中阶段学习的诱导公式：

$\sin\left(\frac{\pi}{2}-\alpha\right)=\cos\alpha$；　　$\cos\left(\frac{\pi}{2}-\alpha\right)=\sin\alpha$；

$\tan\left(\frac{\pi}{2}-\alpha\right)=\cot\alpha$；　　$\cot\left(\frac{\pi}{2}-\alpha\right)=\tan\alpha$.

(2) 高中阶段学习的诱导公式：

表（一）

	$2k\pi+\alpha$	$-\alpha$	$\pi-\alpha$	$\pi+\alpha$	$2\pi-\alpha$
sin	$\sin\alpha$	$-\sin\alpha$	$\sin\alpha$	$-\sin\alpha$	$-\sin\alpha$
cos	$\cos\alpha$	$\cos\alpha$	$-\cos\alpha$	$-\cos\alpha$	$\cos\alpha$
tan	$\tan\alpha$	$-\tan\alpha$	$-\tan\alpha$	$\tan\alpha$	$-\tan\alpha$
cot	$\cot\alpha$	$-\cot\alpha$	$-\cot\alpha$	$\cot\alpha$	$-\cot\alpha$

表（二）

	$\frac{\pi}{2}+\alpha$	$\frac{3}{2}\pi-\alpha$	$\frac{3}{2}\pi+\alpha$
sin	$\cos\alpha$	$-\cos\alpha$	$-\cos\alpha$
cos	$-\sin\alpha$	$-\sin\alpha$	$\sin\alpha$
tan	$-\cot\alpha$	$\cot\alpha$	$-\cot\alpha$
cot	$-\tan\alpha$	$\tan\alpha$	$-\tan\alpha$

注： 对形如（$180°+\alpha$）的角度制表示的角有对应公式，请同学们作为练习，自己写出．

典例剖析

例 1 求值：（1）$\sin\frac{3\pi}{4}$；（2）$\cos\frac{13\pi}{6}$．

解 （1）$\sin\frac{3\pi}{4}=\sin\left(\pi-\frac{\pi}{4}\right)=\sin\frac{\pi}{4}=\frac{\sqrt{2}}{2}$；

（2）$\cos\frac{13\pi}{6}=\cos\left(2\pi+\frac{\pi}{6}\right)=\cos\frac{\pi}{6}=\frac{\sqrt{3}}{2}$.

例 2 已知 $\sin\left(\frac{\pi}{2}-\alpha\right)=\frac{4}{5}$，求 $\cos(\pi-\alpha)$ 的值.

解 由 $\sin\left(\frac{\pi}{2}-\alpha\right)=\frac{4}{5}$，得 $\cos\alpha=\frac{4}{5}$，所以 $\cos(\pi-\alpha)=-\cos\alpha=-\frac{4}{5}$．

例 3 化简：

（1）$\cos(-210°)\tan 240°-\sin(-330°)$；

（2）$\dfrac{\cos(\pi+\alpha)\sin(\pi-\alpha)\sin(\alpha-3\pi)}{\cos(2\pi-\alpha)\cot\left(\frac{\pi}{2}+\alpha\right)\cos\left(\frac{\pi}{2}-\alpha\right)}$.

解

（1）
$$\begin{aligned}&\cos(-210°)\tan 240°-\sin(-330°)\\&=\cos 210°\tan 240°+\sin 330°\\&=\cos(180°+30°)\tan(180°+60°)+\sin(360°-30°)\\&=-\cos 30°\tan 60°-\sin 30°\end{aligned}$$

$$=-\frac{\sqrt{3}}{2}\times\sqrt{3}-\frac{1}{2}=-\frac{3}{2}-\frac{1}{2}=-2;$$

（2）$$\frac{\cos(\pi+\alpha)\sin(\pi-\alpha)\sin(\alpha-3\pi)}{\cos(2\pi-\alpha)\cot\left(\frac{\pi}{2}+\alpha\right)\cos\left(\frac{\pi}{2}-\alpha\right)}$$

$$=\frac{-\cos\alpha\cdot\sin\alpha\cdot(-\sin\alpha)}{\cos\alpha\cdot(-\tan\alpha)\cdot\sin\alpha}$$

$$=\frac{-\sin\alpha}{\tan\alpha}=\frac{-\sin\alpha}{\frac{\sin\alpha}{\cos\alpha}}=-\sin\alpha\cdot\frac{\cos\alpha}{\sin\alpha}=-\cos\alpha;$$

基础训练

一、选择题

1. $\sin(\theta+11\pi)=$（　　）.

A. $\cos\theta$　　B. $-\cos\theta$　　C. $\sin\theta$　　D. $-\sin\theta$

2. 计算：$\sin\frac{17\pi}{4}=$（　　）.

A. $\frac{1}{2}$　　B. $-\frac{1}{2}$　　C. $\frac{\sqrt{2}}{2}$　　D. $-\frac{\sqrt{2}}{2}$

3. 计算：$\cos 240°=$（　　）.

A. $\frac{1}{2}$　　B. $-\frac{\sqrt{3}}{2}$　　C. $-\frac{1}{2}$　　D. $\frac{\sqrt{3}}{2}$

4. 已知 $\sin\alpha=\frac{4}{5}$，则 $\sin(\pi-\alpha)$ 的值是（　　）.

A. $-\frac{3}{5}$　　B. $\frac{3}{5}$　　C. $-\frac{4}{5}$　　D. $\frac{4}{5}$

5. 若 $\tan\alpha=\frac{\sqrt{3}}{3}$ $(0<\alpha<2\pi)$，则 α 可能的值是（　　）.

A. $\frac{\pi}{6}$　　B. $\frac{\pi}{6}$或$\frac{7\pi}{6}$　　C. $\frac{\pi}{3}$或$\frac{4\pi}{3}$　　D. $\frac{\pi}{3}$

二、填空题

6. 计算：$\sin(\alpha+5\pi)=$________.

7. 计算：$\sin 240°=$________，$\cos\frac{8\pi}{3}=$________，

$\tan 225°=$________，$\cos 330°=$________，

$\tan\frac{11}{6}\pi=$________，$\sin\left(-\frac{7}{4}\pi\right)=$________.

8. 计算：$\cos^2 70°+\cos^2 20°=$________.

9. 计算：$\cos^2 28°+\tan 36°\cot 45°\tan 54°+\cos^2 62°=$________.

10. 计算：$\cos\dfrac{19\pi}{6}+\tan\dfrac{16\pi}{3}=$________.

三、解答题

11. 已知：$\cos\left(\dfrac{\pi}{2}-\alpha\right)=\dfrac{4}{5}$，$\alpha$ 为第二象限的角，求 $\sin\alpha$，$\sin(\pi-\alpha)$ 的值.

12. 计算：$\dfrac{\sin(-\alpha+\pi)-\tan(-\alpha)+\tan(-\alpha+2\pi)}{\tan(\alpha+\pi)+\cos(-\alpha)+\cos(\alpha+\pi)}$.

13. 计算：$\cos^2 28^\circ+\tan 33^\circ\cdot\tan 57^\circ+\cos^2 62^\circ$.

14. 计算：$\dfrac{\tan(-150^\circ)\cos(-210^\circ)\cos 420^\circ}{\cos(-600^\circ)\sin(-330^\circ)}$.

综合训练

一、选择题

1. 计算：$\tan\dfrac{11\pi}{3}=($　　$)$.

A. $\dfrac{\sqrt{3}}{3}$　　B. $\sqrt{3}$　　C. $-\dfrac{\sqrt{3}}{3}$　　D. $-\sqrt{3}$

2. 计算：$\cos 225^\circ+\tan 240^\circ+\sin(-60^\circ)=($　　$)$.

A. $-\dfrac{\sqrt{2}}{2}+\dfrac{\sqrt{3}}{2}$　　B. $-\dfrac{\sqrt{2}}{2}-\dfrac{\sqrt{3}}{2}$　　C. $\dfrac{\sqrt{2}}{2}+\dfrac{\sqrt{3}}{2}$　　D. $\dfrac{\sqrt{2}}{2}-\dfrac{\sqrt{3}}{2}$

3. 已知 α 为锐角，则下列不等式中成立的是(　　).

A. $\sin(\pi-\alpha)>0$　　B. $\cos(\pi-\alpha)>0$

C. $\tan(\pi-\alpha)>0$　　D. $\cot(\pi-\alpha)>0$

4. $\tan(\pi+\alpha)\cdot\cos(-\alpha)-\sin(8\pi+\alpha)=($　　$)$.

A. $2\sin\alpha$　　B. 0　　C. $-2\sin\alpha$　　D. $\cos\alpha$

5. 已知 $\cos(\pi-\alpha)=-\dfrac{3}{5}$，则 $\tan(\pi+\alpha)=($　　$)$.

A. $\dfrac{4}{3}$　　B. $-\dfrac{4}{3}$　　C. $\pm\dfrac{4}{3}$　　D. $\dfrac{\sqrt{3}}{3}$

二、填空题

6. 计算：$\sin^2 50^\circ+\sin^2 40^\circ=$________.

7. 若 $\cos\alpha=-\dfrac{1}{5}$，且 α 是第二象限角，则

$\cos(\pi-\alpha)=$________，$\sin(\pi+\alpha)=$________，$\tan(2\pi+\alpha)=$________.

8. $\tan\dfrac{3}{4}\pi+\cos\dfrac{2}{3}\pi-\sin\left(-\dfrac{\pi}{6}\right)+\cos\dfrac{\pi}{2}=$________.

9. 若 $\tan(6\pi-\alpha)=-7$，则 $\tan(-3\pi+\alpha)=$________.

10. 计算：$\sin\left(-\dfrac{10}{3}\pi\right)=$________，$\tan 330^\circ=$________.

三、解答题

11. 已知：$\cos(\pi+\alpha)=\frac{3}{5}$，$\alpha$ 为第三象限的角，求 $\sin\alpha$，$\tan\alpha$ 的值.

12. 已知 $\sin(\pi-\alpha)=-\frac{3}{5}$，$\alpha\in\left(-\frac{\pi}{2},0\right)$，求 $\cos(\pi+\alpha)$ 的值.

13. 化简：$\dfrac{\cos(-\pi+\alpha)\tan(2\pi-\alpha)\sin\left(\frac{\pi}{2}-\alpha\right)}{\sin(\pi+\alpha)\cos(-\alpha)}$.

14. 若 α 终边经过点 $P(-12,5)$，求 $\sin(\pi-\alpha)$，$\cos(\pi+\alpha)$，$\tan(-\alpha)$.

拓展训练

已知：$\sin(x-\pi)=2\cos(x-2\pi)$，求：$\dfrac{\sin(\pi-x)+5\cos(2\pi-x)}{3\sin\left(x-\frac{\pi}{2}\right)-4\sin(-x)}$的值.

二、三角函数的图像和性质

知识结构

以正弦函数为例

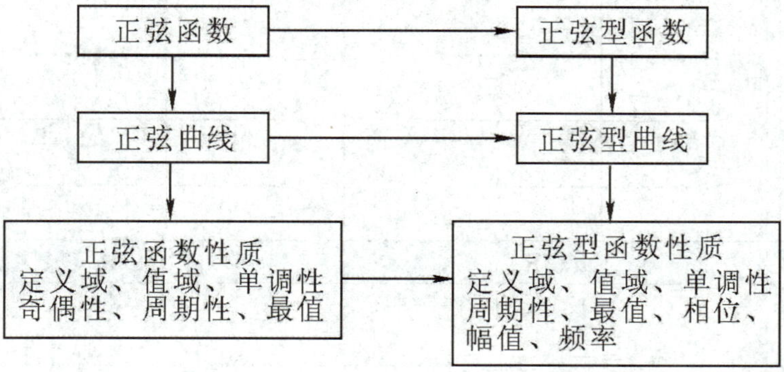

学习指导

本节的特点是，通过图像研究函数的性质. 因此学好本节的关键是“数形结合”，学会读图，通过图像去掌握性质.

§ 5.4 三角函数的图像和性质

考点分析

考点 1. 用正弦、余弦函数的定义域、值域、周期性、奇偶性、单调性和最值等性质解决有关问题

考点 2. 根据已知正弦、余弦函数值求指定区间上的特殊角

考点 3. 求正弦型函数 $y=A\sin(\omega x+\varphi)$ 的周期、最值等问题

注： 重点掌握正弦函数和正弦型函数. 余弦函数和正切函数只要求了解.

知识回顾

1. 三角函数的图像及性质：

正弦函数、余弦函数的图像和性质：

函数	$y=\sin x$	$y=\cos x$
图像	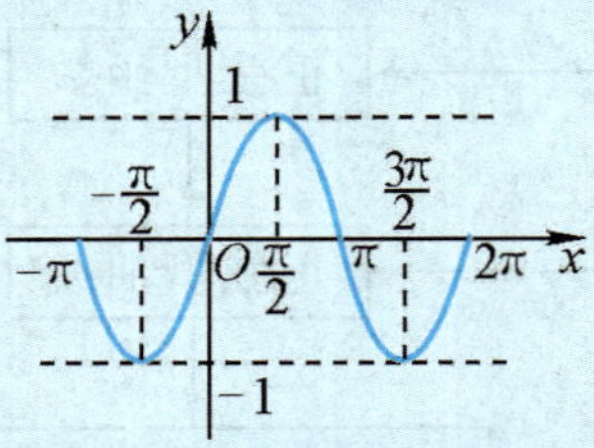	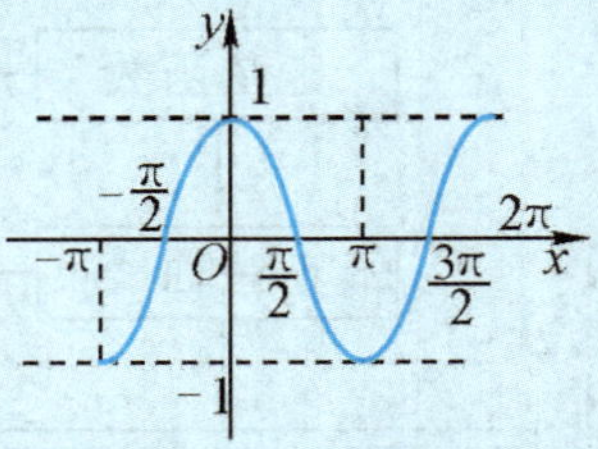
定义域	$x\in\mathbf{R}$	$x\in\mathbf{R}$
值域	$-1\leqslant y\leqslant 1$ $y_{\min}=-1$，$y_{\max}=1$	$-1\leqslant y\leqslant 1$ $y_{\min}=-1$，$y_{\max}=1$
周期性	$T=2\pi$	$T=2\pi$
单调性	$x\in\left[-\frac{\pi}{2}+2k\pi,\ \frac{\pi}{2}+2k\pi\right]$，$k\in\mathbf{Z}$，为增函数区间 $x\in\left[\frac{\pi}{2}+2k\pi,\ \frac{3\pi}{2}+2k\pi\right]$，$k\in\mathbf{Z}$，为减函数区间	$x\in[2k\pi,\ \pi+2k\pi]$，$k\in\mathbf{Z}$，为减函数区间 $x\in[\pi+2k\pi,\ 2\pi+2k\pi]$，$k\in\mathbf{Z}$，为增函数区间
奇偶性	奇函数	偶函数

2. 形如 $y=A\sin(\omega x+\varphi)$ 类型的函数，此类函数称为正弦型函数. 下图为几个正弦型函数在一个周期内的图像：

从图 5-3 可看出：当 A 变时，函数的值域随之发生变化；当 ω 变时，函数的周期随之发生变化；当 φ 变时，其图像位置改变. 所以我们把 $|A|$ 称为正弦函数的振幅，ω 叫角频率，φ 叫初相.

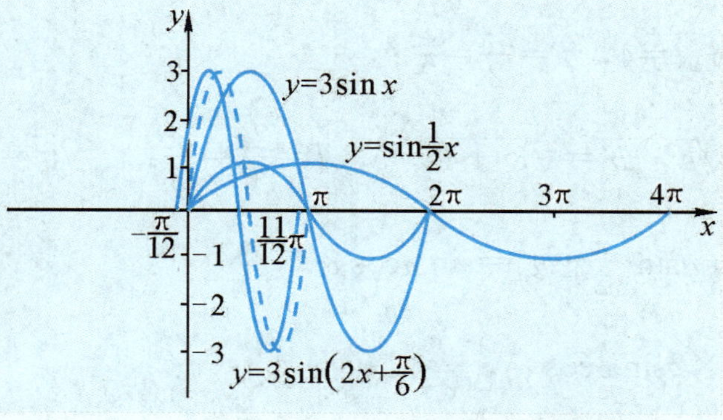

图 5-3

正弦型函数 $y=A\sin(\omega x+\varphi)$ 的主要性质如下：

(1) 定义域：$\mathbf{R}$；

(2) 值域：$[-|A|, |A|]$；

(3) 周期性：最小正周期 $T=\dfrac{2\pi}{|\omega|}$；

(4) 最大值 $|A|$，最小值 $-|A|$.

形如 $y=a\sin\omega x+b\cos\omega x$ 的函数可化成正弦型函数的形式：

$$y=\sqrt{a^2+b^2}\sin(\omega x+\varphi);$$

最值为：$y_{\max}=\sqrt{a^2+b^2}$，$y_{\min}=-\sqrt{a^2+b^2}$；

最小正周期为：$T=\dfrac{2\pi}{|\omega|}$.

3. 对余弦型函数 $y=A\cos(\omega x+\varphi)$，类似有：

$y_{\max}=|A|$，$y_{\min}=-|A|$，最小正周期 $T=\dfrac{2\pi}{|\omega|}$.

典例剖析

例 1　(1) 求函数 $f(x)=4\sin\left(2x+\frac{\pi}{3}\right)$的最大值和最小正周期；

(2) 求函数 $f(x)=3\sin 6x+4\cos 6x$ 的最大值和最小正周期；

(3) 求函数 $y=\sin\alpha\sin\left(\frac{\pi}{2}-\alpha\right)$的值域和最小正周期.

解　(1) $y_{max}=4$，$T=\frac{2\pi}{2}=\pi$；

(2) $y_{max}=\sqrt{a^2+b^2}=\sqrt{3^2+4^2}=5$，$T=\frac{2\pi}{6}=\frac{\pi}{3}$；

(3) $y=\sin\alpha\sin\left(\frac{\pi}{2}-\alpha\right)=\sin\alpha\cos\alpha$

$=\frac{1}{2}\times 2\sin\alpha\cos\alpha$

$=\frac{1}{2}\sin 2\alpha$（后面将复习的二倍角公式）

所以 $y_{max}=\frac{1}{2}$，$y_{min}=-\frac{1}{2}$，

故值域为$\left[-\frac{1}{2},\frac{1}{2}\right]$，$T=\frac{2\pi}{2}=\pi$.

点拨　对不是正（余）弦型函数的，要化简、变形成正（余）弦型函数，再求最值和周期.

例 2　比较大小：

(1) $\cos\frac{3\pi}{5}$与$\cos\frac{4\pi}{5}$；(2) $\sin\frac{\pi}{7}$与$\sin\frac{4\pi}{5}$；(3) $\sin\frac{\pi}{7}$与$\cos\frac{3\pi}{10}$.

解　(1) 因为$0<\frac{3\pi}{5}<\frac{4\pi}{5}<\pi$，函数 $y=\cos x$ 在 $[0,\pi]$ 上为减函数，所以$\cos\frac{3\pi}{5}>\cos\frac{4\pi}{5}$；

(2) 因为$\sin\frac{4\pi}{5}=\sin\left(\pi-\frac{\pi}{5}\right)=\sin\frac{\pi}{5}$，$-\frac{\pi}{2}<\frac{\pi}{7}<\frac{\pi}{5}<\frac{\pi}{2}$，函数 $y=\sin x$在$\left[-\frac{\pi}{2},\frac{\pi}{2}\right]$上为增函数，所以$\sin\frac{\pi}{7}<\sin\frac{\pi}{5}$，即$\sin\frac{\pi}{7}<\sin\frac{4\pi}{5}$；

(3) 因为$\cos\frac{3\pi}{10}=\sin\left(\frac{\pi}{2}-\frac{3\pi}{10}\right)=\sin\frac{\pi}{5}$，$-\frac{\pi}{2}<\frac{\pi}{7}<\frac{\pi}{5}<\frac{\pi}{2}$，函数 $y=$

$\sin x$在$\left[-\frac{\pi}{2}, \frac{\pi}{2}\right]$上为增函数，所以 $\sin\frac{\pi}{7}<\sin\frac{\pi}{5}$，即 $\sin\frac{\pi}{7}<\cos\frac{3\pi}{10}$.

点拨 ① 通过图像熟记正、余弦的单调区间. ②两个角如果没有在同一单调区间，要用诱导公式转化到同一单调区间（通常可把两个都化成锐角三角函数去比较）；函数名不同的，也用诱导公式化成同名.

例 3 求函数 $f(x)=\frac{1}{\sin x-1}$的定义域.

解 要使函数解析式有意义，须

$\sin x-1\neq 0$，即 $\sin x\neq 1$，则 $x\neq 2k\pi+\frac{\pi}{2}$，$k\in\mathbf{Z}$.

所以，函数的定义域为：$\{x \mid x\neq 2k\pi+\frac{\pi}{2}, k\in\mathbf{Z}\}$.

点拨 对于含三角函数的不等式，要结合图像，来确定 x 的范围.

例 4 已知 $\sin\alpha=-\frac{1}{2}$，且 $\alpha\in(0, 2\pi)$，则 α 的值是(　　).

A. $\frac{4\pi}{3}$或$\frac{7\pi}{6}$　　B. $\frac{5\pi}{3}$或$\frac{7\pi}{6}$　　C. $\frac{5\pi}{3}$或$\frac{11\pi}{6}$　　D. $\frac{7\pi}{6}$或$\frac{11\pi}{6}$

解 因为 $\sin\left(\pi+\frac{\pi}{6}\right)=-\sin\frac{\pi}{6}=-\frac{1}{2}$，$\sin\left(2\pi-\frac{\pi}{6}\right)=-\sin\frac{\pi}{6}=-\frac{1}{2}$，

所以　$\alpha=\pi+\frac{\pi}{6}=\frac{7\pi}{6}$或$\alpha=2\pi-\frac{\pi}{6}=\frac{11\pi}{6}$.

故选 D.

点拨 ① 这里$\frac{\pi}{6}$是使 $\sin\theta=\frac{1}{2}$成立的锐角. ②因为 $\sin\alpha=-\frac{1}{2}<0$，所以 α 只能在第三象限和第四象限，而$\left(\pi+\frac{\pi}{6}\right)$和$\left(2\pi-\frac{\pi}{6}\right)$正是由$\frac{\pi}{6}$确定的第三象限和第四象限的角.

基础训练

一、选择题

1. 函数 $f(x)=4+\sin 2x$ 的周期是(　　).

A. $\frac{\pi}{4}$　　B. $\frac{\pi}{2}$　　C. π　　D. 2π

2. “$\sin\alpha=\frac{1}{2}$” 是 “$\alpha=\frac{\pi}{6}$” 的(　　).

A. 充分不必要条件　　B. 必要不充分条件

C. 充要条件　　D. 不充分且不必要条件

3. $y=3\sin x+4\cos x$ 的最小值是(　　).

A. 7　　B. -7　　C. 5　　D. -5

4. 下列函数中，最小正周期为$\frac{\pi}{2}$的是(　　).

A. $y=\sin\frac{x}{2}$　　B. $y=\sin 2x$　　C. $y=\cos\frac{x}{4}$　　D. $y=\cos 4x$

5. 下列不等式中成立的是(　　).

A. $\sin\frac{5\pi}{7}>\sin\frac{4\pi}{7}$　　B. $\sin\left(-\frac{\pi}{5}\right)>\sin\left(-\frac{\pi}{6}\right)$

C. $\cos\left(-\frac{\pi}{8}\right)>\cos(-\frac{\pi}{7})$　　D. $\cos\left(-\frac{3\pi}{5}\right)>\cos\left(-\frac{\pi}{4}\right)$

二、填空题

6. ①函数 $y=\sin\left(\frac{x}{3}-\frac{\pi}{5}\right)$的周期是______，其最大值为______，最小值为 ______；

②函数 $y=-\sin\left(-2x+\frac{\pi}{4}\right)$的周期是______，其最大值为 ______，最小值为 ______；

③函数 $y=3\sin x+2$ 的周期是 ______，其最大值为______，最小值为 ______；

④函数 $y=-4\sin 2x+1$ 的周期是 ______，其最大值为 ______，最小值为 ______；

⑤函数 $y=\cos\left(\frac{2x}{3}-\frac{\pi}{7}\right)$的周期是 ______，其最大值为 ______，最小值为______.

7. 判定函数的奇偶性：

① 函数 $y=\sin x$ 是______函数，函数 $y=\cos x$ 是______函数；

②函数 $y=\sin x\cos x$ 是______函数，函数 $y=\cos^2 x-\sin^2 x$ 是______函数.

8. 比较大小：

$\sin 18°$____ $\sin 43°$，　$\cos 18°$____ $\cos 38°$，　$\cos(-15°)$ ____ $\cos 35°$，

$\sin 18°$____ $\cos 38°$，　$\sin 98°$ ____ $\sin 138°$，　$\cos 208°$ ____ $\cos 238°$.

9. 若 $\sin\alpha=\frac{1}{2}$，$\alpha\in[0，2\pi]$，则 $\alpha=$ ________.

10. 若 $\cos\alpha=-\frac{\sqrt{3}}{2}$，$\alpha\in[0，2\pi]$，则 $\alpha=$________.

三、解答题

11. 求下列函数的最小正周期和最值：

(1) $y=-\sin 2x$；(2) $y=2\sin\left(-8\pi x+\frac{\pi}{4}\right)$；

(3) $y=\sqrt{3}\sin\frac{1}{2}x+\cos\frac{1}{2}x$.

12. 求下列函数的最小正周期和最值：

(1) $y=\cos^4x-\sin^4x$；(2) $y=\sin\frac{1}{2}x\cos\frac{1}{2}x$.

13. 求函数 $y=\frac{1}{\cos x+1}$的定义域.

14* 求函数 $y=\tan\left(3x-\frac{\pi}{4}\right)$的定义域.

综合训练

一、选择题

1. 在下列函数中，最小正周期为 π 的函数是(　　).

A. $y=\sin\frac{1}{2}x$　　B. $y=\sin x$　　C. $y=\sin 2x$　　D. $y=\sin 4x$

2. 函数 $y=3\sin\left(\frac{x}{2}+\frac{\pi}{3}\right)$的周期、振幅依次是(　　).

A. 4π，3　　B. 4π，−3　　C. π，3　　D. π，−3

3. 如果 $0<\alpha<\beta<\frac{\pi}{2}$，则一定成立的是(　　).

A. $\cos\alpha<\cos\beta$　　B. $\sin\alpha<\sin\beta$　　C. $\cos\alpha>\sin\beta$　　D. $\cos\alpha<\sin\beta$

4. 下列不等式成立的是(　　).

A. $\sin\frac{4\pi}{5}<\cos\frac{4\pi}{5}$　　B. $\sin\left(-\frac{4\pi}{5}\right)<\cos\left(-\frac{4\pi}{5}\right)$

C. $\sin\frac{3\pi}{5}<\sin\frac{4\pi}{5}$　　D. $\sin\frac{3\pi}{5}>\sin\frac{4\pi}{5}$

5. 已知函数 $f(x)=A\sin\omega x$ 的图像如图 5－4 所示，则 $f(x)$的(　　).

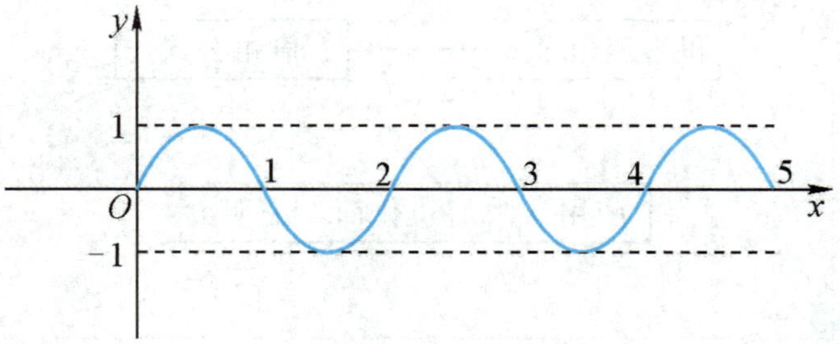

图 5－4

A. 最大值是 1，周期是 1　　B. 最大值是 1，周期是 2

C. 最大值是−1，周期是 1　　D. 最大值是−1，周期是 2

二、填空题

6. 已知函数：①$y=2x+3$　②$y=x^2+2x+1$　③$y=\sin x\cos x$　④$y=\dfrac{x}{x^2+1}$，则其中奇函数有________个.

7. 函数 $y=\sqrt{3}\sin x-\cos x$ 的最大值为________.

8. 已知函数 $y=a\sin x+b$ 的最大值为 4，最小值 2，则 $a=$ ________，$b=$________.

9. 已知 $\cos x=\dfrac{1}{2}$，$x\in[0, 2\pi]$，则 $x=$________.

10. 函数 $y=\cos^2(3x)-\sin^2(3x)$ 的最大值是________，最小正周期是 ________.

三、解答题

11. 已知 $\sin\alpha\cos\alpha=\dfrac{1}{4}$，$\alpha\in[0, 2\pi]$，求 α 的值.

12. 求函数 $y=\sin(x+11\pi)\cos(x+7\pi)$ 的最小正周期.

13* 函数 $y=a\sin bx-4\cos bx$ 的最大值是 5，最小正周期是$\dfrac{2\pi}{3}$，求 a 和 b 的值.

拓展训练

函数 $y=11-8\cos x-2\sin^2 x$，（1）当 x 为何值时，y 有最大值，最大值是多少？（2）当 x 为何值时，y 有最小值，最小值是多少？

三、和、差、倍角

知识结构

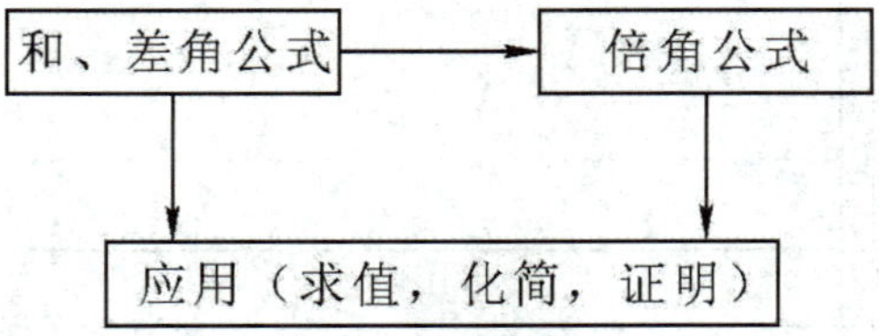

学习指导

学习本单元，要在了解公式的推导过程及公式间的联系基础上熟记公式，加强练习，不断总结思路方法.

§ 5.5 和、差、倍角

考点分析

考点 1. 用两角和与差的正弦、余弦、正切公式进行计算及简单变换

考点 2. 用二倍角的正弦、余弦、正切公式进行计算及简单变换

考点 3. 综合运用和、差、倍角公式及同角三角函数公式进行化简、求值、证明恒等式

知识回顾

1. 两角和与差的三角公式：

① $\sin(\alpha+\beta)=\sin\alpha\cos\beta+\cos\alpha\sin\beta$；

$\sin(\alpha-\beta)=\sin\alpha\cos\beta-\cos\alpha\sin\beta$；

② $\cos(\alpha+\beta)=\cos\alpha\cos\beta-\sin\alpha\sin\beta$；

$\cos(\alpha-\beta)=\cos\alpha\cos\beta+\sin\alpha\sin\beta$；

③ $\tan(\alpha+\beta)=\dfrac{\tan\alpha+\tan\beta}{1-\tan\alpha\tan\beta}$；

$\tan(\alpha-\beta)=\dfrac{\tan\alpha-\tan\beta}{1+\tan\alpha\tan\beta}$.

$\left(\alpha, \beta\neq k\pi+\dfrac{\pi}{2}, k\in\mathbf{Z}\right)$

熟记以上公式可借助口诀：

S：s，c，c，s，符号不改，**C**：c，c，s，s，符号要改，

T：t，t，1，t，t，下改上不改.

2. 二倍角的三角函数公式：

①$\sin 2\alpha=2\sin\alpha\cos\alpha$；

②$\cos 2\alpha=\cos^2\alpha-\sin^2\alpha$；

$\cos 2\alpha=2\cos^2\alpha-1$；

$\cos 2\alpha=1-2\sin^2\alpha$；

③$\tan 2\alpha=\dfrac{2\tan\alpha}{1-\tan^2\alpha}$.

典例剖析

例 1 计算：

(1) $\sin 105°$；(2) $\cos 15°$；(3) $\tan 75°$.

解 (1) $\sin 105°=\sin(60°+45°)$

$$=\sin 60°\cos 45°+\cos 60°\sin 45°$$

$$=\frac{\sqrt{3}}{2}\times\frac{\sqrt{2}}{2}+\frac{1}{2}\times\frac{\sqrt{2}}{2}=\frac{\sqrt{6}+\sqrt{2}}{4};$$

(2) $\cos 15°=\cos(45°-30°)$

$$=\cos 45°\cos 30°+\sin 45°\sin 30°$$

$$=\frac{\sqrt{2}}{2}\times\frac{\sqrt{3}}{2}+\frac{\sqrt{2}}{2}\times\frac{1}{2}=\frac{\sqrt{6}+\sqrt{2}}{4};$$

(3) $\tan 75°=\tan(45°+30°)$

$$=\frac{\tan 45°+\tan 30°}{1-\tan 45°\tan 30°}$$

$$=\frac{1+\frac{\sqrt{3}}{3}}{1-\frac{\sqrt{3}}{3}}=\frac{3+\sqrt{3}}{3-\sqrt{3}}=2+\sqrt{3}.$$

点拨 15°，75°和105°这几个角的正弦、余弦和正切值都可以用和、差角公式求出，作为扩充的特殊角三角函数值，要熟悉.

例 2 证明三角恒等式：

$$\frac{1+\sin 2\alpha+\cos 2\alpha}{\cos\alpha+\sin\alpha}=2\cos\alpha.$$

证明 左边$=\dfrac{1+2\sin\alpha\cos\alpha+2\cos^2\alpha-1}{\cos\alpha+\sin\alpha}$

$$=\frac{2\sin\alpha\cos\alpha+2\cos^2\alpha}{\cos\alpha+\sin\alpha}$$

$$=\frac{2\cos\alpha\ (\sin\alpha+\cos\alpha)}{\cos\alpha+\sin\alpha}=2\cos\alpha$$

=右边.

故原等式成立.

点拨 ①利用倍角公式把 2α 变成 α，使函数名后的变量一致. ②$\cos 2\alpha$ 有三个公式，要合理选用.

例 3 已知 $\cos\alpha=-\dfrac{1}{3}$，且 $\alpha\in\left(\dfrac{\pi}{2},\ \pi\right)$，求 $\tan 2\alpha$ 的值.

分析 由 $\cos\alpha$ 可求 $\sin\alpha$，进而可求 $\tan\alpha$，再二倍角公式求 $\tan 2\alpha$.

解 由 $\alpha\in\left(\frac{\pi}{2},\pi\right)$，得 $\sin\alpha>0$，所以

$$\sin\alpha=\sqrt{1-\cos^2\alpha}=\sqrt{1-\left(-\frac{1}{3}\right)^2}=\sqrt{\frac{8}{9}}=\frac{2\sqrt{2}}{3},$$

$$\tan\alpha=\frac{\sin\alpha}{\cos\alpha}=\frac{\frac{2\sqrt{2}}{3}}{-\frac{1}{3}}=-2\sqrt{2},$$

$$\tan 2\alpha=\frac{2\tan\alpha}{1-\tan^2\alpha}=\frac{2\times(-2\sqrt{2})}{1-(-2\sqrt{2})^2}=\frac{-4\sqrt{2}}{1-8}=-\frac{4\sqrt{2}}{7}.$$

例 4 已知 $\sin\alpha=\frac{12}{13}$，$\alpha\in\left(\frac{\pi}{2},\pi\right)$，$\cos\beta=-\frac{3}{5}$，$\beta\in\left(\pi,\frac{3\pi}{2}\right)$，求 $\cos(\alpha-\beta)$ 的值.

解 因为 $\alpha\in\left(\frac{\pi}{2},\pi\right)$，所以 $\cos\alpha=-\sqrt{1-\sin^2\alpha}=-\sqrt{1-\left(\frac{12}{13}\right)^2}=-\frac{5}{13}$；

因为 $\beta\in\left(\pi,\frac{3\pi}{2}\right)$，所以 $\sin\beta=-\sqrt{1-\cos^2\beta}=-\sqrt{1-\left(-\frac{3}{5}\right)^2}=-\frac{4}{5}$.

所以 $\cos(\alpha-\beta)=\cos\alpha\cos\beta+\sin\alpha\sin\beta$

$$=-\frac{5}{13}\left(-\frac{3}{5}\right)+\frac{12}{13}\left(-\frac{4}{5}\right)=-\frac{33}{65}.$$

例 5 已知 $\sin\alpha-\cos\alpha=\frac{1}{3}$，求 $\sin 2\alpha$ 的值.

解 因为 $\sin\alpha-\cos\alpha=\frac{1}{3}$，所以

$$(\sin\alpha-\cos\alpha)^2=\frac{1}{9}\Rightarrow\sin^2\alpha-2\sin\alpha\cos\alpha+\cos^2\alpha=\frac{1}{9}$$

$$\Rightarrow 1-2\sin\alpha\cos\alpha=\frac{1}{9}\Rightarrow 1-\sin 2\alpha=\frac{1}{9},$$

所以 $\sin 2\alpha=\frac{8}{9}$.

点拨 $(\sin\alpha-\cos\alpha)$ 与 $\sin\alpha\cos\alpha$ 可以互求.

例 6 化简、求值：

(1) $\sin 80^\circ\cos 20^\circ-\cos 80^\circ\sin 20^\circ$；(2) $\sqrt{3}\sin\alpha+\cos\alpha$；

(3) $\frac{1-\tan 15^\circ}{1+\tan 15^\circ}$.

分析 式子中的角不是特殊角．观察式子结构，逆用公式．

解 (1) $\sin 80^\circ\cos 20^\circ-\cos 80^\circ\sin 20^\circ=\sin(80^\circ-20^\circ)=\sin 60^\circ=\dfrac{\sqrt{3}}{2}$；

(2) $\sqrt{3}\sin\alpha+\cos\alpha=2\left(\dfrac{\sqrt{3}}{2}\sin\alpha+\dfrac{1}{2}\cos\alpha\right)=2(\cos 30^\circ\sin\alpha+\sin 30^\circ\cos\alpha)$

$=2\sin(\alpha+30^\circ)$；

(3) $\dfrac{1-\tan 15^\circ}{1+\tan 15^\circ}=\dfrac{\tan 45^\circ-\tan 15^\circ}{1+\tan 45^\circ\tan 15^\circ}=\tan(45^\circ-15^\circ)=\tan 30^\circ=\dfrac{\sqrt{3}}{3}$.

基础训练

一、选择题

1. 已知 $\sin\alpha=\dfrac{\sqrt{3}}{2}$，且 $\dfrac{\pi}{2}<\alpha<\pi$，则 $\cos 2\alpha$ 的值为(　　).

A. $-\dfrac{\sqrt{2}}{2}$　　B. $-\dfrac{1}{2}$　　C. $\dfrac{1}{2}$　　D. $\dfrac{\sqrt{2}}{2}$

2. 若 $\sin\alpha+\cos\alpha=\sqrt{2}$，则 $\sin 2\alpha=$(　　).

A. 1　　B. 2　　C. -1　　D. -2

3. 已知 $\sin\alpha=-\dfrac{5}{13}$，且 α 是第三象限角，则 $\sin 2\alpha=$(　　).

A. $-\dfrac{120}{169}$　　B. $\dfrac{120}{169}$　　C. $-\dfrac{60}{169}$　　D. $\dfrac{60}{169}$

4. 已知 $\tan\alpha=2$，$\tan\beta=\dfrac{1}{5}$，则 $\tan(\alpha-\beta)=$(　　).

A. $\dfrac{9}{7}$　　B. $\dfrac{11}{5}$　　C. $\dfrac{7}{9}$　　D. $-\dfrac{9}{7}$

5. 计算：$\tan 75^\circ=$(　　).

A. $2-\sqrt{3}$　　B. $2+\sqrt{3}$　　C. $\dfrac{\sqrt{2}+\sqrt{6}}{4}$　　D. $\dfrac{\sqrt{6}-\sqrt{2}}{4}$

二、填空题

6. 计算：(1) $2\sin 15^\circ\cos 15^\circ=$ ________；

(2) $\sin 12^\circ\cos 48^\circ+\cos 12^\circ\sin 48^\circ=$ ________；

(3) $\cos 73^\circ\cos 13^\circ+\sin 73^\circ\sin 13^\circ=$ ________；

(4) $\dfrac{\tan\dfrac{\pi}{4}-\tan\dfrac{\pi}{12}}{1+\tan\dfrac{\pi}{4}\tan\dfrac{\pi}{12}}=$ ________；(5) $\dfrac{\tan 34^\circ+\tan 26^\circ}{1-\tan 34^\circ\tan 26^\circ}=$ ________.

7. 计算：(1) $2\cos^2\frac{\pi}{8}-1=$________；(2) $1-2\sin^2 15°=$________；

(3) $\frac{2\tan 15°}{1-\tan^2 15°}=$________；(4) $2\cos 22.5°\sin 22.5°=$ ________.

8. (1) 若 $\sin\alpha=\frac{3}{5}$，则 $\cos 2\alpha=$ ________， (2) 若 $\cos\alpha=-\frac{2}{3}$，则 $\cos 2\alpha=$________；

(3) 若 $\sin\alpha=\frac{1}{8}$，$\cos\alpha=-\frac{3\sqrt{7}}{8}$，则 $\sin 2\alpha=$________；

(4) 若 $\tan\alpha=3$，则 $\tan 2\alpha=$________.

9. 计算：$\sin 15°=$________；$\sin 75°=$________；$\cos 75°=$________；$\cos 105°=$________；$\tan 105°=$________.

10. (1) 已知 $\sin\alpha-\cos\alpha=\frac{1}{3}$，则 $\sin 2\alpha=$ ________；

(2) 已知 $\sin\alpha+\cos\alpha=\frac{\sqrt{3}}{2}$，则 $\sin 2\alpha=$ ________；

(3) 已知 $\cos\alpha-\sin\alpha=\frac{1}{4}$，则 $\sin 2\alpha=$________.

三、解答题

11. 若 $\sin\alpha=\frac{4}{5}$，$\alpha\in\left(\frac{\pi}{2},\ \pi\right)$，求 $\tan\left(\alpha+\frac{\pi}{4}\right)$的值.

12. 已知角 α 的终边上有一点 $M(-6,\ 8)$，求 $\sin\alpha$，$\cos\alpha$，$\sin 2\alpha$，$\cos 2\alpha$的值.

13. 若 $\sin\alpha=\frac{3}{5}$，$\alpha\in\left(\frac{\pi}{2},\ \pi\right)$，$\cos\beta=\frac{5}{13}$，$\beta\in\left(0,\ \frac{\pi}{2}\right)$，求 $\cos(\alpha-\beta)$ 的值.

14. 求证：$\cos^4\alpha-\sin^4\alpha=\cos 2\alpha$.

综合训练

一、选择题

1. 函数 $y=-\frac{\cos 2x}{x^2+1}+2$ 是(　　).

A. 奇函数　　B. 偶函数

C. 非奇函数且非偶函数　　D. 既是奇函数又是偶函数

2. $\sin 70°\cos 115°-\sin 20°\sin 115°$的值为(　　).

A. $-\frac{\sqrt{2}}{2}$　　B. $\frac{\sqrt{2}}{2}$　　C. $-\frac{\sqrt{3}}{2}$　　D. $\frac{\sqrt{3}}{2}$

3. 已知 α，β 均为锐角，且 $\sin\alpha=\frac{3}{5}$，$\cos\beta=\frac{12}{13}$，则 $\sin(\alpha-\beta)$ ＝(　　).

A. $\frac{14}{65}$　　B. $-\frac{21}{65}$　　C. $\frac{16}{65}$　　D. $\frac{63}{65}$

4. 计算：$1-2\sin^2\frac{\pi}{12}=$（　　）.

A. $\frac{1}{2}$　　B. $-\frac{1}{2}$　　C. $\frac{\sqrt{3}}{2}$　　D. $-\frac{\sqrt{3}}{2}$

5. 下列等式中正确的是（　　）.

A. 若 $\sin\alpha=\frac{1}{8}$，则 $\sin 2\alpha=\frac{1}{4}$　　B. $\sin(\alpha+\beta)=\sin\alpha+\sin\beta$

C. 若 $\sin\alpha=\frac{1}{2}$，则 $\alpha=30°$　　D. 当 $\alpha=\frac{\pi}{4}$时，$\tan(\alpha-\beta)=\frac{1-\tan\beta}{1+\tan\beta}$

二、填空题

6. 计算：$\sin 15°\cos 15°=$ ________.

7. 计算：$\frac{1+\tan 15°}{1-\tan 15°}=$ ________.

8. 计算：$\sin 142°\cos 7°-\cos 142°\sin 7°=$________.

9. 计算：$\frac{\tan 22.5°}{1-\tan^2 22.5°}=$ ________.

10. 计算：$\cos 175°\cos 55°+\sin 175°\sin 55°=$________.

三、解答题

11. 已知 $\sin\alpha=\frac{3}{5}$，求 $\sin\left(2\alpha+\frac{\pi}{3}\right)+\cos\left(2\alpha+\frac{\pi}{6}\right)$的值.

12. 已知 $\tan\alpha$，$\tan\beta$是方程$x^2-(1+\sqrt{3})x+\sqrt{3}=0$ 的两个实根，求 $\tan(\alpha+\beta)$的值.

13. 求证：$\frac{2\cos 2\alpha}{\cot\alpha-\tan\alpha}=\sin 2\alpha$.

14. 已知：$\sin\alpha=\frac{5}{13}$，$\alpha\in\left(\frac{\pi}{2},\pi\right)$，$\cos\beta=-\frac{3}{5}$，$\beta\in\left(\pi,\frac{3}{2}\pi\right)$，求$\tan(\alpha+\beta)$的值.

拓展训练

1. 已知：$\cos(\alpha+\beta)=\frac{3}{5}$，$\cos(\alpha-\beta)=\frac{12}{13}$，$0<\beta<\alpha<\frac{\pi}{2}$，求 $\cos 2\alpha$ 的值.

2. 证明恒等式：$2\cos(\alpha-\beta)\cos\alpha-\cos(2\alpha-\beta)=\cos\beta$.

3. 已知 $\sin\alpha+\sin\beta=\frac{1}{2}$，$\cos\alpha+\cos\beta=\frac{1}{3}$，求 $\cos(\alpha-\beta)$ 的值.

四、解三角形

知识结构

直角三角形中：边角关系、勾股定理
↓
斜三角形中：正、余弦定理、面积公式
↓
运用：解三角形、实际应用

学习指导

正弦定理是直角三角形边角关系的推广，余弦定理是勾股定理的推广．解三角形需三个条件（至少一边），要根据不同的已知条件，分清是选用正弦定理还是余弦定理．解三角形的实际应用问题是重点内容，需要多加练习．

§5.6 解三角形

考点分析

考点1．用正弦定理、余弦定理和三角形面积公式进行计算

考点2．用正弦定理、余弦定理和三角形面积公式等解决简单的实际问题

知识回顾

1．解三角形：一个三角形有三条边和三个角，称为三角形的六个元素．只要知道了其中的三个元素（至少有一个元素是边），就可以求出其余的三个元素，这叫做解三角形．

2．如图5－5所示，直角三角形ABC中，$\angle C=90°$，则

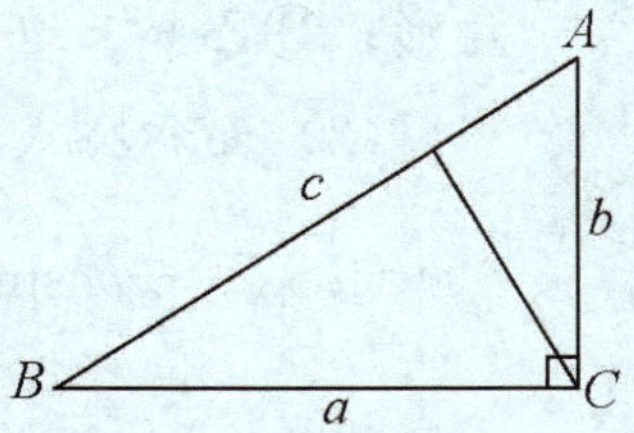

图5－5

①勾股定理：$c^2=a^2+b^2$；

②边角关系：

$\sin A=\cos B=\frac{a}{c}$，

$\cos A=\sin B=\frac{b}{c}$，

$\tan A=\cot B=\frac{a}{b}$，

$\cot A=\tan B=\frac{b}{a}$；

③面积公式：$S_{Rt\triangle}=\frac{1}{2}ch=\frac{1}{2}ab$.

3. 如图 5-6 所示，任意三角形 ABC 中，

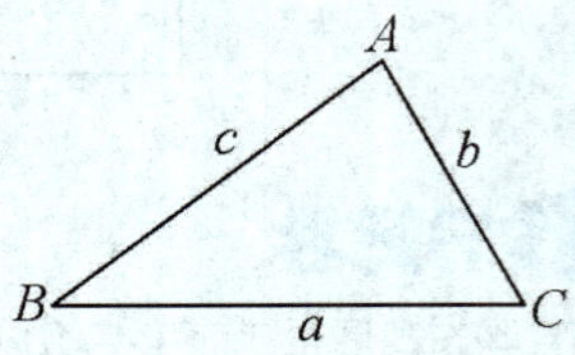

图 5-6

（1）正弦定理：$\frac{a}{\sin A}=\frac{b}{\sin B}=\frac{c}{\sin C}$.

正弦定理适用于下面两种情况：①已知两角和一边，解三角形；②已知两边和其中一边的对角，解三角形.

（2）余弦定理：①$a^2=b^2+c^2-2bc\cos A$；

②$b^2=a^2+c^2-2ac\cos B$；

③$c^2=a^2+b^2-2ab\cos C$.

或：①$\cos A=\frac{b^2+c^2-a^2}{2bc}$；

②$\cos B=\frac{a^2+c^2-b^2}{2ac}$；

③$\cos C=\frac{a^2+b^2-c^2}{2ab}$.

余弦定理适用于下面两种情况：①已知两边和夹角，解三角形；②已知三边，解三角形.

（3）面积公式：

①$S_{\triangle}=\frac{1}{2}bc\sin A=\frac{1}{2}ab\sin C=\frac{1}{2}ac\sin B$；

②$S_{\triangle}=\frac{1}{2}$底×高.

典例剖析

例 1 如图 5-7 所示，已知 Rt$\triangle ABC$ 中，$\angle C=90^\circ$，$\sin A=0.6$，$BC=12$，求 AB，AC.

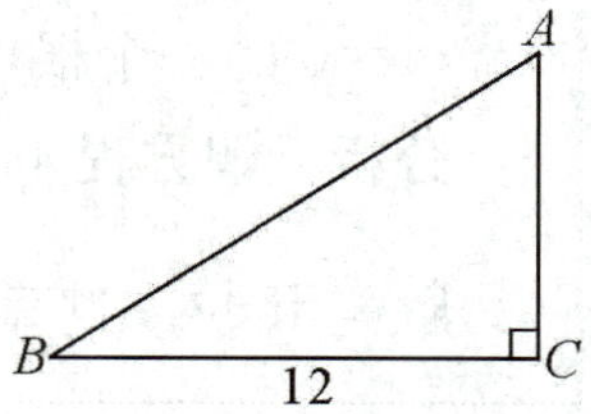

图 5-7

分析 此题是直角三角形，利用直角三角形的边角关系和勾股定理较简单，不必用正弦定理.

解 因为 Rt$\triangle ABC$ 中，$\angle C=90^\circ$，

$\sin A=\dfrac{BC}{AB}=0.6=\dfrac{3}{5}$，又 $BC=12$，

所以$\dfrac{12}{AB}=\dfrac{3}{5}$，所以 $AB=20$.

由勾股定理得，$AB^2=AC^2+BC^2$，$AC=\sqrt{AB^2-BC^2}=\sqrt{20^2-12^2}=16$，即 $AB=20$，$AC=16$.

例 2 在$\triangle ABC$ 中，已知 $a=3$，$c=\sqrt{3}$，$\angle A=120^\circ$，求$\angle C$ 及$\triangle ABC$ 面积.

分析 此题已知两边和其中一边的对角，用正弦定理.

解 因为$\dfrac{c}{\sin C}=\dfrac{a}{\sin A}$，所以 $\sin C=\dfrac{c\sin A}{a}=\dfrac{\sqrt{3}\sin 120^\circ}{3}=\dfrac{1}{2}$.

又 $0<\angle C<180^\circ$，得$\angle C=30^\circ$或$\angle C=150^\circ$.

但当$\angle C=150^\circ$时，$\angle A+\angle C=270^\circ>180^\circ$不合题意，应舍去. 所以$\angle C=30^\circ$.

$\angle B=180^\circ-(\angle A+\angle C)=180^\circ-150^\circ=30^\circ$，

$S_{\triangle ABC}=\dfrac{1}{2}ac\sin B=\dfrac{1}{2}\times 3\times\sqrt{3}\sin 30^\circ=\dfrac{3\sqrt{3}}{4}$.

点拨 已知两边和其中一边的对角，解三角形，可能有一解、两解和无解三种情况，需要根据具体情况进行判断.

例 3 在$\triangle ABC$ 中，已知 $a=12$，$b=15$，$c=10$，试判定$\triangle ABC$ 的形状.

分析 三角形中最大角是什么角，这个三角形就是什么三角形. 由“大边对大角”，可知$\angle B$ 是最大角. 此题已知三边，用余弦定理可求出$\angle B$，再判断.

解 因为 b 是最大边，所以$\angle B$ 是最大角.

$$\cos B=\frac{a^2+c^2-b^2}{2ac}=\frac{12^2+10^2-15^2}{2\times 12\times 10}=\frac{19}{240}>0.$$

又因 $0°<\angle B<180°$，所以$\angle B$为锐角，所以$\triangle ABC$为锐角三角形.

例 4　在$\triangle ABC$中，已知 $a=6$，$b=4$，$\angle C$为锐角，且 $\cos C$ 是方程 $4x^2-1=0$ 的一个根，求该三角形的周长和面积.

分析　解方程 $4x^2-1=0$ 求出 $\cos C$. 已知两边及夹角，用余弦定理.

解　由 $4x^2-1=0$，解得 $x=\pm\frac{1}{2}$.

又 C 为锐角，得 $\cos C=\frac{1}{2}$，所以

$$c^2=a^2+b^2-2ab\cos C=6^2+4^2-2\times6\times4\times\frac{1}{2}=28,$$

所以 $c=2\sqrt{7}$.

$\triangle ABC$的周长为：$a+b+c=6+4+2\sqrt{7}=10+2\sqrt{7}$，

$\sin C=\sqrt{1-\cos^2 C}=\sqrt{1-\left(\frac{1}{2}\right)^2}=\frac{\sqrt{3}}{2}$，

$S_{\triangle ABC}=\frac{1}{2}ab\sin C=\frac{1}{2}\times6\times4\times\frac{\sqrt{3}}{2}=6\sqrt{3}$.

例 5　为了测量不能达到底部的一古塔的高$|EF|$，可以在地面上引一条基线 MN，它和塔底在同一水平面上，且延长后不过塔底，如图 5－8 所示，现测量得$|MN|=80$ m，$\angle FMN=60°$，$\angle FNM=75°$，仰角$\angle ENF=30°$，求塔高$|EF|$.

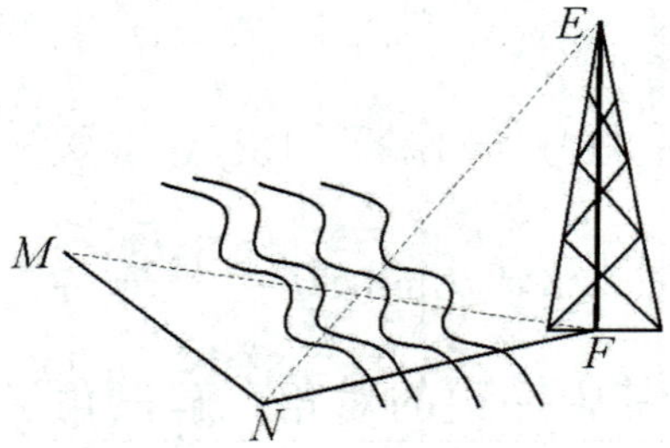

图 5－8

分析　EF 所在的 Rt$\triangle NEF$ 中，只有$\angle ENF=30°$，条件不够. 而在$\triangle MNF$ 中，有三个条件. 因此，先在$\triangle MNF$ 中解出$|NF|$，再在 Rt$\triangle NEF$中求$|EF|$.

解　在$\triangle MNF$中，

$$\angle MFN=180°-\angle FNM-\angle FMN=180°-60°-75°=45°.$$

由正弦定理得：$\frac{|MN|}{\sin\angle MFN}=\frac{|NF|}{\sin\angle NFM}$，即$\frac{80}{\sin 45°}=\frac{|NF|}{\sin 60°}$，

$$|NF|=\frac{80}{\sin 45^\circ}\sin 60^\circ=\frac{80\times\frac{\sqrt{3}}{2}}{\frac{\sqrt{2}}{2}}=40\sqrt{6}.$$

在 Rt$\triangle NEF$ 中，$\tan\angle ENF=\frac{|EF|}{|NF|}$，

$$\begin{aligned}|EF|&=|NF|\tan\angle ENF\\&=40\sqrt{6}\times\tan 30^\circ\\&=40\sqrt{6}\times\frac{\sqrt{3}}{3}=40\sqrt{2}.\end{aligned}$$

答：塔高 $|EF|$ 为 $40\sqrt{2}$m.

点拨 ①如果题目有多个三角形，先解可解三角形（有三个条件的），再解目标三角形（含题目要求边角）②解三角形有广泛的实际应用，也是本节内容的重点，要足够重视. 解决这类问题的要点是，准确弄清题意，把实际问题的条件和所求，转化到三角形中，再去解三角形.

基础训练

一、选择题

1. 在 Rt$\triangle ABC$ 中，$a=\sqrt{3}$，$b=1$，$\angle C=90^\circ$，则$\angle B=$(　　).

A. 30°　　B. 45°

C. 60°　　D. 无法确定

2. 如果$\triangle ABC$ 三内角 A，B，C 成等差数列，则$\angle B=$(　　).

A. 90°　　B. 60°

C. 30°　　D. 45°

3. 在$\triangle ABC$ 中，$a=3\sqrt{3}$，$b=3\sqrt{2}$，$\angle A=60^\circ$，则$\angle B=$(　　).

A. 30°　　B. 45°

C. 135°　　D. 45°或 135°

4. $\triangle ABC$ 中，已知 $a=3$，$b=5$，$c=7$，则$\angle C$ 的度数是(　　).

A. 30°　　B. 60°

C. 120°　　D. 150°

5. 已知$\triangle ABC$ 中，$a=6$，$b=5$，$c=8$，则$\triangle ABC$ 为(　　).

A. 锐角三角形　　B. 钝角三角形

C. 直角三角形　　D. 以上都可能

二、填空题

6. 如图 5－9 所示，在一次龙卷风中，一棵大树在离地面若干米处折断倒下，B 为折断处最高点，树顶 A 落在离树根 C 的 12 米处，测得 $\angle BAC=30°$，则 BC 的长是________米.

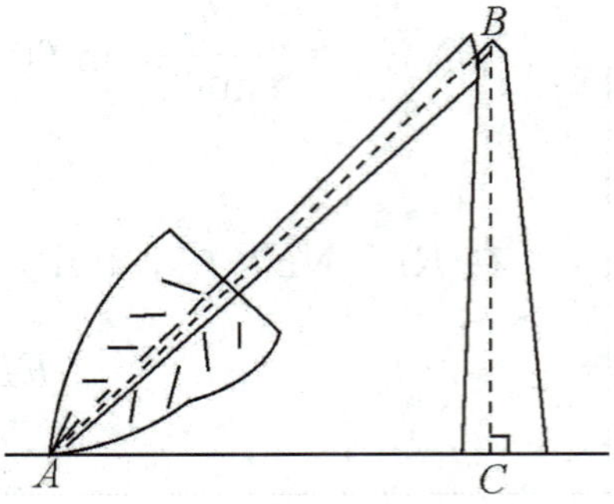

图 5－9

7. 在面积为 8 的锐角 $\triangle ABC$ 中，$AB=4$，$AC=5$，则 $BC=$________.

8. 如图 5－10 所示，修建抽水站时，沿着倾斜角为 30°的斜坡铺设管道，若量得水管 AB 的长度为 80 米，那么点 B 离水平面的高度 BC 的长为________米.

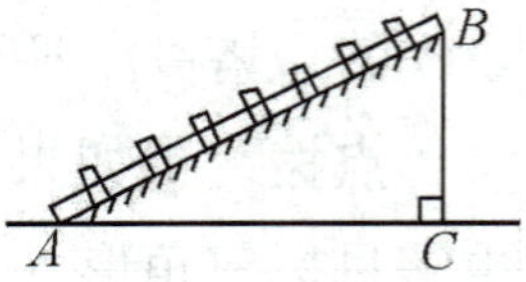

图 5－10

9. 在 $\triangle ABC$ 中，已知 $a=6$，$b=3$，$\angle C=120°$，则 $\triangle ABC$ 的面积 $S=$________.

10. 已知 $\triangle ABC$ 中，$a=6$，$b=3$，$\angle C=120°$，则 $c=$________，$S_{\triangle ABC}=$________.

三、解答题

11. 在 Rt$\triangle ABC$ 中，$\angle C=90°$，若 $\angle A=45°$，$AC=3$，求 $\angle B$，AB，BC.

12. 在 Rt$\triangle ABC$ 中，$\angle C=90°$，若 $\cos A=\frac{3}{4}$，$AB=16$，求 AC 和 BC.

13. 如图 5－11 所示，河对岸有铁塔 AB，在 C 处测得塔顶 A 的仰角为 30°，向塔前进 14 米到达 D，在 D 处测得 A 的仰角为 45°，求铁塔 AB 的高.

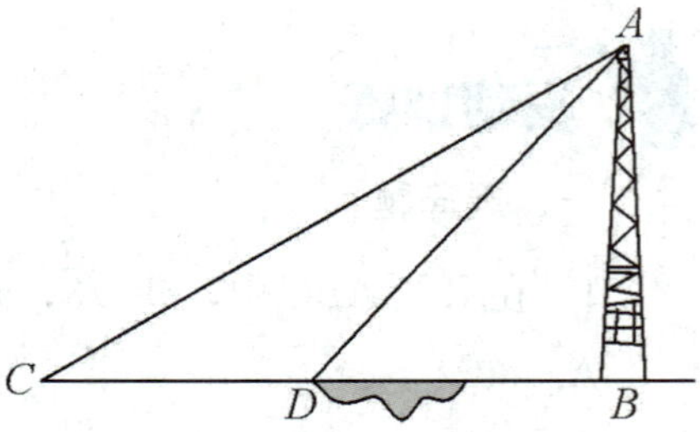

图 5－11

14. 如图 5－12 所示，要测量一水塘两侧 A，B 两点间的距离，选择适当位置 C，用仪器测得 $\angle ACB$ 为锐角，且 $\sin\angle ACB=0.6$，$AC=20$ 米，$BC=40$ 米，则 A，B 两点间的距离为多少米？（结果保留整数，已知 $\sqrt{5}\approx 2.236$）

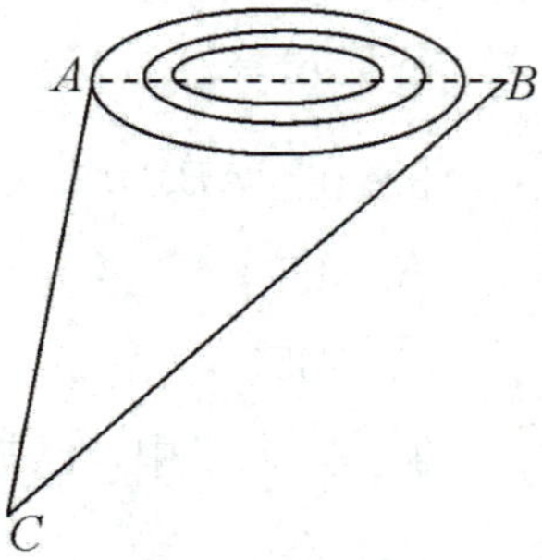

图 5－12

综合训练

一、选择题

1. 已知 $\triangle ABC$ 中，$a=4$，$\angle A=30°$，$\angle B=60°$，则三角形的 b 边是（　　）.

A. $4\sqrt{2}$　　B. $4\sqrt{3}$　　C. 5　　D. 6

2. 已知$\triangle ABC$中，$c=2$，$b=\sqrt{7}$，$a=3$，则$\angle B=$(　　).

A. $\frac{2\pi}{3}$　　B. $\frac{\pi}{6}$　　C. $\frac{\pi}{4}$　　D. $\frac{\pi}{3}$

3. 一个三角形的三条边的长度分别为4，3，$\sqrt{37}$，则它的最大的内角是(　　).

A. 45°　　B. 60°　　C. 120°　　D. 135°

4. 在$\triangle ABC$中，$c=\sqrt{3}$，$a=1$，$b=2$，则$\sin A=$(　　).

A. 0　　B. 1　　C. $\frac{\sqrt{3}}{2}$　　D. $\frac{1}{2}$

5. 在$\mathrm{Rt}\triangle ABC$中，$\angle C=90°$，若$\sin A=\frac{2}{3}$，则$\tan B=$(　　).

A. $\frac{3}{5}$　　B. $\frac{\sqrt{5}}{3}$　　C. $\frac{2\sqrt{5}}{5}$　　D. $\frac{\sqrt{5}}{2}$

二、填空题

6. 已知$\triangle ABC$中，$a=4\sqrt{3}$，$b=2\sqrt{6}$，$\angle B=30°$，则$\angle A=$________.

7. 已知$\triangle ABC$中，$\angle B=45°$，$\angle C=75°$，$a=6$，则$\angle A=$________，$b=$________，$c=$________，$S_{\triangle}=$________.

8. 在$\triangle ABC$中，$AB=2\mathrm{cm}$，$AC=\sqrt{2}\mathrm{cm}$，且$\angle C=45°$，$\angle B$为锐角，则$S_{\triangle ABC}=$________.

9. 在$\triangle ABC$中，$a=7$，$b=8$，$c=11$，则$\triangle ABC$是________三角形.

10. 在$\triangle ABC$中，$a=6$，$c=3\sqrt{7}$，$\angle C=120°$，则$b=$________，$S_{\triangle ABC}=$________.

三、解答题

11. 某建筑公司在高出地面20米的小山顶上建造了一座电视塔CD，如图5-13所示，设B为电视塔的正下方水平面上的点，在坡脚取一点A，测得$\angle CAD=45°$，$\angle CAB=\alpha$且$\tan\alpha=\frac{1}{2}$，则该电视塔的高度是多少米？

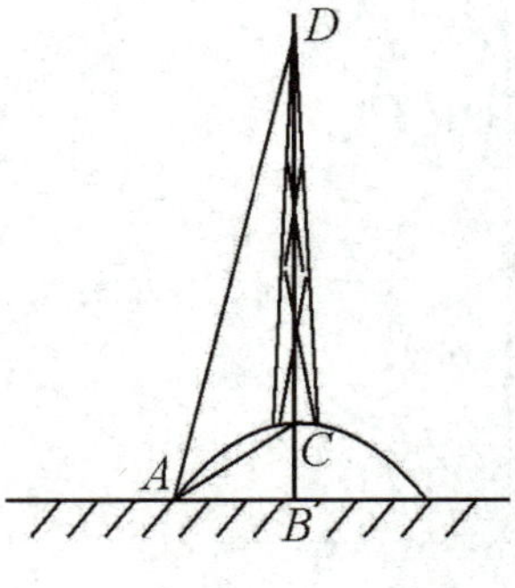

图5-13

12. 已知锐角$\triangle ABC$的面积为$5\sqrt{3}$，$AB=5$，$AC=4$，求

(1) $\angle A$的度数；(2) 边BC的长度.

13. 如图5-14所示，小李到南岸滨江路AB散步，他从B点看到河对岸的朝天门大酒店建筑物C，这时$\angle ABC=30°$，他继续往前走了3千米到达E处，这时$\angle AEC=45°$，试求朝天门大酒店建筑物C与南岸滨江路AB的距离CD？(保留一位小数，$\sqrt{3}\approx1.73$)

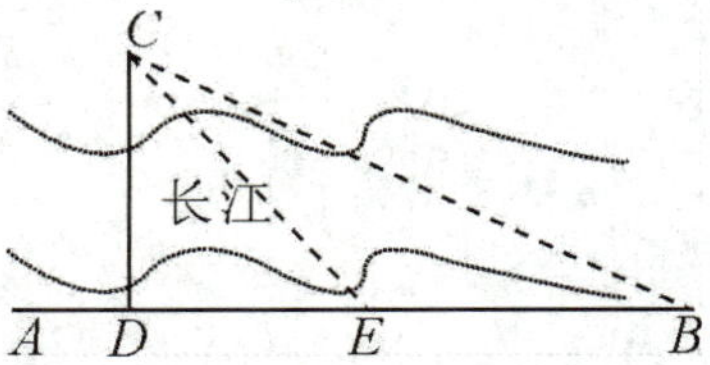

图5-14

14. 如图 5-15 所示，A 是一座灯塔，B 为一个港口，一艘轮船由 B 港出发，航行 40 里达到 C，现测得 B 港在 C 的南偏东 40°的方位上，灯塔 A 在 C 的北偏东 20°的方位上，已知 B 港和灯塔 A 之间的距离为 $20\sqrt{19}$ 里，求 C 到灯塔 A 的距离 d.

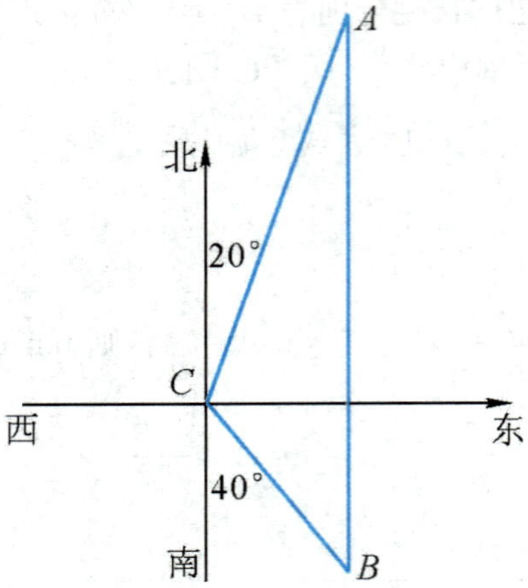

图 5-15

拓展训练

$\triangle ABC$ 中，设三个内角 A，B，C 所对的边依次为 a，b，c，已知 $\angle A=60°$，$b+c=10$，$\triangle ABC$ 的面积为 $\frac{17}{4}\sqrt{3}$，求 a 的值.

平面解析几何

知识结构

一、直线

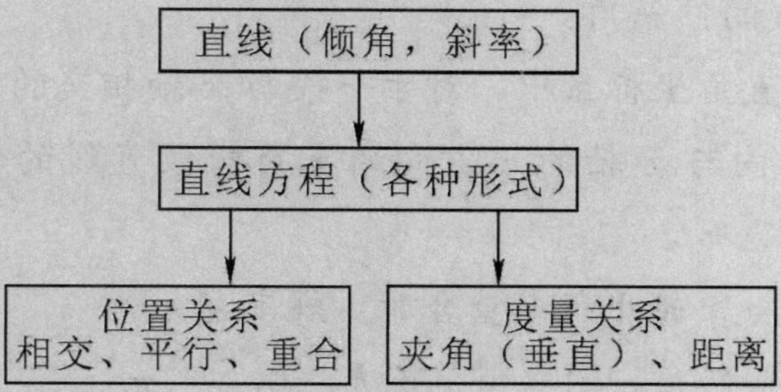

学习指导

解析几何是用代数的方法研究几何问题．具体来说就是，在直角坐标系下建立曲线的方程，用方程去研究曲线的性质．因此，在学习时要善于数形结合，要注重方程的知识、技能、方法和思想．

§6.1 直线的方程

考点分析

考点 1. 直线的倾斜角、斜率、截距等概念

考点 2. 直线的方程（两点式方程、截距式、点斜式方程、斜截式方程、一般式方程）

知识回顾

1. 直线的倾斜角：

在平面直角坐标系中，对于一条与 x 轴相交的直线，把直线向上的方向与 x 轴的正方向的夹角叫做直线的倾斜角，记作 α.

当直线与 x 轴平行或重合时，规定 $\alpha=0$.

直线的倾斜角 α 的取值范围是：$0\leqslant\alpha<\pi$.

2. 直线的斜率：

(1) 当直线倾斜角 $\alpha\neq\frac{\pi}{2}$ 时，把 $\tan\alpha$ 叫做直线的斜率，常用 k 表示. 即 $k=\tan\alpha\left(\alpha\neq\frac{\pi}{2}\right)$.

当 $\alpha=\frac{\pi}{2}$ 时，k 不存在.

(2) 已知直线上的两个点 $M_1(x_1, y_1)$，$M_2(x_2, y_2)$，则直线的斜率为：$k=\frac{y_2-y_1}{x_2-x_1}$ $(x_1\neq x_2)$.

当 $x_1=x_2$ 时，斜率 k 不存在.

3. 直线方程的几种形式：

(1) 两点式：已知直线上两点 $M_1(x_1, y_1)$，$M_2(x_2, y_2)$，则直线方程为：

$$\frac{y-y_1}{y_2-y_1}=\frac{x-x_1}{x_2-x_1}\ (x_1\neq x_2 \text{ 且 } y_1\neq y_2).$$

当 $x_1=x_2$ 时，直线方程为：$x=x_1$；当 $y_1=y_2$ 时，直线方程为：$y=y_1$.

(2) 截距式：已知直线在 x 轴上的截距是 a，在 y 轴上的截距是 b，则直线方程为：

$$\frac{x}{a}+\frac{y}{b}=1\ (a\neq 0 \text{ 且 } b\neq 0).$$

(3) 点斜式：已知直线上一点 $M(x_0, y_0)$，直线的斜率为 k，则直线的方程为：$y-y_0=k(x-x_0)$.

(4) 斜截式：已知直线斜率为 k，直线在 y 轴上的截距为 b，则直线的方程为：$y=kx+b$.

(5) 一般式：$Ax+By+C=0$(A，B 不全为零).

此时，直线的一个方向向量为 $\boldsymbol{v}(B, -A)$；直线的一个法向量为 $\boldsymbol{n}(A, B)$.

注：垂直（平行）于坐标轴的直线方程：

过点 $M(x_0, y_0)$ 且垂直于 x 轴的直线方程为：$x=x_0$(特别，y 轴的方程为：$x=0$)；

过点 $M(x_0, y_0)$ 且垂直于 y 轴的直线方程为：$y=y_0$(特别，x 轴的方程为：$y=0$).

典例剖析

例 1　填空题

(1) 过两点 $A(-2, 0)$，$B(-1, \sqrt{3})$ 的直线斜率为________，倾斜角为________；

(2) 过两点 $M_1(-1, 3)$，$M_2(4, 0)$ 的直线方程为________；

(3) 直线 $3x-4y+24=0$ 在 x 轴、y 轴上的截距分别为________和________；

(4) 倾斜角为 $120°$，经过点 $(-1, 5)$ 的直线方程为________；

(5) 倾斜角为 $\frac{\pi}{6}$，在 y 轴上的截距为 -1 的直线方程为________；

(6) 过两点 $M_1(-1, 3)$，$M_2(-1, 0)$ 的直线方程为________；

(7) 已知直线 $4x-2y-3=0$，则直线的斜率为________，在 y 轴上的截距为________.

解 (1) $k=\dfrac{y_2-y_1}{x_2-x_1}=\dfrac{\sqrt{3}-0}{-1-(-2)}=\sqrt{3}$，则 $\tan\alpha=\sqrt{3}$，于是 $\alpha=60°$.

(2) 由两点式得，$\dfrac{y-3}{0-3}=\dfrac{x+1}{4+1}$，即 $3x+5y-12=0$.

(3) **解法一** 令 $y=0$，则 $x=-8$，故直线在 x 轴上的截距为 -8；令 $x=0$，则 $y=6$，故直线在 y 轴上的截距为 6.

解法二 化为截距式方程为：$-\dfrac{x}{8}+\dfrac{y}{6}=1$.

所以，直线在 x 轴上和 y 轴上的截距分别为 -8 和 6.

(4) 斜率 $k=\tan 120°=-\sqrt{3}$，由点斜式得方程：

$$y-5=-\sqrt{3}(x+1)\text{ 即}\sqrt{3}x+y-5+\sqrt{3}=0.$$

(5) 斜率 $k=\tan\dfrac{\pi}{6}=\dfrac{\sqrt{3}}{3}$. 由斜截式得直线方程为

$$y=\frac{\sqrt{3}}{3}x-1\text{，即}\sqrt{3}x-3y-3=0.$$

(6) 因为 M_1，M_2 两点的横坐标相同，所以直线 M_1M_2 垂直于 x 轴，其方程为 $x=-1$.

(7) 把直线方程化为斜截式方程，得 $y=2x-\dfrac{3}{2}$，所以直线的斜率为 2，截距为 $-\dfrac{3}{2}$.

点拨 求直线方程，先根据已知条件选择直线方程的适当形式，写出方程，再化成一般形式. 熟记直线方程的几种形式是基础，正确选择是关键.

例 2 直线经过点 $P(3,2)$，且点 P 是直线被两坐标轴截得线段的中点，求直线的方程.

解 设直线的点斜式方程为：$y-2=k(x-3)$.

令 $x=0$，得 $y=-3k+2$. 又因直线与 x 轴交点的纵坐标为 0，由题意得 $\dfrac{(-3k+2)+0}{2}=2$，解得 $k=-\dfrac{2}{3}$.

所求直线方程为：$y-2=-\dfrac{2}{3}(x-3)$，即 $2x+3y-12=0$.

点拨 已知直线上一点，一般设点斜式方程，再由已知条件寻求含斜率

k 的方程，解出 k.

待定系数法： 像上例那样先设方程，再利用所设方程反过来去求方程中的未知系数的方法，是一种重要的数学方法，称为待定系数法. 待定系数法在解析几何中经常用到.

例 3 已知一条直线在两坐标轴上的截距之和为 2，且经过点 $P(-2, 3)$，求该直线方程.

解 设直线在 x 轴上的截距为 a，则直线在 y 轴上的截距为 $(2-a)$. 设直线的截距式方程为：$\frac{x}{a}+\frac{y}{2-a}=1$. 又直线过 $P(-2, 3)$，所以 $\frac{-2}{a}+\frac{3}{2-a}=1$，解得 $a=-4$ 或 $a=1$.

故所求直线方程为：$\frac{x}{-4}+\frac{y}{6}=1$ 或 $x+y=1$，

即 $$3x-2y+12=0 \text{ 或 } x+y-1=0.$$

点拨 恰当选择直线方程的形式，可简化运算. 此题设点斜式方程也容易，同学们可试试.

例 4 如图 7-1 所示，已知直线 l 的斜率为 5，与 y 轴交于正半轴，且与两坐标轴截得的线段长为 $\sqrt{26}$. 求：

(1) 直线 l 的方程；

(2) 直线 l 与坐标轴围成的三角形的周长和面积.

解 (1) 设直线方程为：$y=5x+b$.

令 $y=0$，得 $x=-\frac{b}{5}$，直线与 x 轴交于点 $A\left(-\frac{b}{5}, 0\right)$.

令 $x=0$，得 $y=b$，直线与 y 轴交于点 $B(0, b)$.

由题意得：$\sqrt{\left(-\frac{b}{5}-0\right)^2+(0-b)^2}=\sqrt{26}$，

解得 $b=5$ 或 $b=-5$（由题意舍去），故所求直线方程为

$$y=5x+5.$$

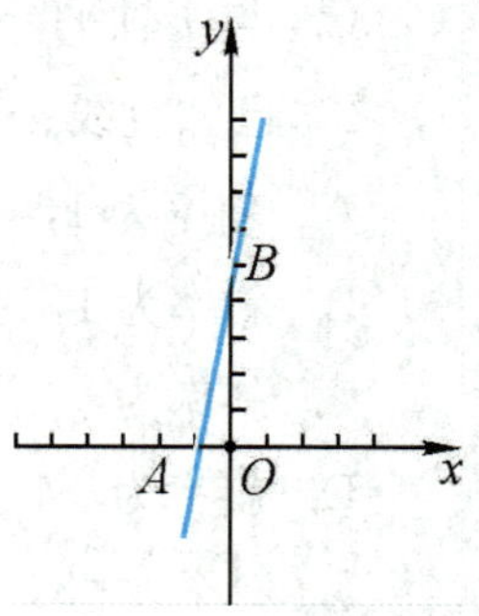

图 7-1

(2) 由 $b=5$，得 $A(-1, 0)$，$B(0, 5)$.

$C_{\triangle OAB}=|OA|+|OB|+|AB|=1+5+\sqrt{26}=6+\sqrt{26}$，

$S_{Rt\triangle ABC}=\frac{1}{2}|OA||OB|=\frac{1}{2}\times1\times5=\frac{5}{2}$.

例 5 若 $A>0$，$B>0$，$C<0$，判断直线 $Ax+By+C=0$ 经过哪些象限？

分析 利用直线的斜率和截距来判断.

解 将直线方程化为斜截式，得 $y=-\frac{A}{B}x-\frac{C}{B}$. 因为 $A>0$，$B>0$，直线的斜率 $-\frac{A}{B}<0$，所以直线的倾斜角 α 为钝角，直线一定过第二、四象限. 又因为 $C<0$，$B>0$，直线在 y 轴上的截距 $-\frac{C}{B}>0$，所以直线也过第一象限. 故直线过第一、二、四象限.

点拨 直线的斜截式方程，就是我们熟悉的一次函数的解析式 $y=kx+b$，有以下结论：

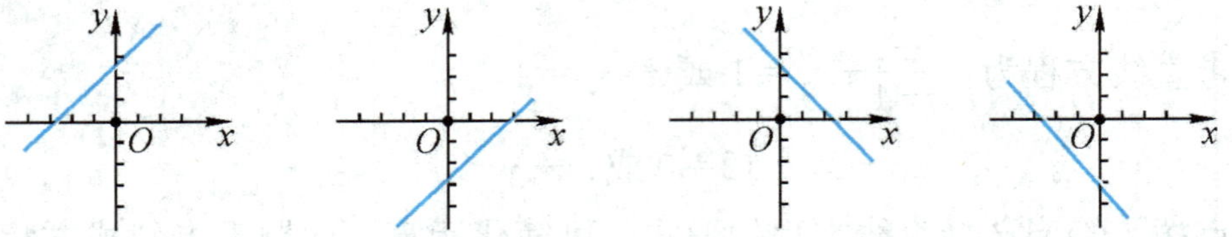

$k>0$ $b>0$　　$k>0$ $b<0$　　$k<0$ $b>0$　　$k<0$ $b<0$

基础训练

一、选择题

1. 下列说法正确的是（　　）.

A. 与 y 轴平行的直线没有斜率　　B. 与 y 轴平行的直线没有倾斜角

C. 与 x 轴平行的直线没有斜率　　D. 与 x 轴平行的直线没有倾斜角

2. 已知直线 $x-y+3=0$，则（　　）.

A. 斜率为 1，在 y 轴上的截距为 3

B. 斜率为 1，在 y 轴上的截距为 -3

C. 斜率为 -1，在 y 轴上的截距为 3

D. 斜率为 -1，在 y 轴上的截距为 -3

3. 斜率 $k=2$，且在 y 轴上的截距为 4 的直线方程是（　　）.

A. $x+2y-4=0$　B. $x-2y-4=0$　C. $2x+y+4=0$　D. $2x-y+4=0$

4. 倾斜角为 $\frac{3\pi}{4}$，且在 y 轴上截距为 2 的直线方程是（　　）.

A. $x+y+2=0$　B. $x+y-2=0$　C. $x-y+2=0$　D. $x-y-2=0$

5. 经过点 $M(3,-4)$，$N(-1,2)$ 的直线方程为（　　）.

A. $3x+2y-9=0$　B. $3x+2y-1=0$　C. $2x+3y-9=0$　D. $2x+3y-1=0$

二、填空题

6. 如果直线的倾斜角为 α，斜率为 k，那么当 $\alpha=0°$时，$k=$________；当 $0°<\alpha<90°$时，$k>$________；当 $\alpha=90°$时，$k=$________；当 $90°<\alpha<180°$时，$k<$________.

7. 已知直线的倾斜角是 $60°$，则它的斜率 $k=$________，如果直线的斜率是 -1，则它的倾斜角 $\alpha=$________.

8. 直线经过点 $A(1,2)$，$B(-1,4)$，则直线的斜率是________，倾斜角是________.

9. 已知直线过点 $P(2,3)$ 且倾斜角为 $30°$，则该直线的方程是________.

10. 直线 $3x-4y-12=0$ 与两坐标轴围成的三角形的面积是________.

三、解答题

11. 已知直线 l 经过点 $A(-2,1)$，$B(1,3)$，求：(1) 直线 l 的斜率；(2) 直线 l 的方程.

12. 已知直线 l 的倾斜角为 $30°$，且直线经过点 $A(-1,2)$，求直线 l 的方程.

13. 直线 l 经过点 $P(2,4)$，且点 P 是 l 被两坐标轴相截得线段的中点，求直线 l 的方程.

14. 一直线过点 $P(-3,4)$，且在两坐标轴上截距之和为 12，求该直线方程.

综合训练

一、选择题

1. 过点 $M(2,3)$，且与 y 轴平行的直线方程为(　　).

A. $x=3$　　B. $y=2$　　C. $x=2$　　D. $y=3$

2. 直线 $y=-\tan 60°x+8$ 的倾斜角为(　　).

A. $60°$　　B. $-60°$　　C. $120°$　　D. $240°$

3. 下列 4 条直线：

l_1：$3x-y+2=0$；l_2：$3x+y+2=0$；

l_3：$x+3y+2=0$；l_4：$\frac{x}{3}+\frac{y}{2}-1=0$.

那么斜率为 3、在 y 轴上的截距为 2 的有(　　).

A. 1 条　　B. 2 条　　C. 3 条　　D. 4 条

4. 直线在 x，y 轴上的截距分别是 2 和 3，则直线的斜率为(　　).

A. $\frac{3}{2}$　　B. $\frac{2}{3}$　　C. $-\frac{3}{2}$　　D. $-\frac{2}{3}$

5. 已知直线 $Ax+By+C=0$ 满足 $AB<0$，$BC<0$，则此直线经过(　　).

A. 一、二、四象限　　B. 二、三、四象限

C. 一、三、四象限　　D. 一、二、三象限

二、填空题

6. 过点 $N(-4,1)$，且与 x 轴平行的直线方程为________.

7. 点 $(a+1,2a-1)$ 在直线 $x-2y=0$ 上，则 a 的值是________.

8. 直线 $2x-3y-6=0$ 在两坐标轴上的截距之和为________.

9. 已知 $P(-\sqrt{3},1)$，点 Q 在 y 轴上，直线 PQ 的倾斜角为 $120°$，则点 Q 的坐标是________.

10. 已知直线 $(3a-1)x-2y+2a+4=0$，过第一、二、四象限，则 a 的范围是________.

三、解答题

11. 已知△ABC 中，顶点 $A(0,0)$，$B(-4,-2)$，$C(2,5)$. 求：

(1) BC边上的中线所在直线的方程；

(2) 与边 BC 平行的中位线所在的直线方程.

12. 求过点 $(0,-3)$，且倾斜角的余弦值为 $\frac{4}{5}$ 的直线方程.

拓展训练

已知直线 m 经过点 $(-1,3)$，其倾斜角是直线 $\sqrt{3}x-y-3=0$ 倾斜角的 2 倍，求直线 m 的方程.

§6.2 直线与直线的关系

考点分析

考点 1. 两直线平行、重合、垂直的条件

考点 2. 两直线交点的求法

考点 3. 用距离公式进行计算（点到直线的距离公式，两条平行线间的距离公式）

知识回顾

1. 两直线的位置关系：

方程 / 位置	l_1：$y=k_1x+b_1$ l_2：$y=k_2x+b_2$	l_1：$A_1x+B_1y+C_1=0$ l_2：$A_2x+B_2y+C_2=0$
平行	$k_1=k_2 b_1\neq b_2$	$\frac{A_1}{A_2}=\frac{B_1}{B_2}\neq\frac{C_1}{C_2}$
重合	$k_1=k_2$，$b_1=b_2$	$\frac{A_1}{A_2}=\frac{B_1}{B_2}=\frac{C_1}{C_2}$
相交	$k_1\neq k_2$	$\frac{A_1}{A_2}\neq\frac{B_1}{B_2}$
垂直	$k_1k_2=-1$	$A_1A_2+B_1B_2=0$

注：①上表中，都假设斜率 k 存在，分母不为零，这属于判定直线位置关系的一般情况.

②特殊情况是方程中只含一个变量. 若方程中只含 x，则直线与 x 轴垂直；若方程中只含 y，则直线与 y 轴垂直；若方程中同时含 x 和 y，则直线与 x 轴和 y 轴都斜交. 这样，就可参照两直线与坐标轴的关系来判断这两直线的位置关系.

2. 距离公式：

(1) 点到直线的距离公式：

点到直线的垂线段的长，叫做点到直线的距离.

点 $P(x_0, y_0)$ 到直线 $Ax+By+C=0$ 的距离为 $d=\frac{|Ax_0+By_0+C|}{\sqrt{A^2+B^2}}$.

(2) 两平行直线的距离公式：

设 l_1：$Ax+By+C_1=0$，l_2：$Ax+By+C_2=0$，则 l_1 与 l_2 之间的距离为 $d=\frac{|C_2-C_1|}{\sqrt{A^2+B^2}}$.

典例剖析

例 1　填空题

（1）直线 $2x-y=7$ 和 $4x-2y-1=0$ 的位置关系是________.

（2）直线 $y=2x+3$ 和 $y=-\frac{1}{2}x+3$ 的位置关系是________.

（3）直线 $2x-3y=4$ 和 $y=\frac{3}{2}x-\frac{4}{3}$ 的位置关系是________.

（4）已知直线 $3x+(2-a)y+5=0$ 与直线 $2x-y=0$ 平行，则 $a=$________.

（5）已知直线 $(4-a)x+y+1=0$ 与直线 $2x+3ay-5=0$ 垂直，则 $a=$________.

（6）点 $P(-1,3)$ 到直线 $4x+1=3y$ 的距离是________.

解　（1）因为 $\frac{2}{4}=\frac{-1}{2}$，所以两直线平行.

（2）因为 $2\times\left(-\frac{1}{2}\right)=-1$，所以两直线垂直.

（3）把 $2x-3y=4$ 化为斜截式得，$y=\frac{2}{3}x-\frac{4}{3}$.

因为 $\frac{2}{3}\neq\frac{3}{2}$，所以两直线相交.

又 $\frac{2}{3}\times\frac{3}{2}\neq-1$，所以两直线不垂直，所以，两直线相交而不垂直.

（4）因为直线 $3x+(2-a)y+5=0$ 与直线 $2x-y=0$ 平行，故有

$$\frac{3}{2}=\frac{2-a}{-1}，解得 a=\frac{7}{2}.$$

（5）因为直线 $(4-a)x+y+1=0$ 与 $2x+3ay-5=0$ 垂直，所以

$$(4-a)\times2+1\times3a=0，解得 a=-8.$$

（6）把直线方程化为一般式为：$4x-3y+1=0$，则

$$d=\frac{|4\times(-1)-3\times3+1|}{\sqrt{4^2+(-3)^2}}=\frac{12}{5}.$$

点拨　判断直线的位置关系，首先要把两条直线方程都化成斜截式或都化成一般式，用对应的法则；求点到直线的距离，直线方程要化成一般式.

例 2 求两条平行线 l_1：$3x-2y+1=0$ 和 l_2：$6x-4y+5=0$ 之间的距离.

解法一 在直线 $3x-2y+1=0$ 上取点 $P\left(0,\ \frac{1}{2}\right)$，则两平行线间的距离就是点 $P\left(0,\ \frac{1}{2}\right)$到直线 $6x-4y+5=0$ 的距离.

$$d=\frac{\left|6\times 0-4\times\frac{1}{2}+5\right|}{\sqrt{6^2+(-4)^2}}=\frac{3}{\sqrt{52}}=\frac{3\sqrt{13}}{26}.$$

解法二 方程 $3x-2y+1=0$ 两边同时乘以 2，得 $6x-4y+2=0$，

由两平行线间距离公式，得 $d=\frac{|5-2|}{\sqrt{6^2+(-4)^2}}=\frac{3}{\sqrt{52}}=\frac{3\sqrt{13}}{26}$.

点拨 解法一，对其中一直线方程，通常令 $x=0$（或 $y=0$），代入方程去求 y（或 x），这样得到的点的坐标，可使运算简单；解法二，运用平行线间距离公式时，两个方程都要是一般式，并且 x，y 对应系数要相同.

例 3 根据下列条件求直线方程：

(1) 经过点（0，-1），且平行于直线 $2x-5y+3=0$ 的直线方程.

(2) 经过点（0，-1），且垂直于直线 $2x-5y+3=0$ 的直线方程.

分析 与直线 $Ax+By+C=0$ 平行的直线可设为：$Ax+By+C_1=0$；与直线 $Ax+By+C=0$ 垂直的直线可设为：$Bx-Ay+C_2=0$. 用待定系数法求解.

解 (1) 由已知，设所求直线为 $2x-5y+C_1=0$，又直线过点$(0,\ -1)$，则 $2\times 0-5\times(-1)+C_1=0$，$C_1=-5$，故所求直线方程为 $2x-5y-5=0$.

(2) 由已知，设所求直线为 $5x+2y+C_2=0$，又直线过点（0，-1），则 $5\times 0+2\times(-1)+C_2=0$，$C_2=2$，故所求直线方程为 $5x+2y+2=0$.

点拨 此题用待定系数法，关键是设法. 也可以由平行、垂直关系，求出斜率，再用点斜式写方程，也很容易，可试试.

例 4 已知直线 l 与直线 $2x-y+1=0$ 平行，且原点 $O(0,\ 0)$ 到 l 的距离是$\sqrt{5}$，求 l 的方程.

解 设直线 l 的方程为 $2x-y+C=0$，由题意，得

$$\frac{|2\times 0-0+C|}{\sqrt{2^2+(-1)^2}}=\sqrt{5},\ |C|=5,\ C=\pm 5,$$

所以，直线 l 的方程为 $2x-y+5=0$，$2x-y-5=0$.

例 5 如图 7-2 所示，已知△ABC 中，顶点 $A(0, 0)$，$B(-4, -2)$，$C(2, 5)$，求：(1) BC边上的高 AD 所在直线的方程；(2) BC 边的垂直平分线 MN 的方程.

分析 首先对高线、垂直平分线的概念要清楚，这两条线一般不重合. BC 边上的高，一要垂直于 BC，二要过 BC 对角的顶点 A；BC 边的垂直平分线，一要垂直于 BC，二要过 BC 的中点 M.

解 (1) $k_{BC}=\frac{5-(-2)}{2-(-4)}=\frac{7}{6}$，因 $AD\perp BC$，则

$$k_{AD}=-\frac{1}{k_{BC}}=-\frac{6}{7}.$$

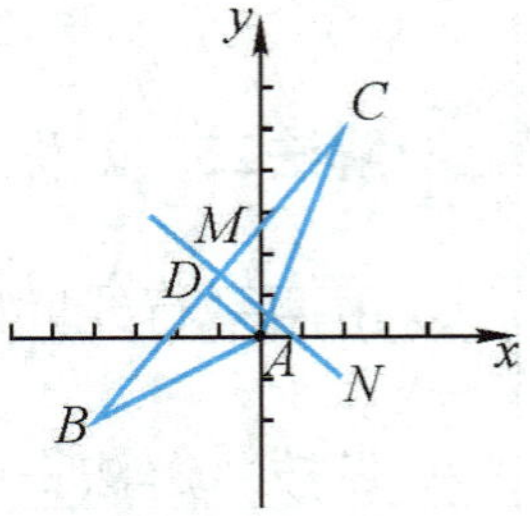

图 7-2

又直线过点 $A(0, 0)$，由点斜式得高线 AD 的方程为：$y-0=-\frac{6}{7}(x-0)$，即 $6x+7y=0$.

(2) BC 的中点 M 的坐标为 $\left(\frac{-4+2}{2}, \frac{-2+5}{2}\right)=\left(-1, \frac{3}{2}\right)$. 因 $MN\perp BC$，则 $k_{MN}=-\frac{1}{k_{BC}}=-\frac{6}{7}$，由点斜式得垂直平分线 MN 的方程为：$y+1=-\frac{6}{7}\left(x-\frac{3}{2}\right)$，即 $6x+7y-2=0$.

点拨 求直线方程，通常围绕寻求直线上的已知点和直线的斜率进行. 有垂直、平行的条件时，斜率有负倒数或相等的关系，要注意利用.

例 6 已知直线 l_1：$x+2y-5=0$，l_2：$2x+y+2=0$，求直线 l_1 与直线 l_2 及 x 轴所围成的三角形的面积.

解 如图 7-3 所示，设直线 l_1 与直线 l_2 的交点 P 的坐标为 (x, y)，由 $\begin{cases}x+2y-5=0,\\2x+y+2=0,\end{cases}$ 解得 $\begin{cases}x=-3,\\y=4.\end{cases}$

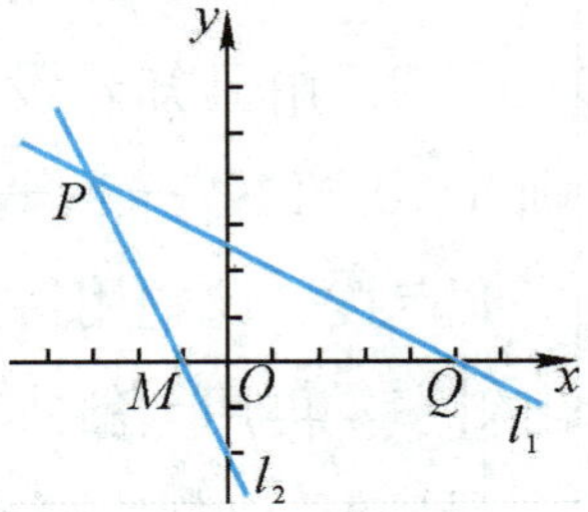

图 7-3

所以 P 点的坐标为 $(-3, 4)$.

设直线 l_1 与 x 轴的交点为点 Q，令 $y=0$，则 $x=5$，所以 Q 点坐标为 $(5, 0)$；同理直线 l_2 与 x 轴的交点 M 的坐标为 $(-1, 0)$.

在△PQM中，$|QM|=|5-(-1)|=6$.

因 QM 边在 x 轴上，QM 边上的高就是点 P 的纵坐标即 $h=4$，所以

$$S_{\triangle PQM}=\frac{1}{2}|QM|h=\frac{1}{2}\times6\times4=12.$$

点拨 直线与坐标轴围成的三角形的相关问题，关键是求出三个顶点的坐标，进而由两点间距离公式求边长，由点到直线距离公式求三角形高．求面积时，一般以坐标轴上的边为底边．

基础训练

一、选择题

1. 直线 $ax+9y+a=0$ 与 $x+ay+3=0$ 平行，则 a 的值为（　　）.

A. 3　　B. 0

C. -3　　D. 3 或 -3

2. 与 $3x-5y+1=0$ 垂直的直线是（　　）.

A. $3x+5y+3=0$　　B. $5x+3y-3=0$

C. $5x-3y+4=0$　　D. $3x-5y+3=0$

3. 已知点 $M(-2,1)$ 到直线 $x+2y+C=0$ 的距离等于 $\sqrt{5}$，则 C 的值为（　　）.

A. 5　　B. 5 或 0

C. 5 或 -5　　D. -5

4. 过直线 $x-3y+4=0$ 与 $x+y-4=0$ 交点，且斜率为 2 的直线方程是（　　）.

A. $y=2x+2$　　B. $y=2x$

C. $x-2y-2=0$　　D. $2x-y-2=0$

5. 已知点 $A(1,-3)$ 和 $B(-3,5)$，则线段 AB 的垂直平分线的方程是（　　）.

A. $2x-y-3=0$　　B. $x-2y+3=0$

C. $x+2y-3=0$　　D. $x+2y+3=0$

二、填空题

6. 过点 $(-3,2)$ 且平行于直线 $x+2y-9=0$ 的直线方程为________.

7. 过点 $(2,1)$ 且垂直于直线 $x+2y-1=0$ 的直线方程为________.

8. 已知点 $A(2,0)$，$B(-3,1)$，$C(-1,-5)$，则过点 A 且平行于 BC 的直线方程是________.

9. 已知直线 $3x-y+6=0$ 与直线 $ax+y-3=0$ 平行，则 $a=$________.

10. 点 $A(2,-3)$ 到直线 $x+y-1=0$ 的距离为________.

三、解答题

11. 已知直线 l_1：$x-y+1=0$ 和直线 l_2：$2x+y+2=0$ 相交于点 P. 求：

（1）点 P 的坐标；（2）经过点 P，且与直线 $3x-4y+5=0$ 平行的直线方程.

12. 已知在△ABC 中，$A(-1，2)$，$B(3，4)$，$C(-2，5)$. 求：（1）AB边的垂直平分线方程；（2）AB 边上的高线方程.

13. 求斜率为 3，且与原点的距离为$\sqrt{10}$的直线方程.

14. 已知：直线 l_1：$3x+2y-5=0$ 直线 l_2：$x-2y+1=0$，求：l_1、l_2 与 y 轴围成的三角形的周长和面积.

综合训练

一、选择题

1. 经过点（2，3），且平行于直线 $2x+y-5=0$ 的直线方程为（　　）.

A. $2x+y+5=0$　　B. $2x+y-7=0$

C. $2x+y+3=0$　　D. $2x+y+2=0$

2. 两直线 $2x+3y-k=0$ 和 $x-ky+12=0$ 的交点在 y 轴上，则 k 的值是（　　）.

A. -24　　B. 6

C. ± 6　　D. 24

3. 直线 $x+2y+a=0$ 与 $4x-6y+b=0$ 的位置关系是（　　）.

A. 平行或重合　　B. 相交但不垂直

C. 相交且垂直　　D. 与 a，b 取值有关

4. 过 $2x-y+6=0$ 与 $x-y+5=0$ 的交点，且垂直于直线 $x-2y=0$ 的直线方程是（　　）.

A. $2x+y-2=0$　　B. $2x-y-8=0$

C. $2x+y+2=0$　　D. $2x-y-5=0$

5. 已知过点 $P(-1，n)$，$Q(n，5)$ 的直线 l_1 与直线 l_2：$x+y=0$垂直于点 M，则点 M 的坐标为（　　）.

A. $\left(-\frac{3}{2}，\frac{3}{2}\right)$　　B. $\left(-\frac{2}{3}，\frac{2}{3}\right)$

C. $(-1，1)$　　D. $(-2，2)$

二、填空题

6. 已知点 $P(-1，-1)$ 到直线 $x+y+C=0$ 的距离为$\sqrt{2}$，则 $C=$________.

7. 直线 $(2m^2+m-3)x+(m^2-m)y=4m-1$ 与直线 $2x-3y-5=0$ 垂直，则 $m=$________.

8. 两条平行直线 $2x-7y+8=0$ 与 $2x-7y-6=0$ 的距离为________.

9. 已知直线 $x+y-2=0$ 和 $x+my+1=0$ 与 x 轴围成的三角形的面积为 $\frac{3}{2}$，则 $m=$________.

10. 过点 $P(1,2)$ 引一条直线 l，使它与 $A(2,3)$，$B(4,-5)$ 两点的距离相等，则直线 l 的方程为________.

三、解答题

11. 已知：$A(0,-1)$，$B(1,2)$，$C(-4,7)$，$D(-5,4)$，求证：四边形 $ABCD$ 是平行四边形.

12. 求点 $P(2,-3)$ 关于直线 $x-4y+2=0$ 的对称点的坐标.

拓展训练

已知直线 l_1：$kx-y+k+2=0$ 与直线 l_2：$2x+y-4=0$ 的交点在第一象限，求实数 k 的取值范围.

二、圆

知识结构

圆的定义 → 圆的方程（标准、一般） → 圆与直线的位置关系（相交、相切、相离）

§6.3 圆的方程

考点分析

考点 1. 点在曲线上的条件

考点 2. 求圆的标准方程及圆心坐标，半径

考点 3. 求圆的一般方程，并化为标准方程

知识回顾

一、曲线和方程

1. 定义：在直角坐标系中，如果某曲线 C 上的点与一个二元方程 $F(x, y)=0$ 之间具有如下关系：

(1) 曲线 C 上的点的坐标都是方程 $F(x, y)=0$ 的解；

(2) 方程 $F(x, y)=0$ 的解为坐标的点在曲线 C 上，

那么，这个方程叫做曲线的方程，这条曲线叫做方程的曲线.

2. 曲线的交点：如果两条曲线有公共点，那么交点的坐标是两个曲线方程的公共实数解，也就是这两个曲线方程所组成的方程组的实数解. 方程组有几个实数解，曲线就有几个交点，没有实数解，曲线就不相交.

二、圆

1. 圆的定义：在平面内与定点距离等于定长的点的轨迹叫做圆. 定点叫圆的圆心，定长叫圆的半径.

2. 圆的标准方程：

(1) 圆心在原点，半径为 r 的圆的方程是 $x^2+y^2=r^2$；

(2) 圆心在点 $C(a, b)$，半径为 r 的圆的方程是

$$(x-a)^2+(y-b)^2=r^2.$$

3. 圆的一般方程：$x^2+y^2+Dx+Ey+F=0$，

它的特点是 x^2，y^2 的系数相同，而且没有 xy 项.

通过配方，圆的一般方程可化为标准方程

$$\left(x+\frac{D}{2}\right)^2+\left(y+\frac{E}{2}\right)^2=\frac{D^2+E^2-4F}{4}.$$

其中 $D^2+E^2-4F>0$，圆心坐标为 $\left(-\frac{D}{2}, -\frac{E}{2}\right)$，半径为 $r=\frac{\sqrt{D^2+E^2-4F}}{2}$.

典例剖析

例 1 填空题

(1) 到定点 (3, -1) 的距离等于 2 的轨迹方程是________.

(2) 圆 $(x-5)^2+(y+2)^2=2$ 的圆心为________，半径为________.

(3) 圆心在点 $C(2,-3)$，且圆过点 $A(1,2)$ 的方程是________.

(4) 圆 $x^2+y^2+2x-4y-1=0$ 的圆心坐标为________，半径为________.

(5) 若圆 $x^2+y^2+ax+by-6=0$ 的圆心是 (3, 4)，则 $a=$________，$b=$________，$r=$________.

(6) 以 $P(-1,3)$，$Q(2,1)$ 为直径端点的圆的方程是________.

解 (1) 由圆的定义知，符合条件的点的轨迹是以点 (3, -1) 为圆心，2 为半径的圆. 其方程为 $(x-3)^2+(y+1)^2=4$.

(2) 圆心为 (5, -2)，半径为$\sqrt{2}$.

(3) 半径 $r=|OA|=\sqrt{(1-2)^2+(2+3)^2}=\sqrt{26}$,所以圆的方程为

$$(x-2)^2+(y+3)^2=26.$$

(4) **解法一** (化为标准方程)：

把 $x^2+y^2+2x-4y-1=0$ 配方：

$$x^2+2x+1^2+y^2-4y+2^2-1=0+1+4,$$

即
$$(x+1)^2+(y-2)^2=6.$$

所以，圆心坐标为 (-1, 2)，半径为$\sqrt{6}$.

解法二 (直接对一般式方程用公式)：

由一般方程，有 $D=2$，$E=-4$，$F=-1$，则

$$-\frac{D}{2}=-\frac{2}{2}=-1,\ -\frac{E}{2}=-\frac{-4}{2}=2,$$

所以，圆心坐标为 (-1, 2)，

$$r=\frac{\sqrt{D^2+E^2-4F}}{2}=\frac{\sqrt{2^2+(-4)^2-4(-1)}}{2}=\sqrt{6}.$$

(5) 由题意得，$-\frac{a}{2}=3$，$-\frac{b}{2}=4$，则 $a=-6$，$b=-8$，

即对一般式有 $D=-6$，$E=-8$，$F=-6$，

半径 $r=\frac{\sqrt{D^2+E^2-4F}}{2}=\frac{\sqrt{(-6)^2+(-8)^2-4(-6)}}{2}=\sqrt{31}$.

(6) PQ 的中点坐标为：$\left(\frac{-1+2}{2},\ \frac{3+1}{2}\right)=\left(\frac{1}{2},\ 2\right)$，

即圆心为$\left(\frac{1}{2},\ 2\right)$，半径 $r=\frac{1}{2}|PQ|=\frac{1}{2}\sqrt{[2-(-1)]^2+(1-3)^2}=\frac{\sqrt{13}}{2}$.

因此，圆的方程为$\left(x-\frac{1}{2}\right)^2+(y-2)^2=\frac{13}{4}$.

点拨 由圆的方程写出圆心和半径；反过来，由圆心和半径写方程是两个基本问题，要熟练掌握.

例 2 已知关于 x，y 的二元二次方程 $x^2+y^2-2mx+4my+20=0$，

(1) 若此方程表示一个圆，求实数 m 的取值范围；

(2) 当此方程所表示的圆的圆心 C 的坐标为 $(-3,\ 6)$，求该圆的标准方程.

分析 运用配方法，找圆心、半径；或直接运用圆心、半径公式求解.

解法一 方程 $x^2+y^2-2mx+4my+20=0$，

配方得：$(x-m)^2+(y+2m)^2=5m^2-20$.

(1) 由题意，$5m^2-20>0$，即 $m>2$ 或 $m<-2$.

(2) 圆心坐标 $(m,\ -2m)$，则 $m=-3$，$r^2=5m^2-20=25$，

所以，圆的标准方程为：$(x+3)^2+(y-6)^2=25$.

解法二 在方程 $x^2+y^2-2mx+4my+20=0$ 中，

$$D=-2m,\ E=4m,\ F=20.$$

(1) 由题意，$D^2+E^2-4F>0$，即$(-2m)^2+(4m)^2-4\times20>0$，

解得：$m>2$ 或 $m<-2$.

(2) 圆心坐标$-\frac{D}{2}=-\frac{-2m}{2}=-3$，

所以 $m=-3$. $r^2=\frac{(-2m)^2+(4m)^2-4\times20}{4}=25$，

即圆的标准方程：$(x+3)^2+(y-6)^2=25$.

点拨 不要忽视的一般方程中 $D^2+E^2-4F>0$ 的条件.

例 3 求圆心在直线 l：$2x-7y+8=0$ 上，且过点 $A(6,\ 0)$ 和点 $B\ (1,\ 5)$ 的圆的方程.

分析 设圆心坐标为 $D(a,\ b)$，由 $|DA|=|DB|$ 及 $D\ (a,\ b)$ 在直线 l：$2x-7y+8=0$ 上，可得 a，b 的方程组.

解 设圆心坐标为 (a, b)，由题意，得

$$\begin{cases}\sqrt{(a-6)^2+(b-0)^2}=\sqrt{(a-1)^2+(b-5)^2},\\ 2a-7b+8=0,\end{cases}$$

$$\begin{cases}2a-2b-2=0,\\ 2a-7b+8=0.\end{cases}\text{解得}\begin{cases}a=3,\\ b=2,\end{cases}\text{圆心为 }(3, 2),$$

$$r=\sqrt{(3-6)^2+(2-0)^2}=\sqrt{13},$$

故圆的方程为$(x-3)^2+(y-2)^2=13$.

点拨 求圆的方程，通常围绕求圆心和半径进行. 而关键又是求圆心，再由圆心到圆上任一已知点的距离可求半径.

例 4 求经过点 $O(0, 0)$，$C(1, 1)$，$D(4, 2)$ 的圆方程.

解 设圆的方程为 $x^2+y^2+Dx+Ey+F=0$.

因为圆过 $O(0, 0)$，$C(1, 1)$，$D(4, 2)$ 三个点，则有

$$\begin{cases}F=0,\\ D+E+F+2=0,\\ 4D+2E+F+20=0,\end{cases}\text{解得}\begin{cases}F=0,\\ D=-8,\\ E=6.\end{cases}$$

因此，所求的圆方程为 $x^2+y^2-8x+6y=0$.

点拨 已知圆上的三点，通常设圆的一般式方程，用待定系数法求解较简便.

基础训练

一、选择题

1. 点 $P(1, -6)$ 与圆 $x^2+y^2=1$ 的位置关系是(　　).

A. P 在圆内　　B. P 在圆外

C. P 在圆上　　D. P 在圆内且是圆心

2. 已知圆 $(x+1)^2+(y-2)^2=9$ 则它的圆心坐标和半径分别为(　　).

A. $(1, -2)$，3　　B. $(-1, 2)$，3

C. $(1, -2)$，9　　D. $(-1, 2)$，9

3. 圆 $x^2+y^2-4x+2y=0$ 的圆心和半径分别是(　　).

A. $(2, -1)$，$\sqrt{5}$　　B. $(2, -1)$，5

C. $(-2, 1)$，$\sqrt{5}$　　D. $(-2, 1)$，5

4. 圆心是（4，−5）且与 y 轴相切的圆的方程是(　　).

A. $(x-4)^2+(y+5)^2=16$

B. $(x-4)^2+(y+5)^2=25$

C. $(x+4)^2+(y-5)^2=16$

D. $(x+4)^2+(y-5)^2=25$

5. 方程 $x^2+y^2-4x+6y-3=0$ 表示的图形为(　　).

A. 以（−2，3）为圆心，4 为半径的圆

B. 以（2，−3）为圆心，4 为半径的圆

C. 以（2，−3）为圆心，16 为半径的圆

D. 以（−2，3）为圆心，16 为半径的圆

二、填空题

6. 到原点距离为 3 的点的轨迹方程是________.

7. 圆心（−5，3），半径为$\sqrt{3}$的圆的方程为________.

8. 已知圆 $(x+5)^2+(y-3)^2=r^2$ 上一点 $P(7，8)$，则 $r=$________.

9. 过点 P_1（0，0），P_2（1，0），P_3（0，2）的圆的方程为________.

10. 方程 $x^2+y^2=2x$ 所表示的曲线是________.

三、解答题

11. 已知点 $M(-2，4)$，$N(0，6)$，求以线段 MN 为直径的圆的方程.

12. 求经过两点（3，5）和（−3，7），并且圆心在 x 轴上的圆的方程.

13. 求经过 $A(5，2)$，B（3，−2）两点，且圆心在直线 $2x-y=3$ 上的圆的方程.

14. 求过 $A(3，-1)$，B（2，2），C（5，3）三点的圆的方程，并求出半径和圆心.

综合训练

一、选择题

1. 曲线 C 的方程为 $x^2-xy+2y+1=0$，下列各点中，在曲线 C 上的点是(　　).

A. （−1，2）　　B. （1，−2）

C. （2，−3）　　D. （3，6）

2. 圆 $(x-3)^2+(y+1)^2=4$ 的圆心坐标和半径分别为(　　).

A. （−3，1），2　　B. （3，−1），2

C. （−3，1），4　　D. （3，−1），4

3. 圆 M 的方程为 $(x-3)^2+(y-2)^2=2$，直线 l 的方程为 $x+y-3=0$，点 P 的坐标为（2，1），那么(　　).

A. 点 P 在直线 l 上，但不在圆 M 上

B. 点 P 在圆 M 上，但不在直线 l 上

C. 点 P 在圆 M 上，又在直线 l 上

D. 点 P 既不在圆 M 上，又不在直线 l 上

4. 已知圆 $x^2+y^2ax+by-4=0$ 圆心是（2，−1），则圆的半径是(　　).

A. 9　　　　B. 5

C. 3　　　　D. $\sqrt{5}$

二、填空题

6. 与圆 $x^2+y^2-8x+2y+12=0$ 圆心相同，并且过点（−1，1）的圆的方程是________.

7. 方程 $x^2+y^2-2x+4y=-k^2-k+1$ 表示圆，则 k 的取值范围为________.

8. 圆心坐标为（−1，3），且与 x 轴相切的圆的方程为________.

9. 若点（$5a+1$，$12a$）在圆 $(x-1)^2+y^2=1$ 的内部，则 a 的取值范围是________.

10. 过圆 $(x+3)^2+(y-2)^2=16$ 的圆心且平行于直线 $x-y-6=0$ 的直线方程是________.

三、解答题

11. 求直线 $x-y-1=0$ 与圆 $x^2+y^2=13$ 相交的弦长和弦心距.

12. 已知圆的半径为 3，且圆心在直线 $x-y=0$ 上，圆过点（5，2），求圆的方程.

拓展训练

已知圆 C 的方程为：$x^2+y^2+x-6y+3=0$；直线 l：$2x-2y-1=0$.

（1）求该圆 C 的圆心坐标和半径；

（2）判断直线 l 与圆 C 的位置关系；

（3）若直线 $x+2y+m=0$ 与圆 C 相交于 A，B 两点，试问：是否存在实数 m，使得 $\angle AOB=90°$（O 为坐标原点）？若存在，求出 m 的值；若不存在，说明理由.

§6.4 直线与圆的位置关系

考点分析

考点 1. 圆与直线相交、相切、相离的条件（$d<r$，$d=r$，$d>r$）

考点 2. 求圆的切线方程

考点 3. 用圆的标准方程解决圆与直线的位置关系问题

知识回顾

直线 $Ax+By+C=0$ 和圆 $(x-a)^2+(y-b)^2=r^2$ 的位置关系，可由方程组 $\begin{cases}Ax+By+C=0,\\(x-a)^2+(y-b)^2=r^2\end{cases}$ 的解的情况或圆心到直线的距离 $d=\dfrac{|Aa+Bb+C|}{\sqrt{A^2+B^2}}$ 来判别：

位置关系	代数法	几何法	公共点个数
相交	方程组有两个不同实解 $\Delta>0$	$d<r$	两个不同的公共点
相切	方程组有两个相同实解 $\Delta=0$	$d=r$	有一个公共点
相离	方程组无解 $\Delta<0$	$d>r$	没有公共点

注：对于直线与圆位置关系，通常用圆心到直线的距离与圆的半径的比较来判断，运算量较小．而判断直线与后面的椭圆、双曲线、抛物线的位置关系通常用方程组解的个数来判断．

典例剖析

例 1　填空题

(1) 直线 $x-y+3=0$ 与圆 $(x-1)^2+(y-1)^2=9$ 的位置关系是________．

(2) 直线 $3x+y-5=0$ 与圆 $x^2+y^2-10y=0$ 的位置关系是________．

(3) 直线 $3x-4y+5=0$ 与圆 $x^2+y^2=1$ 的位置关系是________．

(4) 直线 $x+y-4=0$ 与圆 $(x-1)^2+(y-1)^2=1$ 的位置关系是

________.

(5) 若直线 $y=x+b$ 与圆 $x^2+y^2=4$ 相切，则 $b=$________.

解 (1) 由方程 $(x-1)^2+(y-1)^2=9$ 知，圆的半径 $r=3$，圆心为 $(1,1)$. 圆心到直线 $x-y+3=0$ 的距离为 $d=\frac{|1-1+3|}{\sqrt{1^2+1^2}}=\frac{3\sqrt{2}}{2}$，由于 $d<r$，故直线 l 与圆相交.

(2) 将方程 $x^2+y^2-10y=0$ 化成圆的标准方程，得 $x^2+(y-5)^2=25$，因此，圆心为 $(0,5)$，半径 $r=5$.

圆心到直线 $3x+y-5=0$ 的距离为

$$d=\frac{|0+5-5|}{\sqrt{3^2+1^2}}=0.$$

由于 $d<r$，且 $d=0$，所以直线与圆相交且过圆心.

(3) 由方程 $x^2+y^2=1$ 知，圆的半径 $r=1$，圆心为 $(0,0)$. 圆心到直线 $3x-4y+5=0$ 的距离为

$$d=\frac{|3\times0-4\times0+5|}{\sqrt{3^2+(-4)^2}}=1.$$

由于 $d=r$，故直线 l 与圆相切.

(4) 由方程 $(x-1)^2+(y-1)^2=1$ 知，圆的半径 $r=1$，圆心为 $(1,1)$. 圆心到直线 $x+y-4=0$ 的距离为

$$d=\frac{|1+1-4|}{\sqrt{1^2+1^2}}=\sqrt{2}.$$

由于 $d>r$，故直线与圆相离.

(5) 由方程 $x^2+y^2=1$，知半径 $r=1$，圆心为 $(0,0)$.

由 $y=x+b$，得 $x-y+b=0$.

圆心到直线 $x-y+b=0$ 的距离为 $d=\frac{|0+0+b|}{\sqrt{1^2+(-1)^2}}=\frac{|b|}{\sqrt{2}}$.

因直线与圆相切，所以，$d=r$ 即 $\frac{|b|}{\sqrt{2}}=1$，所以 $b=\pm\sqrt{2}$.

点拨 判断圆与直线的位置关系，先由圆的方程求出圆心和半径 r，进一步求出圆心到直线的距离 d，再比较 r 与 d 的大小，最后由法则得结论.

例 2 已知圆 C 的圆心坐标为（4，-2），直线 l：$2x+y-1=0$ 与该圆相交弦 AB 的长为 4，求圆的方程.

解 设所求的圆方程为 $(x-4)^2+(y+2)^2=r^2$，则圆心到直线的 l 的距离 $d=\frac{|2\times4-2-1|}{\sqrt{2^2+1^2}}=\sqrt{5}$.

弦长的一半为 2. 在半径、半弦、弦心距构成的直角三角形中，由勾股定理有

$$r^2=d^2+\left(\frac{1}{2}|AB|\right)^2=9,$$

故所求的圆方程为 $(x-4)^2+(y+2)^2=9$.

点拨 直线与圆相交的问题，通常在半弦、弦心距、半径构成的直角三角形中，利用勾股定理.

例 3 已知圆 C：$x^2+y^2-4x-2y+1=0$，直线 l：$x-my+m-1=0$.

（1）求证：对任意 $m\in\mathbf{R}$，直线 l 与圆 C 相交；

（2）直线 l 与圆 C 相交于 A，B 两点，若弦 AB 长为 $\sqrt{14}$，求此时直线 l 的方程.

分析 （1）要证对任意 $m\in\mathbf{R}$，直线 l 与圆 C 相交，就是要证对任意 $m\in\mathbf{R}$，都有 $d<r$. 先将圆的方程化为标准方程，求出圆心坐标，计算圆心到直线的距离，判断 $d<r$，得出直线与圆相交.

（2）利用弦心距、圆的半径、弦长的一半构成的直角三角形解直线与圆相交的问题.

解 （1）把 $x^2+y^2-4x-2y+1=0$ 配方，得

$$(x-2)^2+(y-1)^2=4,$$

所以圆心坐标为 C（2，1），半径 $r=2$，

圆心 $C(2,1)$ 到直线 l：$x-my+m-1=0$ 的距离为

$$d=\frac{|2-m+m-1|}{\sqrt{1^2+m^2}}=\frac{1}{\sqrt{1+m^2}}.$$

对任意 $m\in\mathbf{R}$，都有 $m^2+1\geqslant1$，则 $\sqrt{m^2+1}\geqslant1$，所以 $\frac{1}{\sqrt{m^2+1}}\leqslant1$，所以 $d\leqslant1<2$，即 $d<r$.

故直线 l 与圆 C 相交.

(2) 在半弦、弦心距、半径构成的直角三角形中，由勾股定理有 $d^2+\left(\frac{\sqrt{14}}{2}\right)^2=r^2$，即

$$\frac{1}{\sqrt{1+m^2}}+\left(\frac{\sqrt{14}}{2}\right)^2=2^2，解得 m=\pm1.$$

故所求直线的方程为：$x-y=0$ 或 $x+y-2=0$.

例 4 求过圆 $(x-3)^2+(y-4)^2=25$ 上一点 $A(6，8)$ 的切线 l 方程.

分析 求切线方程，也就是求直线方程. 已知直线上一点 $A(6，8)$，只需再求斜率. 因为过切点的半径垂直于切线，先求半径的斜率，利用垂直关系可得切线斜率.

解 如图 7－4 所示，由圆的方程知，圆心为 $C(3,4)$，则

$$k_{CA}=\frac{8-4}{6-3}=\frac{4}{3}.$$

因为 $CA\perp l$，所以 $k_l=-\frac{3}{4}$.

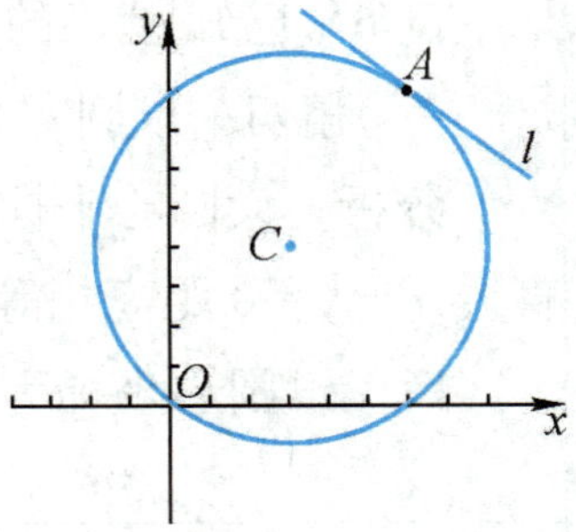

图 7－4

由点斜式得切线方程：$y-8=-\frac{3}{4}(x-6)$，即

$$3x+4y-50=0.$$

例 5 如图 7－5 所示，求过圆 $x^2+y^2-2x-2y+1=0$ 外一点 $P(1，-1)$ 的圆的切线方程.

分析 此题与例 4 有所不同，点 $P(1，-1)$ 在圆外，不是切点，不能用例 4 的方法求斜率. 此题可设直线的点斜式方程，用待定系数法求斜率 k.

解 设所求切线的斜率为 k，则切线方程为 $y+1=k(x-1)$，即 $kx-y+(-1-k)=0$.

化 $x^2+y^2-2x-2y+1=0$ 为标准方程 $(x-1)^2+(y-1)^2=1$，

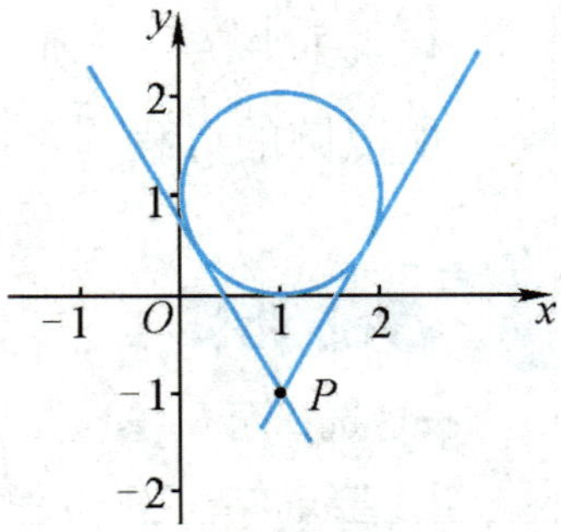

图 7－5

所以圆心 $C(1，1)$，半径 $r=1$.

圆心到切线的距离为 $d=\frac{|k-1+(-1-k)|}{\sqrt{k^2+(-1)^2}}=\frac{2}{\sqrt{k^2+1}}$，

由于圆心到切线的距离与半径相等，所以

$\frac{2}{\sqrt{k^2+1}}=1$，解得 $k=\pm\sqrt{3}$.

故所求切线方程为 $y+1=\pm\sqrt{3}(x-1)$，即

$\sqrt{3}x-y-\sqrt{3}-1=0$ 或 $\sqrt{3}x+y-\sqrt{3}+1=0$.

点拨 ①有关圆的切线的问题，通常要用到 $d=r$. 此题由 $d=r$ 得出求待定系数 k 的方程是关键. ②过圆外一点有两条圆的切线，如果由 $d=r$ 得出的求 k 的方程没有 k^2 项，只解出一个 k 值，仅得一条切线方程. 说明另一条切线与 x 轴垂直，斜率不存在，它的方程是 $x=a$（切线上已知点的横坐标），要补出来. ③例 4 也可统一用例 5 的方法解，减少题型的记忆.

例 6 已知圆 C 的圆心在直线 $y=x$ 上，且圆过点 $P(4, 0)$，并与直线 $x+y=0$ 相切. 求圆 C 的标准方程.

分析 设圆心坐标为 (a, b)，由圆心在直线 $y=x$ 上和圆心到点 P 与到直线 $x+y=0$ 距离相等得 a，b 的方程组.

解 设圆心坐标为 (a, b)，由题意，得

$$\begin{cases} b=a, & ① \\ \sqrt{(a-4)^2+b^2}=\frac{|a+b|}{\sqrt{2}}. & ② \end{cases}$$

把①代入②得 $\sqrt{(a-4)^2+a^2}=\frac{|2a|}{\sqrt{2}}$，

平方、整理，得 $-8a=-16$，$a=2$.

代入①得 $b=2$，所以圆心为 $C(2, 2)$. 半径 $r=|CP|=\sqrt{(2-4)^2+2^2}=\sqrt{8}$.

所以圆的方程为：$(x-2)^2+(y-2)^2=8$.

基础训练

一、选择题

1. 直线 $3x-4y+5=0$ 和圆 $(x-2)^2+(y-1)^2=4$ 的位置关系是（　　）.

A. 直线与圆相离

B. 直线与圆相交且不经过圆心

C. 直线与圆相交且直线经过圆心

D. 直线与圆相切

2. 直线 $4x-3y+4=0$ 与圆 $x^2+y^2+2x-8=0$ 的位置关系是(　　).

A. 相切　　　　B. 相交但不过圆心

C. 相离　　　　D. 相交且过圆心

3. 曲线 $y=2x-3$ 与 $x^2+y^2=41$ 的交点坐标为(　　).

A. (−1.6，−6.2) 和 (5，4)

B. (1.6，6.2) 和 (4，5)

C. (−6.2，−1.6) 和 (5，4)

D. (−1.6，−6.2) 和 (4，5)

4. 圆 $(x+3)^2+(y-4)^2=16$ 的一条切线方程是(　　).

A. x 轴　　B. y 轴　　C. $x=-3$　　D. $y=4$

5. 下列直线中，与圆 $(x-3)^2+(y-1)^2=9$ 相切的是(　　).

A. $4x-3y=0$　　　　B. $4x+3y-6=0$

C. $4x-3y-6=0$　　　　D. $4x-3y+6=0$

二、填空题

6. 已知圆 $(x+2)^2+(y+5)^2=41$ 与 x 轴交于 A，B 两点，则弦 AB 的长等于________.

7. 直线 $y=kx$ 与圆 $(x-1)^2+(y+2)^2=4$ 无公共点，则 k 的取值范围是________.

8. 已知圆的方程是 $(x-1)^2+y^2=2$，则斜率为 1 且与该圆相切的直线方程是________.

9. 圆心坐标为 (−1，3)，且与 y 轴相切的圆的方程是________.

10. 圆 $x^2+y^2-4x+6y-10=0$ 的圆心在直线 $y=2x+m$ 上，则 $m=$________.

三、解答题

11. 已知圆心为 $C(3,1)$，直线 $3x+4y+7=0$ 被圆截得的弦长为 6，求圆的方程.

12. 求过圆 $(x+1)^2+(y-3)^2=32$ 上一点 $M(3,-1)$ 圆的切线方程.

13. 已知圆 C 的方程为 $x^2+y^2-2x=0$，点 $M(2,-2)$，求过点 M 且与圆 C 相切的直线方程.

14. 求与直线 $x+y=1$ 相切于点 $A(2,-1)$，且圆心在直线 $y=-2x$ 上的圆的方程.

综合训练

一、选择题

1. 直线 $y=-\sqrt{3}x$ 与圆 $(x-4)^2+y^2=4$ (　　).

A. 相交且过圆心　　　　B. 相交不过圆心

C. 相切　　　　D. 相离

2. 过坐标原点与圆 $(x-2)^2+y^2=1$ 相切的直线斜率是(　　).

A. $\frac{\sqrt{3}}{3}$　　B. $\sqrt{3}$　　C. $\pm\frac{\sqrt{3}}{3}$　　D. $\pm\sqrt{3}$

3. 圆 $(x+2)^2+(y-1)^2=1$ 上的点与直线 $y=x-1$ 上的点的最近距离为(　　).

A. $2\sqrt{2}$　　B. $\sqrt{2}-1$　　C. $2\sqrt{2}-1$　　D. 1

4. 过点 $P(-1, 4)$ 作圆 $x^2+y^2-4x-6y+12=0$ 的切线，则此切线长为(　　).

A. 5　　B. $\sqrt{5}$　　C. $\sqrt{10}$　　D. 3

5. 若直线 $x+y+m=0$ 与圆 $x^2+y^2=m$ 相切，则 m 的值为(　　).

A. 0 或 2　　B. 2　　C. $\sqrt{2}$　　D. 无解

二、填空题

6. 已知曲线 $y=kx-5$ 与 $x^2+y^2=25$ 有两个重合的交点，那么 $k=$________.

7. 以 $C(3, -5)$ 为圆心，且与直线 $x-7y+2=0$ 相切的圆的方程是________.

8. 已知圆 $x^2+y^2-4x+2y-4=0$ 关于直线 $y=x+m$ 对称，则 $m=$________.

9. 直线 $y=2x+b$ 与圆 $x^2+y^2-4x+4y+3=0$ 相切，则 $b=$________.

10. 在圆 $x^2+y^2=1$ 上有一点 M，使 M 点到直线 $x+y+4=0$ 的距离最小，则点 M 的坐标是________.

三、解答题

11. 求半径是 5，圆心在 y 轴上，且与直线 $y=6$ 相切的圆的方程.

12. 已知直线 $y=x+m$ 与圆 $x^2+y^2=1$，m 为何值时，直线与圆

(1) 相交；(2) 相切；(3) 相离.

拓展训练

已知直线 m 经过点 $(0, b)$，倾斜角是 $45°$，圆的方程是 $x^2+y^2=2$，求：

(1) 当 b 为何值时，直线 m 与圆有交点？

(2) 当 b 为何值时，直线 m 与圆相交截得的线段 AB 的长度是 $\sqrt{6}$.

三、圆锥曲线

知识结构

曲线定义
（椭圆、双曲线、抛物线）

↓

标准方程

↓

几何性质
（焦点、顶点、对称性、离心率……）

§6.5 椭 圆

考点分析

考点1. 椭圆的定义

考点2. 椭圆的标准方程和几何性质

考点3. 用椭圆的定义和标准方程及几何性质解决与直线相关的问题

知识回顾

1. 椭圆的定义：(1)（文字语言）平面内与两定点 F_1，F_2 的距离之和等于常数（记为 $2a$）的点的轨迹叫椭圆. 定点 F_1，F_2 叫椭圆的焦点，两焦点的距离 $|F_1F_2|$ 叫焦距（记为 $2c$).

(2)（符号语言）设 M 为椭圆上任意一点，则 $|MF_1|+|MF_2|=2a$ ($a>c>0$).

2. 椭圆的标准方程和几何性质：

标准方程	$\dfrac{x^2}{a^2}+\dfrac{y^2}{b^2}=1\ (a>b>0)$	$\dfrac{y^2}{a^2}+\dfrac{x^2}{b^2}=1\ (a>b>0)$
图　形	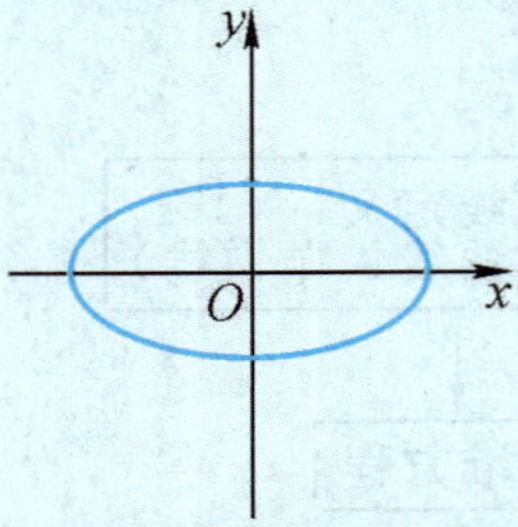	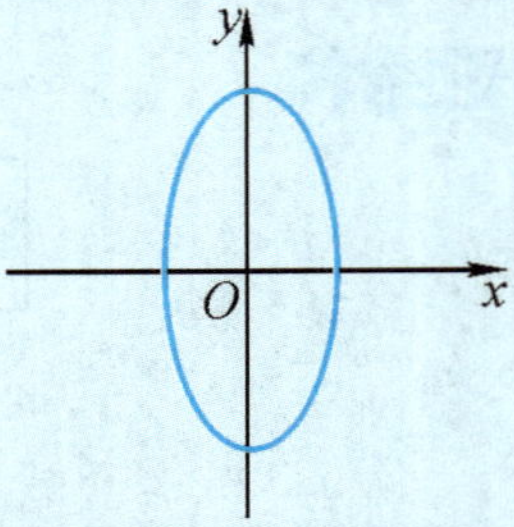
顶点坐标	$A_1\ (-a,\ 0)$，$A_2\ (a,\ 0)$ $B_1\ (0,\ -b)$，$B_2\ (0,\ b)$	$A_1\ (0,\ -a)$，$A_2\ (0,\ a)$ $B_1\ (-b,\ 0)$，$B_2\ (b,\ 0)$
焦点坐标	$F_1(-c,\ 0)$，$F_2(c,\ 0)$	$F_1(0,\ -c)$，$F_2(0,\ c)$
对称性	关于 x 轴，y 轴成轴对称，关于坐标原点成中心对称	
a，b，c 意义	a：长半轴长；b：短半轴长；c：半焦距	
a，b，c 关系	$a^2=b^2+c^2\ (a>b,\ c>0)$	
离心率	$e=\dfrac{c}{a}\ (0<e<1)$	

典例剖析

例 1　已知椭圆方程 $3x^2+4y^2=12$，求长轴长，短轴长，焦距，离心率，顶点坐标，焦点坐标.

分析　先将方程化为椭圆的标准方程，求出 a，b，c，再求出其他结论.

解　把方程化为标准方程：$\dfrac{x^2}{4}+\dfrac{y^2}{3}=1$.

由标准方程知 $a^2=4$，$b^2=3$，且焦点在 x 轴上，所以

$c^2=a^2-b^2=4-3=1$，即有 $a=2$，$b=\sqrt{3}$，$c=1$.

长轴长 $2a=4$，短轴长为 $2b=2\sqrt{3}$，焦距 $2c=2$，离心率 $e=\dfrac{c}{a}=\dfrac{1}{2}$；

焦点：$F_1\ (-1,\ 0)$，$F_2\ (1,\ 0)$，顶点：$A_1\ (-2,\ 0)$，$A_2\ (2,\ 0)$，$B_1(0,\ -\sqrt{3})$，$B_2(0,\ \sqrt{3})$.

点拨　①化简为椭圆标准方程，确定出 a^2 和 b^2. ②判断焦点在哪个坐标轴. ③长轴长，短轴长，焦距，离心率是椭圆本身的几何性质，与焦点在

哪个轴无关．而顶点坐标，焦点坐标则与焦点在哪个轴有关，写之前要先判断焦点在哪个轴上．

例 2 求满足下列条件的椭圆的标准方程（中心为坐标原点）：

(1) 焦点为 $F_1(-1, 0)$，$F_2(1, 0)$，且经过点 $M(0, 3)$．

(2) 长半轴是短半轴的 3 倍，且经过点 $M(1, 0)$．

(3) 焦点在 y 轴上，长轴长为 4，离心率为 $\frac{1}{2}$．

(4) 半焦距与长半轴长的和为 8，离心率为 $\frac{1}{3}$．

分析 求椭圆的标准方程，一是确定 a 与 b 的值（通常与 c 有关，要用 $a^2=b^2+c^2$）；二是判断焦点位置．

解 (1) 由 $F_1(-1, 0)$ 知 $c=1$，且焦点在 x 轴上，可知点 $M(0, 3)$ 为短轴上的顶点，有 $b=3$，所以

$$a^2=b^2+c^2=9+1=10,$$

故椭圆的标准方程为 $\frac{x^2}{10}+\frac{y^2}{9}=1$．

(2) 由题意，点 $M(1, 0)$ 为椭圆顶点．

①若点 $M(1, 0)$ 为长轴上的顶点，则 $a=1$．又 $a=3b$，得 $b=\frac{1}{3}$．

此时焦点在 x 轴上，故标准方程为 $x^2+\frac{y^2}{\frac{1}{9}}=1$．

②若点 $M(1, 0)$ 为短轴上的顶点，则 $b=1$，又 $a=3b$，得 $a=3$．

此时焦点在 y 轴上故标准方程为 $\frac{y^2}{9}+x^2=1$．

(3) 由 $2a=4$，得 $a=2$，又 $\frac{c}{a}=\frac{1}{2}$，得 $c=1$，所以 $b^2=a^2-c^2=3$，

又因焦点在 y 轴上，故椭圆的标准方程是 $\frac{x^2}{3}+\frac{y^2}{4}=1$．

(4) 由题意：$a+c=8$，$\frac{c}{a}=\frac{1}{3}$ 解得：$a=6$，$c=2$，$b^2=a^2-c^2=32$．

又因焦点可能在 x 轴上，也可能在 y 轴上，故椭圆的标准方程是

$$\frac{x^2}{36}+\frac{y^2}{32}=1 \text{ 或 } \frac{y^2}{36}+\frac{x^2}{32}=1.$$

点拨 ①若椭圆上某个点的横坐标、纵坐标中有一个为 0，则这个点是

椭圆的一个顶点，再由焦点位置进一步判定它是长轴上的顶点还是短轴上的顶点，进而直接写出 a 或 b 的值. ②已知椭圆的标准方程求椭圆的某些几何特征量（如焦距、离心率等），如例 1；反过来由几何特征量求标准方程，如例 2. 这是两类基本问题，解题要点：一是求 a，b，c；二是判断焦点位置.

例 3 设椭圆的焦点坐标是 $F_1(-6,0)$，$F_2(6,0)$，且椭圆经过点 $A(-5,2)$，求椭圆的标准方程.

分析一 与例 2 中（1），（2）不同，这里点 $A(-5,2)$ 不在坐标轴上，因而不是顶点，不能直接写出 a 或 b. 一般来说，已知某个点在曲线上（包括直线、圆以及后面的双曲线、抛物线），通常可用待定系数法（即，先设出方程，再把这个点代入方程，去求待定系数）.

解法一 由 $F_1(-6,0)$ 知，$c=6$，且焦点在 x 轴上.

设椭圆的方程为 $\frac{x^2}{a^2}+\frac{y^2}{b^2}=1$，把点 $A(-5,2)$ 的坐标代入方程，得

$$\frac{25}{a^2}+\frac{4}{b^2}=1. \quad ①$$

把 $c=6$ 代入 $a^2=b^2+c^2$，得

$$a^2=b^2+36. \quad ②$$

解①，②组成的方程组得 $a^2=45$，$b^2=9$，故椭圆的标准方程是

$$\frac{x^2}{45}+\frac{y^2}{9}=1.$$

分析二 点 $A(-5,2)$ 在椭圆上，由椭圆定义有 $2a=|AF_1|+|AF_2|$，可求 a.

解法二
$$\begin{aligned}2a&=|AF_1|+|AF_2|\\&=\sqrt{(-5+6)^2+(2-0)^2}+\sqrt{(-5-6)^2+(2-0)^2}\\&=\sqrt{5}+5\sqrt{5}=6\sqrt{5},\end{aligned}$$

所以 $a=3\sqrt{5}$.

于是，$b^2=a^2-c^2=45-36=9$.

又因焦点在 x 轴上，故椭圆的标准方程是 $\frac{x^2}{45}+\frac{y^2}{9}=1$.

点拨 此题解法二较简，不要忽视用曲线定义解题；解法一，运算稍繁，但体现了解这种题型的一般方法.

例 4 已知椭圆$\frac{x^2}{2}+y^2=1$的左、右焦点分别为F_1，F_2，过左焦点F_1作倾斜角为$\frac{\pi}{4}$的直线交椭圆于A，B两点.

（1）求直线AB的方程；

（2）求$\triangle F_2AB$的周长C；

（3）设弦AB的中点为M，求$\triangle MF_1F_2$的面积S.

分析 本题是以直线与椭圆相交为背景形成的组题. 涉及直线方程，椭圆的定义、方程、性质，三角形等综合知识. 解这类问题，逐一进行，往往前一问题的答案，是后继问题的条件.

解 由$\frac{x^2}{2}+y^2=1$得：

$a^2=2$，$b^2=1$，$c^2=2-1=1$，所以$a=\sqrt{2}$，$b=1$，$c=1$.

焦点为F_1（-1，0），F_2（1，0）.

（1）由点斜式方程，得$y-0=\tan\frac{\pi}{4}(x+1)$，故直线$AB$的方程为$y=x+1$.

（2）由椭圆的定义，得

$$|AF_1|+|AF_2|=2a，\quad |BF_1|+|BF_2|=2a，$$

所以$\triangle F_2AB$的周长

$$\begin{aligned}C&=|AB|+|AF_2|+|BF_2|\\&=|AF_1|+|AF_2|+|BF_1|+|BF_2|\\&=2a+2a=4a=4\sqrt{2}.\end{aligned}$$

（3）由$y=x+1$得$x=y-1$，代入$\frac{x^2}{2}+y^2=1$，整理，得

$$3y^2-2y-1=0\Rightarrow y_1+y_2=\frac{2}{3}，$$

所以点M纵坐标为$y_M=\frac{y_1+y_2}{2}=\frac{\frac{2}{3}}{2}=\frac{1}{3}$，

所以$S_{\triangle MF_1F_2}=\frac{1}{2}|F_1F_2||y_M|=\frac{1}{2}\times2\times\frac{1}{3}=\frac{1}{3}$.

点拨 ①涉及过椭圆焦点的弦，注意利用椭圆的定义. ②直线与坐标轴围成的三角形求面积时，把在坐标轴上的边作为底边，则对角顶点纵坐标或横坐标的绝对值就是高. ③直线与曲线相交，涉及弦长、中点等问题时，有时不必解出直线和曲线方程组成的方程组，而利用韦达定理，减少计算量.

例 5 在椭圆$\frac{x^2}{8}+\frac{y^2}{t}=1$内有一点 $P(2, 1)$，过点 P 的直线的倾斜角为 $135°$，且与椭圆相交于 M，N 两点，线段 MN 的中点恰好是 P，求 t 的值.

分析 本题是直线与椭圆相交问题，解决思路是方程思想、韦达定理或"点差法".

解法一 设 $M(x_1, y_1)$，$N(x_2, y_2)$. 由点斜式得 l 的方程

$$y-1=\tan 135°(x-2), \quad 即\ y=-x+3,$$

联立
$$\begin{cases} y=-x+3, & ① \\ \frac{x^2}{8}+\frac{y^2}{t}=1. & ② \end{cases}$$

把①代入②，得 $(t+8)x^2-48x+72-8t=0$.

由韦达定理，得 $x_1+x_2=\frac{48}{t+8}$；

又由中点公式，得$\frac{x_1+x_2}{2}=2$.

所以$\frac{48}{t+8}=4$，解得 $t=4$.

解法二 由点 M，N 在椭圆上，得

$$\frac{x_1^2}{8}+\frac{y_1^2}{t}=1, \quad ①$$

$$\frac{x_2^2}{8}+\frac{y_2^2}{t}=1. \quad ②$$

由①－②，得
$$\frac{x_1^2-x_2^2}{8}+\frac{y_1^2-y_2^2}{t}=0,$$

$$\frac{(x_1+x_2)(x_1-x_2)}{8}=\frac{(y_2-y_1)(y_2+y_1)}{t}. \quad ③$$

由中点公式，得
$$\frac{x_1+x_2}{2}=2, \ \frac{y_1+y_2}{2}=1. \quad ④$$

由斜率公式，得
$$k=\frac{y_2-y_1}{x_2-x_1}=\tan 135°=-1. \quad ⑤$$

由③④⑤解得：$t=4$.

点拨 解法一利用韦达定理解决直线与椭圆相交是常规方法；解法二采用"设而不求"也是一种较好的思维方式.

基础训练

一、选择题

1. 长半轴长为 8，离心率为$\frac{1}{4}$，焦点在 y 轴上的椭圆标准方程是(　　).

A. $\frac{x^2}{64}+\frac{y^2}{60}=1$　B. $\frac{x^2}{60}+\frac{y^2}{64}=1$　C. $\frac{x^2}{64}+\frac{y^2}{48}=1$　D. $\frac{x^2}{48}+\frac{y^2}{64}=1$

2. 椭圆$\frac{x^2}{7}+\frac{y^2}{16}=1$上一点 M 到椭圆的一个焦点的距离是 1，则点 M 到另一个焦点的距离是(　　).

A. 4　B. 5　C. 6　D. 7

3. 已知椭圆的长轴长是短轴长的 3 倍，则它的离心率 e 等于(　　).

A. $\frac{1}{3}$　B. $\frac{\sqrt{3}}{3}$　C. $\frac{2\sqrt{2}}{3}$　D. $\frac{\sqrt{2}}{3}$

4. 已知椭圆的长轴长为 12，一个焦点坐标是 $(-4, 0)$，椭圆的标准方程是(　　).

A. $\frac{x^2}{20}+\frac{y^2}{36}=1$　B. $\frac{x^2}{36}+\frac{y^2}{20}=1$　C. $\frac{x^2}{16}+\frac{y^2}{25}=1$　D. $\frac{x^2}{25}+\frac{y^2}{16}=1$

5. 已知 F_1，F_2 为椭圆$\frac{x^2}{16}+\frac{y^2}{9}=1$的两个焦点，过 F_2 的直线与椭圆相交于 M，N 两点，则$\triangle MNF_1$ 的周长是(　　).

A. 16　B. 10　C. 8　D. 6

二、填空题

6. 已知椭圆方程为 $3x^2+2y^2=6$. 则其长轴长为________，离心率为________，焦点坐标是________.

7. 已知椭圆长半轴长为 5，一个焦点坐标为 $(-4, 0)$，则其标准方程是________.

8. 已知椭圆方程为$\frac{x^2}{4}+\frac{y^2}{16}=1$，则此椭圆的离心率是________.

9. 已知椭圆长轴上的一个顶点的坐标是 $(4, 0)$，离心率为$\frac{3}{4}$，则其标准方程是________.

10. 已知椭圆过点 $M(2\sqrt{2}, 0)$ 与点 $N(0, -\sqrt{5})$，则其标准方程是________.

三、解答题

11. 椭圆的中心在原点，对称轴与坐标轴重合，离心率为 0.6，长轴长与焦距之差为 12，求椭圆的标准方程.

12. 已知椭圆经过点 $M\left(-\frac{5}{2},\ \frac{3\sqrt{3}}{2}\right)$，$F_1(-4,\ 0)$ 是它的一个焦点，求椭圆的标准方程.

13. 已知过点 $P(-2,\ 1)$ 的直线被椭圆 $x^2+2y^2=8$ 截得的弦 MN 的中点恰好为 P.

(1) 求直线 MN 的方程；(2) 求弦 $|MN|$ 的长.

14. 椭圆 $mx^2+3y^2=3m$（$m>0$）与直线 $y=-x+1$ 相交于 A，B 两点，点 C 是线段 AB 的中点，O 为坐标原点，若直线 OC 的斜率 $k=\frac{4}{3}$，求：

(1) m 的值；

(2) 椭圆的焦点坐标，顶点坐标和离心率.

综合训练

一、选择题

1. 椭圆 $x^2+3y^2=1$，下列说法正确的是(　　).

A. 它的焦点在 y 轴上　　B. 短轴长是 2

C. 它的一个顶点是 $(0,\ -1)$　　D. 离心率 $e=\frac{\sqrt{6}}{3}$

2. 长轴是短轴的 3 倍，且过点 $M(0,\ 1)$ 的椭圆方程是(　　).

A. $\frac{x^2}{9}+y^2=1$　　B. $\frac{x^2}{9}+y^2=1$ 或 $9x^2+y^2=1$

C. $x^2+9y^2=1$　　D. $9x^2+y^2=1$ 或 $x^2+9y^2=1$

3. 椭圆 $x^2+my^2=m$ 的焦点在 y 轴上，则 m 的取值范围是(　　).

A. $m>1$　　B. $m<1$　　C. $0<m<1$　　D. $|m|<1$

4. 以椭圆短轴为直径的圆经过此椭圆的焦点，则椭圆的离心率是(　　).

A. $\frac{\sqrt{3}}{3}$　　B. $\frac{\sqrt{3}}{2}$　　C. $\frac{\sqrt{2}}{2}$　　D. $\frac{\sqrt{2}}{3}$

5. 设椭圆 $\frac{x^2}{m^2}+\frac{y^2}{4}=1$ 过点 $(-2,\ \sqrt{3})$，则其焦距是(　　).

A. $2\sqrt{3}$　　B. $2\sqrt{5}$　　C. $4\sqrt{3}$　　D. $4\sqrt{5}$

二、填空题

6. 已知方程 $k^2x^2+y^2=9$ 表示焦点在 y 轴上的椭圆，则 k 的取值范围是________.

7. 已知椭圆的对称轴是坐标轴，离心率 $e=\frac{2}{5}$，焦距为 4，则椭圆的方程是________.

8. 短轴长为 $\sqrt{5}$，离心率为 $\frac{2}{3}$ 的椭圆的两个焦点分别为 F_1，F_2，过 F_2 作直线交椭

圆于 M，N 两点，则$\triangle MNF_1$ 的周长为________.

9. 椭圆 $4x^2+16y^2=64$ 上一点 M 到该椭圆的某一焦点 F 的距离等于 2，P 是线段 FM 的中点，则点 P 到此椭圆中心的距离为________.

10. 设 $\alpha\in(0, 2\pi)$，若方程 $x^2\sin\alpha+y^2\cos\alpha=1$ 表示焦点在 x 轴上的椭圆，则 α 的取值范围是________.

三、解答题

11. 椭圆$\frac{x^2}{m}+\frac{y^2}{3}=1$ 的离心率是方程 $2x^2-5x+2=0$ 的根，求 m 的值.

12. 已知 M 是椭圆$\frac{x^2}{5}+\frac{y^2}{4}=1$ 上的点，F_1，F_2 为椭圆的焦点，且$\angle F_1MF_2=\frac{\pi}{2}$，求$\triangle F_1MF_2$ 的面积.

拓展训练

已知直线 $y=x-1$ 和椭圆$\frac{x^2}{m}+\frac{y^2}{3}=1$ 相交于 A，B 两点，若 O 为坐标原点，且$\angle AOB=90°$，求 m 的值.

§6.6 双曲线

考点分析

考点 1. 双曲线的定义

考点 2. 双曲线的标准方程和几何性质

考点 3. 用双曲线的定义和标准方程及几何性质解决与直线相关的问题

知识回顾

1. 双曲线的定义：

(1)（文字语言）平面内与两个定点 F_1，F_2 的距离的差的绝对值是常数的点的轨迹叫双曲线. 定点 F_1，F_2 叫双曲线的焦点，两焦点之间的距离$|F_1F_2|$叫焦距.

(2)（符号语言）设 M 为双曲线上任意一点，则$|MF_1|-|MF_2|=\pm 2a$.

2. 双曲线的标准方程和几何性质：

标准方程	$\frac{x^2}{a^2}-\frac{y^2}{b^2}=1$（$a>0$，$b>0$）	$\frac{y^2}{a^2}-\frac{x^2}{b^2}=1$（$a>0$，$b>0$）
图形	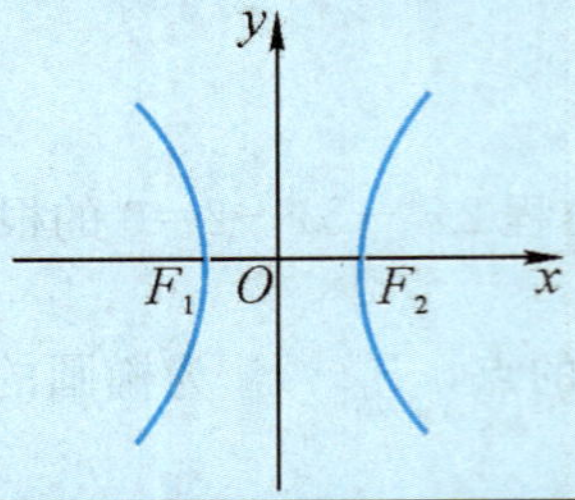	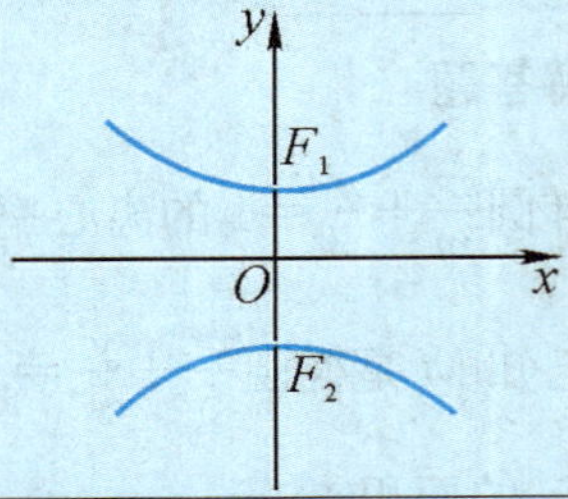
焦点坐标	$F_1(-c,\ 0)$，$F_2(c,\ 0)$	$F_1(0,\ -c)$，$F_2(0,\ c)$
顶点坐标	A_1 $(-a,\ 0)$，A_2 $(a,\ 0)$	A_1 $(0,\ a)$，A_2 $(0,\ -a)$
渐近线	$y=\pm\frac{b}{a}x$	$y=\pm\frac{a}{b}x$
对称性	关于 x 轴，y 轴成轴对称，关于原点成中心对称	
a，b，c 意义	a：实半轴长；b：虚半轴长；c：半焦距	
a，b，c 关系	$c^2=a^2+b^2$（$c>a$，$b>0$）	
离心率	$e=\frac{c}{a}$（$e>1$）	

学习指导

本节的双曲线和前节的椭圆，在知识内容和方法上很相似，可类比进行学习．同时也要特别注意它们之间的区别：（1）a，b，c 之间的关系不同；（2）由标准方程判断焦点位置的方法不同．

典例剖析

例 1 已知双曲线方程 $3x^2-2y^2=6$，求焦距，实轴长，虚轴长，离心率，渐近线方程，焦点坐标，顶点坐标．

分析 将方程化为双曲线的标准方程，先求 a^2，b^2，c^2，再求其他结论．

解 把方程化为标准方程，得 $\frac{x^2}{2}-\frac{y^2}{3}=1$，可知，$a^2=2$，$b^2=3$．得 $c^2=2+3=5$，所以 $a=\sqrt{2}$，$b=\sqrt{3}$，$c=\sqrt{5}$．

所以，实轴长 $2a=2\sqrt{2}$，虚轴长 $2b=2\sqrt{3}$，焦距 $2c=2\sqrt{5}$，离心率

$$e=\frac{c}{a}=\frac{\sqrt{5}}{\sqrt{2}}=\frac{\sqrt{10}}{2}.$$

又因焦点在 x 轴上，所以渐近线方程为

$$y=\pm\frac{\sqrt{3}}{\sqrt{2}}x，即\ y=\pm\frac{\sqrt{6}}{2}x.$$

焦点坐标为 $(-\sqrt{5},\ 0)$，$(\sqrt{5},\ 0)$；顶点坐标为 $(-\sqrt{2},\ 0)$，$(\sqrt{2},\ 0)$.

点拨　①x^2，y^2 前的哪个系数为正，焦点就在对应轴上，且其分母就是 a^2；②a，b，c 中，c 最大，其关系为 $c^2=a^2+b^2$．这两点与椭圆不同.

例 2　求满足下列条件的双曲线的标准方程（中心为坐标原点）.

(1) 一个焦点是 $(-5,\ 0)$，一个顶点是 $(4,\ 0)$.

(2) 焦点在 y 轴上，实轴长为 $2\sqrt{5}$，离心率为 $\frac{3\sqrt{5}}{5}$.

(3) 焦点在 x 轴上，焦距为 20，渐近线方程为 $y=\pm\frac{3}{4}x$.

(4) 经过点 $M(0,\ 3)$，$N(-2,\ \sqrt{17})$，焦点在 y 轴上.

分析　求双曲线的标准方程一是求 a，b（一般涉及 c）；二是根据焦点位置写方程.

解　(1) 由题意，$a=4$，$c=5$，所以

$$b^2=c^2-a^2=5^2-4^2=9.$$

又因焦点在 x 轴上，故双曲线标准方程为 $\frac{x^2}{16}-\frac{y^2}{9}=1$.

(2) 由题意，$2a=2\sqrt{5}$，$a=\sqrt{5}$．又由 $e=\frac{c}{a}=\frac{3\sqrt{5}}{5}$，得 $c=3$，所以

$$b^2=c^2-a^2=3^2-(\sqrt{5})^2=4.$$

又因焦点在 y 轴上，故双曲线标准方程为 $\frac{y^2}{5}-\frac{x^2}{4}=1$.

(3) 由题意，$2c=20$，$\frac{b}{a}=\frac{3}{4}$．又 $c^2=a^2+b^2$，解得 $a=8$，$b=6$.

又因焦点在 x 轴上，故双曲线的标准方程为 $\frac{x^2}{64}-\frac{y^2}{36}=1$.

(4) 由题意，双曲线焦点在 y 轴上，过点 $(0,\ 3)$，所以 $a=3$，则双曲

线的标准方程为

$$\frac{y^2}{9}-\frac{x^2}{b^2}=1.$$

将点 $N(-2,\sqrt{17})$ 代入上式，解得 $b^2=\frac{9}{2}$.

故双曲线的标准方程：$\frac{y^2}{9}-\frac{x^2}{\frac{9}{2}}=1$.

点拨 ①双曲线只有两个顶点，这与椭圆不同；②双曲线的顶点、焦点都在实轴上.

例 3 已知直线 $y=mx+1$ 与双曲线 $3x^2-y^2=1$ 相交于 P，Q 两点，求 m 的取值范围.

分析 解析几何就是用方程研究曲线. 因而曲线交点问题就转化为方程组解的问题，进而转化为一元二次方程判别式 Δ 与 0 的大小的比较.

解 联立 $\begin{cases} y=mx+1, & ① \\ 3x^2-y^2=1. & ② \end{cases}$

把①代入②，化简得：

$(3-m^2)x^2-2mx-2=0$. （*）

要使直线与双曲线有两个交点，方程（*）须满足：

$$3-m^2\neq 0 \text{ 且 } \Delta>0.$$

由 $3-m^2\neq 0$，得 $m\neq\pm\sqrt{3}$；

由 $\Delta=(-2m)^2-4\times(3-m^2)\times(-2)>0$，得

$m^2-6<0$，所以 $-\sqrt{6}<m<\sqrt{6}$.

故 m 的范围是：$-\sqrt{6}<m<\sqrt{6}$ 且 $m\neq\pm\sqrt{3}$.

点拨 不要忽略 $3-m^2\neq 0$ 的条件.

例 4 过点 $M(-2,0)$ 作直线 l 交双曲线 $x^2-y^2=1$ 于点 A，B. 试问，是否存在直线 l，使 $\angle AOB=\frac{\pi}{2}$（O 为坐标原点）；若存在，求 l 的方程；若不存在，说明理由.

分析 若能够求出符合条件的直线，就存在；若求不出，就不存在. 设点斜式方程，用待定系数法求斜率 k，关键是把 $\angle AOB=\frac{\pi}{2}$ 逐步转化成求 k 的方程.

解 假设存在直线 l，交双曲线于点 $A(x_1, y_1)$ 和点 $B(x_2, x_2)$，并且使 $\angle AOB=\frac{\pi}{2}$.

(1) 若斜率 k 不存在，则直线 l 与 x 轴垂直. 又因过 $M(-2, 0)$，所以，直线 l 的方程为 $x=-2$，代入 $x^2-y^2=1$，解得 $y=\pm\sqrt{3}$，则 $A(-2, -\sqrt{3})$，$B(-2, \sqrt{3})$.

$\overrightarrow{OA}\cdot\overrightarrow{OB}=4-3=1\neq 0$，所以 $\angle AOB\neq\frac{\pi}{2}$.

所以 $x=-2$ 不是符合条件的直线.

(2) 若斜率 k 存在，设直线 l 的点斜式方程为 $y=k(x+2)$.

联立 $\begin{cases} y=k(x+2), & ① \\ x^2-y^2=1. & ② \end{cases}$

①代入②，化简得：

$$(1-k^2)x^2-4k^2x-(4k^2+1)=0,$$

由韦达定理，得

$$x_1+x_2=\frac{4k^2}{1-k^2},\quad x_1x_2=\frac{-(4k^2+1)}{1-k^2}, \qquad ③$$

则

$$\begin{aligned} y_1y_2 &=[k(x_1+2)][k(x_2+2)] \\ &=k^2[x_1x_2+2(x_1+x_2)+4]. \qquad ④ \end{aligned}$$

方法一 因为 $\angle AOB=\frac{\pi}{2}$，所以

$$\overrightarrow{OA}\perp\overrightarrow{OB}\Rightarrow\overrightarrow{OA}\cdot\overrightarrow{OB}=0,$$

即

$$x_1x_2+y_1y_2=0. \qquad ⑤$$

由③④⑤解得：$k^2=-1$，无实数解.

方法二 直线 OA，OB 的斜率分别为

$k_{OA}=\frac{y_1-0}{x_1-0}=\frac{y_1}{x_1}$，$k_{OB}=\frac{y_2-0}{x_2-0}=\frac{y_2}{x_2}$.

因为 $OA\perp OB$，所以

$$k_{OA}\cdot k_{OB}=-1\Rightarrow\frac{y_1}{x_1}\cdot\frac{y_2}{x_2}=-1\Rightarrow x_1x_2+y_1y_2=0. \qquad ⑤$$

由③④⑤解得：$k^2=-1$，无实数解.

方法三 因为$\angle AOB=\frac{\pi}{2}$，所以在 Rt$\triangle AOB$ 中，由勾股定理，得

$$(x_1-0)^2+(y_1-0)^2+(x_2-0)^2+(y_2-0)^2$$
$$=(x_2-x_1)^2+(y_2-y_1)^2,$$

即
$$x_1x_2+y_1y_2=0. \qquad ⑤$$

由③④⑤解得：$k^2=-1$，无实数解.

综合（1），（2），故不存在符合题设条件的直线 l.

点拨 ①直线方程与曲线方程组成的方程组中，如果含有待定系数，一般不直接去解方程组，而利用韦达定理，以减小计算量. ②本题由$\angle AOB=\frac{\pi}{2}$分别通过向量、斜率和勾股定理三种方法都转化得到 $x_1x_2+y_1y_2=0$. 说明同一几何特征可以有不同的代数表现形式，其本质是一样的，反映了数学各部分知识的联系与和谐一致，这是数学的一种美. 希望同学们熟悉这几种对$\angle AOB=\frac{\pi}{2}$的常见用法.

基础训练

一、选择题

1. 实轴长为 8，离心率为$\frac{5}{4}$，焦点在 x 轴上的双曲线标准方程是(　　).

A. $\frac{x^2}{9}-\frac{y^2}{16}=1$　B. $\frac{x^2}{16}-\frac{y^2}{9}=1$　C. $\frac{x^2}{9}-\frac{y^2}{25}=1$　D. $\frac{x^2}{16}-\frac{y^2}{25}=1$

2. 双曲线$\frac{x^2}{2}-\frac{y^2}{3}=1$与$\frac{x^2}{3}-\frac{y^2}{2}=1$，下列关系中正确的是(　　).

A. 它们顶点相同，焦点不同

B. 它们的焦点相同，顶点不同

C. 它们的渐近线相同，离心率不同

D. 它们离心率相同，渐近线不同

3. 已知双曲线的标准方程为$\frac{x^2}{16}-\frac{y^2}{9}=1$，则该双曲线的实轴长为(　　).

A. 8　　B. 6　　C. 4　　D. 3

4. 已知双曲线的中心在原点，实轴长为 8，一个焦点坐标为 (5，0)，则该双曲线的标准方程是(　　).

A. $\frac{x^2}{16}-\frac{y^2}{9}=1$　B. $\frac{x^2}{9}-\frac{y^2}{16}=1$　C. $\frac{y^2}{16}-\frac{x^2}{9}=1$　D. $\frac{y^2}{9}-\frac{x^2}{16}=1$

5. 双曲线 $2x^2-y^2=8$ 的两条的渐近线的方程是(　　).

A. $x=\pm 2y$　　B. $y=\pm 2x$　　C. $x=\pm\sqrt{2}y$　　D. $y=\pm\sqrt{2}x$

二、填空题

6. 已知双曲线的中心在原点，渐近线是 $y=\pm\sqrt{3}x$，一个焦点是 $F(2, 0)$，则其标准方程是________.

7. 已知双曲线的中心在原点，一个焦点是 $F_1(0, 5)$，$2a=4$，则其标准方程是________.

8. 双曲线的一个焦点是 $(-2, 0)$，渐近线方程为 $y=\pm x$，则双曲线的方程为________.

9. 已知双曲线的焦点在 x 轴上，过点 $P(1, -1)$，且 $b=\sqrt{2}a$，则其标准方程是________.

10. 已知双曲线两条渐近线方程是 $y=\pm\frac{1}{3}x$，过点 $P\left(10, \frac{8}{3}\right)$，则其标准方程是________.

三、解答题

11. 已知点 $M(\sqrt{2}, 1)$ 在双曲线 $\frac{x^2}{a^2}-\frac{y^2}{b^2}=1$ 上，且它和双曲线一个焦点 F 的距离是 1，求双曲线标准方程.

12. 已知双曲线 $x^2-y^2=m^2$ 截直线 $4x+5y=0$ 所得的弦长为 $\sqrt{41}$，求 m 的值.

13. 已知双曲线的焦点为 F_1，F_2，实轴在 x 轴上，离心率 $e=\sqrt{2}$，且经过点 $M(-4, \sqrt{10})$，求双曲线的标准方程.

14. 已知双曲线 $\frac{x^2}{16}-\frac{y^2}{9}=1$ 的两个焦点为 F_1，F_2，点 M 在双曲线上，若 $MF_1\perp MF_2$，求点 M 到 x 轴的距离.

综合训练

一、选择题

1. 方程 $\frac{x^2}{m-3}+\frac{y^2}{5-m}=1$ 的曲线是以 x 轴为实轴，中心在原点的双曲线，则 m 的取值范围是(　　).

A. $m<3$　　B. $m>5$　　C. $m<3$ 或 $m>5$　D. $3<m<5$

2. 双曲线 $\frac{x^2}{9}-\frac{y^2}{4}=1$ 的两个焦点分别为 F_1，F_2，若点 P 到 F_1 的距离为 8，则点 P 到 F_2 的距离为(　　).

A. 14　　B. 4　　C. 14 或 2　　D. 4 或 2

3. 双曲线$\frac{x^2}{m}-\frac{y^2}{3}=-1$的离心率为3，则双曲线的渐近线方程是(　　).

A. $y=\pm\frac{\sqrt{2}}{4}x$　　B. $x=\pm\frac{\sqrt{2}}{4}y$　　C. $y=\pm 2\sqrt{2}x$　　D. $x=\pm 2\sqrt{2}y$

4. 在下列双曲线中，与双曲线$\frac{x^2}{3}-y^2=1$的离心率和渐近线都相同的是(　　).

A. $3y^2-x^2=9$　　B. $x^2-3y^2=9$

C. $3y^2-9x^2=1$　　D. $9x^2-3y^2=9$

5. 已知双曲线的方程为$\frac{x^2}{a^2}-\frac{y^2}{b^2}=1$，点$A$，$B$在双曲线的右支上，线段$AB$经过双曲线的右焦点$F_2$，$|AB|=m$，$F_1$为另一焦点，则$\triangle ABF_1$周长为(　　).

A. $4a+2m$　　B. $2a+2m$　　C. $2a+4m$　　D. $a+m$

二、填空题

6. 已知双曲线的中心在原点，焦点在y轴上，且$a+c=9$，$b=3$，则其标准方程是________.

7. 已知双曲线过点$M(3,-\sqrt{7})$，$N(\sqrt{7},2)$，则其标准方程是________.

8. 若椭圆$\frac{x^2}{4}+\frac{y^2}{m^2}=1$与双曲线$\frac{x^2}{m^2}-\frac{y^2}{2}=1$（$m>0$）有相同的焦点，则$m=$________.

9. 已知方程$\frac{x^2}{2+m}-\frac{y^2}{1-m}=1$表示双曲线，则实数$m$的取值范围是________.

10. 已知双曲线的焦点是椭圆$\frac{x^2}{25}+\frac{y^2}{5}=1$的焦点，且过点$M(3\sqrt{3},2)$，则其方程是________.

三、解答题

11. 已知F_1，F_2分别是双曲线$x^2-\frac{y^2}{2}=1$的左、右焦点，过F_1作倾斜角为60°的直线交双曲线于点M，N，求$|MN|$的长.

12. 过点$P(2,1)$作直线l交双曲线$x^2-\frac{y^2}{2}=1$于M，N两点，若P是线段MN的中点，求直线l的方程.

拓展训练

已知双曲线的中心在原点O，焦点在x轴上，且实半轴长$a=\sqrt{2}$，离心率$e=\frac{\sqrt{6}}{2}$.

(1) 求此双曲线的标准方程；

(2) 若直线$y=mx+1$与双曲线相交于A，B两点，求实数m的取值范围；

(3) 是否存在这样的实数 m，使 A，B 两点关于直线 $y=2x+6$ 对称？若存在，求出 m 的值；若不存在，说明理由.

§6.7 抛物线

考点分析

考点 1. 抛物线的定义

考点 2. 抛物线的标准方程和几何性质

考点 3. 用抛物线的定义和标准方程及几何性质解决与直线相关的问题

知识回顾

1. 抛物线的定义：平面内到定点 F 和一条定直线 l 的距离相等的点的轨迹叫抛物线. 定点 F 叫做抛物线的焦点. 定直线 l 叫抛物线的准线.

2. 抛物线的标准方程，图像及性质：

方程	$y^2=2px$	$y^2=-2px$	$x^2=2py$	$x^2=-2py$
图形	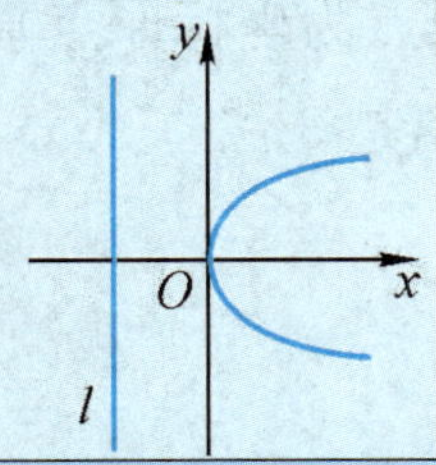	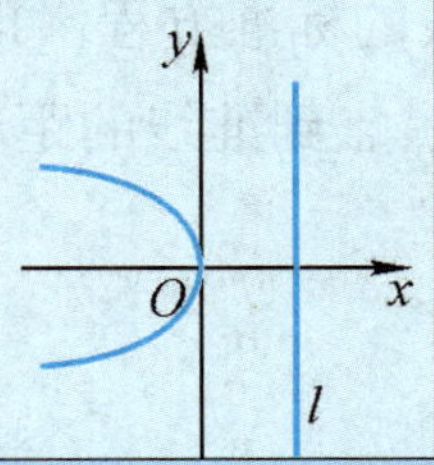	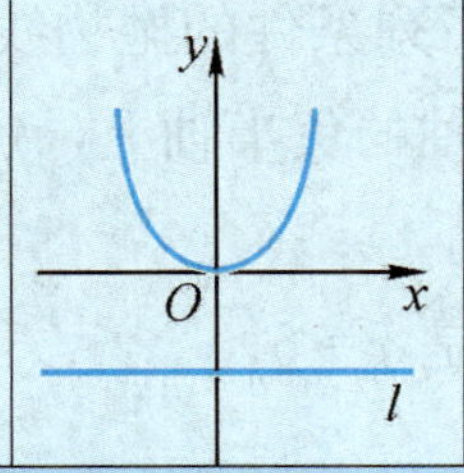	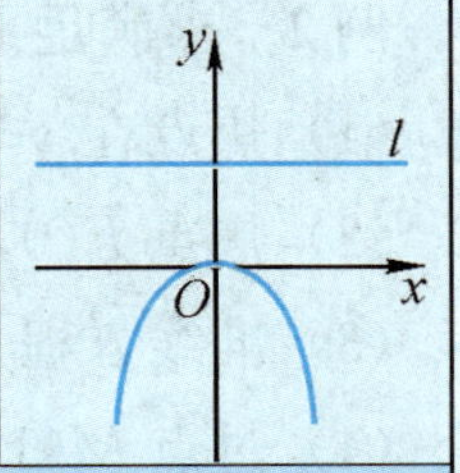
顶点	$O(0,\ 0)$			
p 的几何意义	焦点到顶点的距离或顶点到准线的距离			
焦点	$F\left(\frac{p}{2},\ 0\right)$	$F\left(-\frac{p}{2},\ 0\right)$	$F\left(0,\ \frac{p}{2}\right)$	$F\left(0,\ -\frac{p}{2}\right)$
准线	$x=-\frac{p}{2}$	$x=\frac{p}{2}$	$y=-\frac{p}{2}$	$y=\frac{p}{2}$
对称轴	x 轴		y 轴	
离心率	$e=1$			

学习指导

抛物线标准方程中只有一个待定系数 p，因此求抛物线标准方程的计算量比椭圆和双曲线小．但是抛物线标准方程有四种形式，各自又对应有准线和焦点，很容易弄混．解决这一问题的方法是数形结合，也可参考口诀：“一次焦点轴，符号定开口”．

典例剖析

例 1　已知抛物线方程 $y^2+6x=0$，求焦点坐标，准线方程．

分析　先将方程化为标准方程，求出 p，再根据焦点位置写出焦点坐标，准线方程．

解　由 $y^2+6x=0$，得 $y^2=-6x$，所以 $2p=6$，$p=3$．

又因焦点在 x 轴的负半轴上，故焦点坐标为 $F\left(-\frac{3}{2},0\right)$，准线方程为 $x=\frac{3}{2}$．

点拨　标准方程中，一次变量在右边，二次变量在左边；右边是哪个变量，焦点就在那个轴，准线方程也只含那个变量；标准方程的符号与焦点相同，与准线相反．

例 2　求满足下列条件的抛物线的标准方程（顶点为坐标原点）：

（1）焦点在 y 轴的负半轴上，焦点到准线的距离是 3；

（2）焦点 $F(0,4)$；

（3）准线方程是 $x=6$；

（4）过点 $M(1,-2)$．

解　（1）因为 $p=3$，所以 $2p=6$，又因焦点在 y 轴的负半轴上，所以抛物线的标准方程是 $x^2=-6y$．

（2）因为 $\frac{p}{2}=4$，所以 $p=8$，又因焦点在 y 轴的正半轴上，所以抛物线的标准方程是 $x^2=16y$．

（3）因为 $\frac{p}{2}=6$，所以 $p=12$，又因焦点在 x 轴的负半轴上，所以抛物线的标准方程是 $y^2=-24x$．

(4) 因点 $M(1, -2)$ 在四象限，所以设抛物线方程为 $y^2=2px$ 或 $x^2=-2py$.

将 $M(1, -2)$ 分别代入上式，得

$$(-2)^2=2p\times1 \text{ 或 } 1^2=-2p\times(-2),$$

所以 $p=2$ 或 $p=\frac{1}{4}$，故抛物线的标准方程是

$$y^2=4x \text{ 或 } x^2=-\frac{1}{2}y.$$

点拨 (4) 小题，已知曲线上的点，通常用待定系数法，前面多次遇到. 但这里要根据已知点所在的象限来确定设哪种方程，可画示意图来看，此题有两解.

例 3 已知抛物线 $y^2=2mx$ 的一条弦 MN 所在直线是 $y=2x+5$，弦 MN 中点 P 的横坐标为 -3，求 m 的值.

分析 直线与抛物线相交弦长问题，解题思路：联立方程，运用韦达定理.

解 联立 $\begin{cases} y=2x+5, & ① \\ y^2=2mx. & ② \end{cases}$

把①代入②，化简，得

$$4x^2+2(10-m)x+25=0,$$

$$\Delta=b^2-4ac=[2(10-m)]^2-4\times4\times25.$$

设 $M(x_1, y_1)$，$N(x_2, y_2)$，由韦达定理，得

$$x_1+x_2=-\frac{10-m}{2}=\frac{m-10}{2},$$

由中点公式，得：$\frac{x_1+x_2}{2}=-3$，所以 $\frac{m-10}{2}=-6$，解得：$m=-2$.

把 $m=-2$ 代入判别式，得

$$\begin{aligned}\Delta&=b^2-4ac=[2(10-m)]^2-4\times4\times25\\&=[2(10+2)]^2-4\times4\times25=24^2-400>0,\end{aligned}$$

所以 $m=-2$ 符合题意.

点拨 直线与椭圆、双曲线、抛物线相交，涉及弦长、中点问题时，常用韦达定理和中点公式.

例 4 求抛物线 $y=x^2$ 上的点 M 到直线 $x-y-2=0$ 的最短距离.

分析一 运用距离公式，转化为求二次函数最值.

解法一 设 $M(x_0, y_0)$，则 $y_0={x_0}^2$，

由点到直线的距离公式，得：

$$d=\frac{|x_0-y_0-2|}{\sqrt{1^2+1^2}}=\frac{\sqrt{2}}{2}|x_0^2-x_0+2|$$

$$=\frac{\sqrt{2}}{2}\left|\left(x_0-\frac{1}{2}\right)^2+\frac{7}{4}\right|,$$

当 $x_0=\frac{1}{2}$ 时，点 $M\left(\frac{1}{2}，\frac{1}{4}\right)$，$d_{最小值}=\frac{\sqrt{2}}{2}\times\frac{7}{4}=\frac{7\sqrt{2}}{8}$.

分析二　通过平移，转化成求平行线间的距离.

解法二　设与直线 $x-y-2=0$ 平行的直线为 l：$x-y+n=0$，

当直线 l 与抛物线相切时，切点 M 到直线 $x-y-2=0$ 的距离就是抛物线上的点到直线的最短距离.

联立 $\begin{cases}y=x+n,\\ y=x^2,\end{cases}$ 则 $x^2-x-n=0$，

由 $\Delta=1^2-4\times(-n)=0$，$n=-\frac{1}{4}$，

所以，直线 l 的方程为 $x-y-\frac{1}{4}=0$.

而点 M 到直线 $x-y-2=0$ 的距离即为直线 $x-y-2=0$ 与 $x-y-\frac{1}{4}=0$ 的距离.

$$d=\frac{\left|-2-\left(-\frac{1}{4}\right)\right|}{\sqrt{1^2+(-1)^2}}=\frac{7\sqrt{2}}{8}.$$

基础训练

一、选择题

1. 抛物线 $y=2x^2$ 的焦点坐标是（　　）.

A. $\left(\frac{1}{8}，0\right)$　　B. $\left(\frac{1}{4}，0\right)$　　C. $\left(0，\frac{1}{4}\right)$　　D. $\left(0，\frac{1}{8}\right)$

2. 顶点在原点且焦点坐标为 $(-1，0)$ 的抛物线的标准方程是（　　）.

A. $x^2=4y$　　B. $x^2=-4y$　　C. $y^2=4x$　　D. $y^2=-4x$

3. 抛物线 $x^2=-4y$ 的准线方程是（　　）.

A. $x=1$　　B. $x=-1$　　C. $y=1$　　D. $y=-1$

4. 抛物线的顶点在原点，标准方程是 $y^2=4x$，则焦点坐标是（　　）.

A. (−2，0)　　B. (1，0)　　C. (0，−2)　　D. (0，1)

5. 平面上与一定点（−1，0）和直线 $x=1$ 的距离相等的点的轨迹方程是(　　).

A. $x^2=2y$　　B. $x^2=-4y$　　C. $y^2=-2x$　　D. $y^2=-4x$

二、填空题

6. 已知抛物线的方程为 $y^2+16x=0$，则其准线方程为________.

7. 抛物线 $x^2+12y=0$ 的焦点坐标为________.

8. 抛物线 $x^2=32y$ 上一点 M 到 x 轴的距离为 2，焦点为 F，则 $|MF|=$________.

9. 抛物线 $y^2=16x$ 上到顶点和焦点距离相等的点的坐标是________.

10. 顶点在原点，坐标轴为对称轴的抛物线过点 $M(-2,3)$，则抛物线的方程为________.

三、解答题

11. 已知抛物线的顶点在原点，焦点在 x 轴上，过焦点和对称轴垂直的弦长为 6. 求抛物线的标准方程.

12. 已知过抛物线 $y=\frac{1}{4}x^2$ 的焦点作直线交抛物线于 $M(x_1,y_1)$，$N(x_2,y_2)$，若 $y_1+y_2=5$，求 $|MN|$ 的长.

13. 若抛物线 $y^2=4x$ 上的点 $P(m,n)$ 到直线 $y=x$ 的距离为 $4\sqrt{2}$，求 $\frac{m}{n}$ 的值.

14. 已知抛物线 $x^2=-12y$ 的切线 l 垂直于直线 $x+y=0$，求 l 的方程.

综合训练

一、选择题

1. 抛物线的顶点在坐标原点，准线在 y 轴左方且平行于 y 轴，准线与焦点的距离是 2，则其标准方程是(　　).

A. $x^2=4y$　　B. $y^2=2x$　　C. $y^2=-4x$　　D. $y^2=4x$

2. 已知抛物线方程为 $y=2ax^2$ $(a<0)$，则它的焦点坐标为(　　).

A. $\left(-\frac{1}{4a},0\right)$　　B. $\left(0,-\frac{1}{4a}\right)$　　C. $\left(0,-\frac{1}{8a}\right)$　　D. $\left(0,\frac{1}{8a}\right)$

3. 经过点 $M(2,4)$ 的抛物线的标准方程是(　　).

A. $y^2=8x$　　B. $x^2=y$

C. $y^2=8x$ 或 $x^2=2y$　　D. $y^2=8x$ 或 $x^2=y$

4. 抛物线 $y^2=4x$ 上一点 N 到焦点 F 的距离为 5，则 N 点的横坐标为(　　).

A. 1　　B. 2　　C. 3　　D. 4

5. 直线 $y=x+1$ 与抛物线 $x^2=4y$ 相交于 P，Q 两点，O 为坐标原点，则 $\triangle POQ$ 的面积为(　　).

A. $4\sqrt{2}$　　B. $2\sqrt{6}$　　C. $2\sqrt{2}$　　D. $\sqrt{6}$

二、填空题

6. 焦点在 x 轴上且在直线 $y=3x-6$ 上的抛物线的标准方程是________.

7. 若抛物线 $x^2=2py$ （$p>0$） 上纵坐标为 6 的点到焦点的距离等于 8，则焦点到准线的距离是________.

8. 抛物线 C 过点 $M(a, 6)$，$N\left(\frac{1}{2}, \frac{3}{2}a\right)$ （$a>0$），则 C 的标准方程为________.

9. 过抛物线 $y^2=8x$ 的焦点作直线交抛物线于 $M(x_1, y_1)$，$N(x_2, y_2)$ 两点，若 $x_1+x_2=5$，则 $|MN|$ 为________.

10. 设点 N 在抛物线 $x^2=12y$ 上，且 N 点到此抛物线的焦点的距离为 7，则 N 点坐标是________.

三、解答题

11. 已知直线 $y=x+m$ 交抛物线 $y=\frac{1}{2}x^2$ 于 P，Q 两点，O 为抛物线顶点，且 $OP\perp OQ$，求 m 的值.

12. 已知抛物线的顶点在原点，对称轴为 y 轴，焦点坐标 $F(0, 1)$，

(1) 求抛物线的标准方程；

(2) 若过点 $A(0, m)$，且斜率为 2 的直线与该抛物线没有交点，求 m 的取值范围；

(3) 过焦点 F 且与 x 轴平行的直线与抛物线相交于 P，Q 两点，求以 F 为圆心，PQ 为直径的圆的方程.

拓展训练

已知抛物线的顶点在原点，对称轴为 x 轴，并且经过点 (1, 2).

(1) 求抛物线的标准方程；

(2) 设经过抛物线的焦点 F 且倾斜角为 60°的直线 l 交抛物线于 A，B 两点，求 $|AB|$ 的长；

(3) 经过点 D (0, 4) 作直线交抛物线于 M，N 两点，以线段 MN 为直径作圆. 试问圆能否经过原点？若能，求出此时直线 MN 的方程；若不能，请说明理由.

附　　录

案　例

单元检测题一——集合与不等式

（时间 120 分钟，满分 150 分）

班级：________姓名：________

一、选择题（每题 5 分，共 50 分）

1. 已知：集合 A＝{－1，0，1}，集合 B＝{－3，－1，1，3}，则 $A\cap B$＝(　　).

A. {－1，0，1}　　B. {－3，－1，0，1，3}

C. {－1，1}　　D. {0，1，3}

2. 已知：若 $a=\sqrt{2}$，集合 $A=\{x \mid x>1\}$，则下述关系中表达正确的是(　　).

A. $a\in A$　　B. $a\subset A$　　C. $\{a\}\notin A$　　D. $a\notin A$

3. 已知：全集 $U=\{0,-1,-2,-3,-4\}$，集合 $M=\{0,-1,-2\}$，集合 $N=\{0,-3,-4\}$，则 $\complement_U M\cap N=$（　　）.

A. {0}　　B. {－3，－4}　　C. {－1，－2}　　D. $\varnothing$

4. 不等式 $|3x+1|\leqslant 7$ 的解集为(　　).

A. $\left(-\frac{8}{3},2\right)$　　B. $\left[-\frac{8}{3},2\right]$

C. $\left(-\infty,-\frac{8}{3}\right]\cup[2,+\infty)$　　D. $(-\infty,2]$

5. 不等式 $x^2-3x\geqslant 0$ 的解集为(　　).

A. $\{x \mid x>0$ 或 $x<3\}$　　B. $\{x \mid x\geqslant 0$ 或 $x\leqslant 3\}$

C. $\{x \mid x\leqslant 0$ 或 $x\geqslant 3\}$　　D. $\{x \mid 0\leqslant x\leqslant 3\}$

6. 若 $a>b$，$c>d$，则(　　).

A. $a-c>b-d$　　B. $a+c>b+d$　　C. $ac>bd$　　D. $\frac{a}{c}>\frac{b}{d}$

7. 不等式 $\frac{x-3}{x+1}\geqslant 0$ 的解集是(　　).

A. $\{x \mid x\geqslant 3$ 或 $x<-1\}$　　B. $\{x \mid x>3$ 或 $x\leqslant -1\}$

C. $\{x \mid x\leqslant -1$ 或 $x\geqslant 3\}$　　D. $\{x \mid -1\leqslant x\leqslant 3\}$

8. $x>y>0$ 是 $x^2>y^2$ 的（　　）.

A. 充分非必要条件　　B. 必要非充分条件

C. 充分必要条件　　D. 非充分非必要条件

9. “$\sin\alpha=\frac{1}{2}$”是“$\alpha=30°$”的（　　）.

A. 充分非必要条件　　B. 必要非充分条件

C. 充分必要条件　　D. 非充分非必要条件

10. 设集合 $M=\{x \mid x+1>0\}$，$N=\{x \mid -x+3>0\}$，则 $M\cap N=$（　　）.

A. $\{x \mid x>-1\}$　　B. $\{x \mid x<-3\}$

C. $\{x \mid -1<x<3\}$　　D. $\{x \mid x>-1$ 或 $x<3\}$

二、填空题（每题 5 分，共 30 分）

11. 不等式 $(x-2)(x+5)\leqslant 0$ 的解集用区间表示是________.

12. 不等式 $3\mid -x+2\mid>6$ 的解集是________.

13. 用列举法表示下列集合 $A=\{x \mid -3<x\leqslant 5, x\in\mathbf{N}\}$ =________，

$B=\left\{(x, y) \middle| \begin{cases}3x-y=2\\ x+y=2\end{cases}\right\}$=________.

14. 设全集 $U=\{$不大于 7 的自然数$\}$，集合 $A=\{1, 3, 5\}$，则 $\complement_U A=$________.

15. 不等式 $x(x+1)<6$ 的解集用区间表示为________.

16. 若关于 x 的方程 $mx^2-(1-m)x+m=0$ 无实数根，则 m 的取值范围是________.

三、解答题（共 70 分）

17.（9 分）求不等式 $-2\mid 3x-1\mid\geqslant -8$ 的整数解.

18.（9 分）比较 $x(x+1)^2$ 与 x^3+x^2-x-5 的大小（$x\in\mathbf{R}$）.

19.（10 分）解不等式组 $\begin{cases}\mid x-1\mid<3\\ \frac{x-2}{2}+1>\frac{x+1}{3}\end{cases}$.

20. （10 分）不等式 $b<x+3<a$ 与不等式 $\mid 1-4x\mid<5$ 的解集相同，求 a，b 的值.

21.（10 分）已知：集合 $A=\{1, 3, m\}$，集合 $B=\{2, m^2-m+1\}$，且 $A\cap B=\{3\}$，求实数 m 的值.

22.（10 分）不等式 $x^2-(a+1)x+4<0$ 的解集为 $\varnothing$，求 a 的取值范围.

23.（12 分）某酒店现有 60 张普通客床，若每床每夜收租费 10 元时，客床可以全部租出；若每夜收费提高 5 元，便会减少 10 张床租出；若再提高 5 元，便会再减少 10 张客床租出. 以此情况变化下去，请您帮该旅行社算一算，每张客床每夜收租费在什么范围内，才能使该酒店每夜收费不低于 600 元?

单元检测题二——函数

（时间 120 分钟，满分 150 分）

班级：________ 姓名：________

一、选择题（每题 5 分，共 50 分）

1. 设 $f(x)=x^3-x$，则 $f(-x)=($　　$)$.

A. $-x^3-x$　　B. $-x^3+x$　　C. x^3-x　　D. x^3+x

2. 下列大小关系不正确的是(　　).

A. $2^{-2}<2^{-3}$　　B. $0.3^2>0.3^3$　　C. $\log_{0.4}6>\log_{0.4}7$　　D. $\log_5 3>\log_5 2$

3. 对于二次函数 $y=-x^2-2x+1$，下列结论正确的是(　　).

A. 顶点坐标 $(1,-2)$　　B. 对称轴 $x=-1$

C. 当 $x=1$ 时，y 有最大值 2　　D. 开口向上

4. 已知函数 $f(x)$ 在 $(-\infty,+\infty)$ 上为奇函数，且 $f(3)=2$，则 $f(-3)=($　　$)$.

A. 2　　B. -2　　C. -3　　D. 3

5. 若 $0\leqslant\log_2 x<2$，则 x 的取值范围是(　　).

A. $[0,2)$　　B. $[0,4)$　　C. $[1,4)$　　D. $[1,2)$

6. 计算 $\log_{16}9\cdot\log_3 8=($　　$)$.

A. 1　　B. $\log_3 4$　　C. $\dfrac{3}{2}$　　D. $\log_2 3$

7. 函数 $y=2^{-x}$ 的大致图像是(　　).

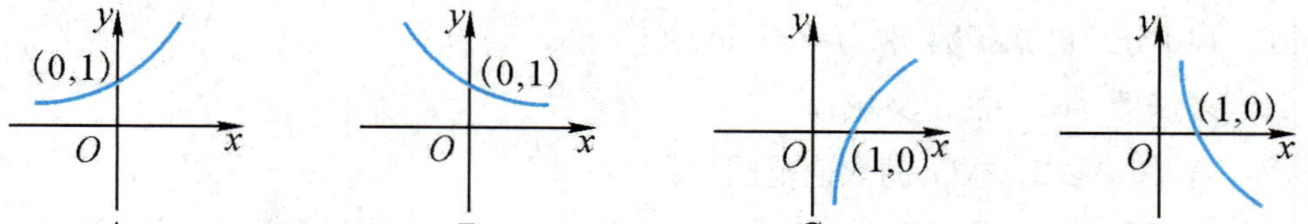

A　　B　　C　　D

8. 下列函数在其定义域内为增函数的是(　　).

A. $f(x)=-x-3$　　B. $f(x)=0.5^x$

C. $f(x)=x^2+3$　　D. $f(x)=\log_3 x-7$

9. 若 $1<0.5^x<4$，则 x 的取值范围是(　　).

A. $(1,2)$　　B. $(-2,1)$　　C. $(-2,0)$　　D. $(0,2)$

10. 如下图是 $y=ax^2+bx+c$ 的图像，则下列结论正确的是(　　).

A. $a>0$，$b<0$，$c>0$

B. $a>0$，$b>0$，$c<0$

C. $a<0$，$b>0$，$c>0$

D. $a<0$，$b<0$，$c>0$

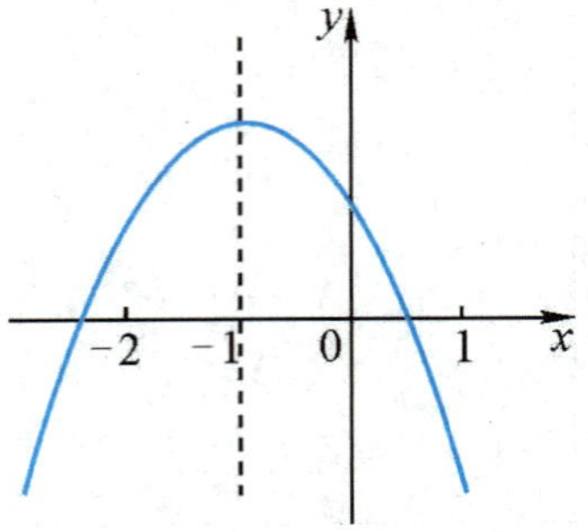

二、填空题（每题 5 分，共 30 分）

11. 函数 $y=\dfrac{\sqrt{2x+4}}{x-5}$的定义域为________.

12. 已知二次函数 $y=x^2-6x+m$ 的最小值为 1，m 的值为________.

13. 计算：$\log_5 4\cdot\log_4 25+(\sqrt{2}-\sqrt{3})^{\lg 1}=$________.

14. 如果二次函数 $y=x^2+ax+a+3$ 与 x 轴有两个不同的交点，则 a 的取值范围是________.

15. 已知函数 $f(x)=\dfrac{x+3}{\sqrt{x^2-9}}$，则 $f(5)=$________.

16. 函数 $f(x)=\dfrac{\log_5(6+5x-x^2)}{x-5}$的定义域为________.

三、解答题（共计 70 分）

17.（9 分）解方程：$\lg(x^2-4x)=\lg(x+6)$.

18.（9 分）计算：$2^{\log_2\frac{1}{4}}+\left(\dfrac{16}{9}\right)^{-\frac{1}{2}}+\lg 30-\lg 3-\log_3 2\cdot\log_2 3$.

19.（10 分）计算：$\lg 0.1-3^{\log_3 2}+\log_3 25\cdot\log_{125} 27+4^{\frac{1}{2}}-C_4^2$.

20.（10 分）已知 $f(x)=x^2-2ax+3$，

(1) 若 $f(-1)=6$，求 a 的值；

(2) 当 a 为何值时，$f(x)$ 有最小值 -6？

21.（10 分）已知二次函数图像的顶点为 $(-1,4)$，并且过点 $(-2,6)$，求这个函数的解析式.

22.（10 分）已知函数 $f(x)=3-\log_6(x^2-3x-4)$，

(1) 求函数 $f(x)$ 的定义域；

(2) 若 $f(x)\geqslant 2$，求 x 的取值范围.

23.（12 分）某农户现准备了 36 米的建筑材料，一边靠墙修造一间日字形的矩形养殖场舍（如图所示），若矩形房间中 BC 长为 x 米，问 x 为多长时，所造矩形养殖场舍 $ABCD$ 的面积最大？最大面积为多少？

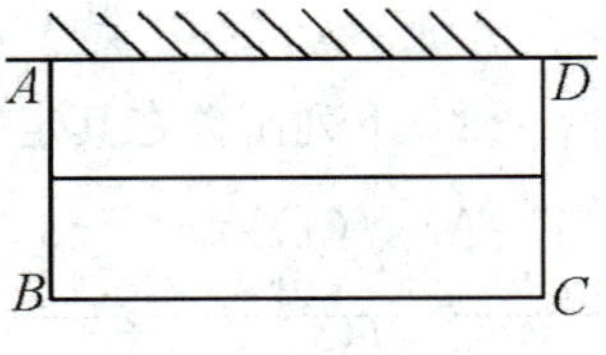

单元检测题三——数列与排列组合

（时间120分钟，满分150分）

班级：________姓名：________

一、选择题（每题5分，共50分）

1. 等差数列 $\{a_n\}$ 中，$a_1=3$，公差 $d=2$，则 $a_8=$(　　).

A. 15　　B. 16　　C. 17　　D. 19

2. 等比数列 $\{a_n\}$ 中，$a_2=-2$，$a_4=-8$，则公比 $q=$(　　).

A. -2　　B. ±2　　C. 2　　D. $\frac{1}{2}$

3. 2和8的等差中项是(　　).

A. 5　　B. ±5　　C. 4　　D. ±4

4. 下列各组数中，构成等比数列的是(　　).

A. 2，4，6　　B. 1，4，9

C. $\sqrt{2}$，2，$\sqrt{8}$　　D. lg 3，lg 9，lg 27

5. 由1，2，3，4，5可以组成多少个没有重复数字的三位数的偶数(　　).

A. 12个　　B. 18个　　C. 24个　　D. 36个

6. 2位女同学和3位男同学站一排照相，若女同学必须相邻，则不同的站法（姿势不算）有(　　)种.

A. 720　　B. 12　　C. 120　　D. 48

7. 某厂2007年的产值为100万元，预计今后产值每年都比上年增长5%，则2011年该厂的年产值将达(　　)万元.

A. $100(1+5\%)^3$　　B. $100(1+5\%)^4$

C. $100(1+5\%)^5$　　D. $100(1+5\%)^6$

8. 若 $C_9^{2x+1}=C_9^{7-x}$，则 $x=$(　　).

A. 0　　B. 1　　C. 2　　D. 1或2

9. 数列0，2，0，2，…的一个通项公式是(　　).

A. $a_n=1+(-1)^{n-1}$　　B. $a_n=1+(-1)^n$

C. $a_n=1-(-1)^n$　　D. $a_n=2\cos n\pi$

10. 等比数列1，-2，4，-8，…则1024是它的第(　　).

A. 9项　　B. 10项　　C. 11项　　D. 12项

二、**填空题**（每题 5 分，共 30 分）

11. $3-\sqrt{2}$和$3+\sqrt{2}$的等比中项为________.

12. 已知等比数列 $\{a_n\}$ 中，$a_2=2$，$q=-3$，则 $a_5=$________.

13. 已知等差数列 $\{a_n\}$ 中，$a_{10}=9$，$a_{18}=-7$，则公差 $d=$________.

14. 已知等比数列 $\{a_n\}$ 中，a_4，a_8 是方程 $x^2+6x+4=0$ 的两根，则 $a_6=$________.

15. 等差数列 $\{a_n\}$ 中，$a_3+a_{13}=30$，则 $a_8=$________；$a_5+a_{11}=$________.

16. 计算：$C_9^4=$________；$P_{12}^2=$________.

三、**解答题**（共计 70 分）

17. （9 分）计算：$C_3^2+P_5^3-4!+C_5^0$.

18. （9 分）等差数列 $\{a_n\}$ 中，$a_{11}=8$，$a_{19}=24$，求 a_1，S_{30}.

19. （10 分）已知等比数列 $\{a_n\}$ 的每一项都为正数，其公比是$x(x+1)=6$ 的根，且前 4 项的和等于 1，求（1）公比 q 和 a_1；（2）此数列前 6 项的和.

20. （10 分）三个数成等差数列，其和为 6，将第三个数加上 1 后，与前面两个又成等比数列，求这三个数.

21. （10 分）小王购房，向银行贷款 12 万元，然后每月付本金和利息，1 年还完，月利率为 0.5%，问小王购房实付多少万元？

22. （10 分）有一家小电影院共有 15 排座位，且它的第 1 排有 20 个座位，从第 2 排起每排比前一排多 2 个座位，问：（1）这家电影院最后一排有多少个座位？（2）若每人票价是 15 元，每个座位只坐一人，问当影院座无虚席时一场能收入多少钱？

23. （12 分）一个弹跳球从 100 米高处自由落下，每次着地后又跳回到原来高度的一半再落下，当它第 6 次着地时，共经过的路程是多少米？（精确到 0.1 米）

单元检测题四——三角函数

（时间 120 分钟，满分 150 分）

班级：________姓名：________

一、选择题（每题 5 分，共 50 分）

1. 下列关系式错误的是(　　).

A. $\sin^2\alpha+\cos^2\alpha=1$　　B. $\cos\left(\frac{\pi}{2}-\alpha\right)=\sin\alpha$

C. $\sin(\alpha-\pi)=-\sin\alpha$　　D. $\cos(-\alpha)=-\cos\alpha$

2. 下列函数在其定义内是偶函数的是(　　).

A. $y=\sin x\cos x$　　B. $y=\sin^2x-\cos^2x$

C. $y=\cos x\tan x$　　D. $y=\frac{\sin x+\cos x}{\sin x-\cos x}$

3. 函数 $y=-5\sin 3x+12\cos 3x$ 的值域和周期分别为(　　).

A. $[-13, 13]$，$\frac{2\pi}{3}$　　B. $[-7, 7]$，$\frac{2\pi}{3}$

C. $[-13, 13]$，6π　　D. $[-7, 7]$，6π

4. 下列关系式中，正确的是(　　).

A. $\sin 65°<\sin 115°$　　B. $\cos 75°<\cos(-75°)$

C. $\sin\frac{3}{5}\pi>\sin\frac{4}{5}\pi$　　D. $\cos\frac{\pi}{8}<\cos\frac{\pi}{7}$

5. 在$\triangle ABC$中，$AB=2$，$AC=2\sqrt{7}$，$BC=6$，则$\angle ABC=$(　　).

A. 30°　　B. 45°　　C. 60°　　D. 90°

6. 化简 $\sin(x-y)\cos y+\cos(x-y)\sin y=$(　　).

A. $\sin x$　　B. $\sin y$　　C. $\cos x$　　D. $\cos y$

7. $\cos\frac{17}{3}\pi=$(　　).

A. $\frac{1}{2}$　　B. $-\frac{1}{2}$　　C. $\frac{\sqrt{3}}{2}$　　D. $-\frac{\sqrt{3}}{2}$

8. 设$-\frac{\pi}{4}<\alpha<0$，则方程$\frac{x^2}{\cos\alpha}+\frac{y^2}{\sin\alpha}=1$表示的曲线是(　　).

A. 焦点在 x 轴上的椭圆　　B. 焦点在 y 轴上的椭圆

C. 实轴在 x 轴上的双曲线　　D. 实轴在 y 轴上的双曲线

9. 在△ABC中，$AB=4$，$BC=5$，$AC=7$，则此三角形为（　　）.

A. 直角三角形　　B. 锐角三角形　　C. 钝角三角形　　D. 无法判定

10. 若$\sin x=-\dfrac{1}{2}$，且$x\in[0, 2\pi]$，则$x=$（　　）.

A. $\dfrac{\pi}{6}$，$\dfrac{5}{6}\pi$　　B. $\dfrac{5\pi}{6}$，$\dfrac{7}{6}\pi$　　C. $\dfrac{7\pi}{6}$，$\dfrac{11}{6}\pi$　　D. $\dfrac{\pi}{6}$，$\dfrac{11}{6}\pi$

二、填空题（每题5分，共30分）

11. 若$\tan\alpha=2$，则$\dfrac{\sin\alpha+2\cos\alpha}{3\sin\alpha-4\cos\alpha}=$________.

12. 函数$y=-3\sin\left(2x-\dfrac{\pi}{5}\right)+2$的最大值为________，最小正周期为________.

13. 若$\cos\alpha=-\dfrac{3}{5}$，且$\alpha\in(0, \pi)$，则$\tan\alpha=$________.

14. 若$\cos\alpha=-\dfrac{3}{5}$，$\alpha\in\left(\pi, \dfrac{3}{2}\pi\right)$，则$\sin 2\alpha=$________.

15. 计算：$\tan 15°=$________.

16. 若$\cos x-\sin x=-\dfrac{\sqrt{3}}{2}$，则$\sin 2x=$________.

三、解答题（共计70分）

17. （9分）已知角α的终边上一点$P(-3, -4)$，求$\cos\left(\dfrac{\pi}{6}-\alpha\right)$.

18. （9分）已知$\tan(\pi-\alpha)=-\dfrac{1}{5}$，求$\tan 2\alpha$.

19. （10分）已知在△ABC中，$\angle A=45°$，$\angle C=75°$，$a=4$，求b，$S_{\triangle ABC}$.

20. （10分）已知$\sin\alpha=\dfrac{3}{5}$，$\alpha\in\left(\dfrac{\pi}{2}, \pi\right)$，$\cos\beta=-\dfrac{5}{13}$，$\beta\in\left(\pi, \dfrac{3}{2}\pi\right)$，求$\sin(\alpha-\beta)$的值.

21. （10分）求证：$\dfrac{2\sin\left(\dfrac{\pi}{2}-\alpha\right)\cdot\tan(\pi-\alpha)}{1+\cos 2\alpha}\cdot\cos(-\alpha)=-\tan\alpha$.

22. （10分）证明三角恒等式：$\dfrac{1+\sin 2\alpha+\cos 2\alpha}{\cos\alpha+\sin\alpha}=2\cos\alpha$.

23. （12分）在△ABC中，如果$\sin A=2\sin B\cdot\cos C$，求证：△$ABC$为等腰三角形.

单元检测题五——解析几何

（时间 120 分钟，满分 150 分）

班级：________ 姓名：________

一、选择题（每题 5 分，共 50 分）

1. 直线 $3x+4y-5=0$ 的斜率是(　　).

A. $-\frac{4}{3}$　　B. $-\frac{3}{4}$　　C. $\frac{4}{3}$　　D. $\frac{3}{4}$

2. 已知过点 P（1，2），且倾斜角为 135°的直线方程为(　　).

A. $x-y-1=0$　　B. $x+y+1=0$　　C. $x+y+3=0$　　D. $x+y-3=0$

3. 已知椭圆的长轴长是短轴长的 2 倍，则它的离心率 e 等于(　　).

A. $\frac{3}{4}$　　B. $\frac{\sqrt{3}}{2}$　　C. $\frac{\sqrt{2}}{2}$　　D. $\frac{1}{2}$

4. 已知点 N（1，1）到直线 $x+y+m=0$ 的距离等于$\sqrt{2}$，则 m 的值为(　　).

A. $\sqrt{2}$　　B. 0 或 4　　C. 0 或 −4　　D. 4

5. 在 y 轴上截距为 2，且平行于直线 $x+3y=0$ 的直线方程是(　　).

A. $3x-y-2=0$　　B. $3x-y+2=0$

C. $x+3y+6=0$　　D. $x+3y-6=0$

6. 已知双曲线中心在坐标原点，离心率为$\frac{5}{3}$，焦点在 y 轴上，则它的渐近线方程是(　　).

A. $y=\pm\frac{5}{4}x$　　B. $y=\pm\frac{4}{5}x$　　C. $y=\pm\frac{3}{4}x$　　D. $y=\pm\frac{4}{3}x$

7. 直线 $3x+my-6=0$ 与直线 $mx-(2m-1)y+4=0$ 垂直，则 m 的值为(　　).

A. 2　　B. −2　　C. 2 或 0　　D. −2 或 0

8. 直线 $3x-4y+9=0$ 与圆 $x^2+y^2+2x=0$ 的位置关系是(　　).

A. 直线过圆心　　B. 相交但不过圆心

C. 相切　　D. 相离

9. 由点 M（2，3）向圆 $(x+3)^2+(y+2)^2=25$ 所引的切线的长为(　　).

A. 5　　B. $4\sqrt{2}$　　C. 10　　D. $\sqrt{34}$

10. 双曲线$\frac{x^2}{m^2}-\frac{y^2}{5}=1$与椭圆$\frac{x^2}{25}+\frac{y^2}{9}=1$有共同的焦点，则 m 的值为(　　).

A. $\sqrt{11}$　　B. $\sqrt{21}$　　C. $\sqrt{29}$　　D. $\sqrt{39}$

二、填空题（每题 5 分，共 30 分）

11 若曲线 $x^2-mxy-4y+2=0$ 经过点（2，−3），则 $m=$________.

12. 已知点 P 是椭圆$\frac{x^2}{9}+\frac{y^2}{4}=1$ 上一点，F_1，F_2 是椭圆的两个焦点，若$|PF_1|=4$，则$|PF_2|=$________.

13. 若方程$\frac{x^2}{25-k}+\frac{y^2}{k-16}=1$ 表示焦点在 x 轴上的双曲线，则 k 的取值范围是________.

14. 经过原点且倾斜角是直线 $y=\frac{\sqrt{3}}{3}x-4$ 的倾斜角的 2 倍的直线方程是________.

15. 圆心为（3，−2），且过点（2，−1）的圆的标准方程是________.

16. 若直线 $y=x+k$ 与半圆 $y=\sqrt{1-x^2}$ 有两个不同的交点，则 k 的取值范围是________.

三、解答题（共 70 分）

17. 求点 M（−3，5）关于直线 $2x-y+4=0$ 的对称点 N 的坐标.

18. 已知两个定点的距离为 8，点 M 到这两个定点的距离之和为 10，求点 M 的轨迹方程.

19. 已知在$\triangle ABC$ 中，三个顶点的坐标分别是 $A(-1,0)$，$B(1,0)$，$C(3,2)$.

（1）求$|AC|$；（2）求 BC 边上中线所在的直线方程.

20. 求过原点及点 M（1，−1）且在 x 轴上截得的线段长为 10 的圆的方程.

21. 已知过点（0，$-\sqrt{2}$）的直线 l 与双曲线 $x^2-y^2=1$ 有两个交点，求直线 l 的斜率的取值范围.

22. 已知过点 P（−2，1）的直线被椭圆 $x^2+2y^2=8$ 截得的弦 AB 的中点恰好为 P，求弦 AB 的长.

23. 已知抛物线经过直线 $y=x$ 与圆 $x^2+y^2+6x=0$ 的交点，其顶点在原点且对称轴为坐标轴，求该抛物线的方程.

高职考试综合模拟试题（一）

（满分 100 分，时间 60 分钟）

一、选择题（共 10 小题，每小题 6 分，共 60 分）

1. 集合 $\{x \mid 1<x\leqslant 2\}$ 用区间表示为（　　）.

A. $[1, 2)$　　B. $(1, 2]$　　C. $[1, 2]$　　D. $(1, 2)$

2. 数 1 和 5 的等差中项为（　　）.

A. 1　　B. 2　　C. 3　　D. 4

3. 若集合 $A=\{x \mid x^2-x-2=0\}$，$B=\{-1, 1\}$，则 $A\cap B=$（　　）.

A. $\{1\}$　　B. $\{-1\}$　　C. $\{-1, 1\}$　　D. $\varnothing$

4. 已知双曲线的标准方程为 $\frac{x^2}{9}-\frac{y^2}{16}=1$，则其虚轴长为（　　）.

A. 3　　B. 4　　C. 6　　D. 8

5. 已知 $f(x)=2\sin\left(2x+\frac{\pi}{2}\right)$，则它的最大值和最小正周期分别为（　　）.

A. $2, 4\pi$　　B. $2, 2\pi$　　C. $2, \pi$　　D. $2, \frac{\pi}{2}$

6. 有 3 个男生和两个女生站在一排照相，其中两个女生必须相邻的站法有（　　）.

A. 12 种　　B. 24 种　　C. 48 种　　D. 60 种

7. 已知 $\sin\alpha=\frac{1}{2}$，且 $\frac{\pi}{2}<\alpha<\pi$，则 $\sin 2\alpha=$（　　）.

A. $-\frac{\sqrt{3}}{4}$　　B. $-\frac{\sqrt{3}}{2}$　　C. $\frac{\sqrt{3}}{4}$　　D. $\frac{\sqrt{3}}{2}$

8. 不等式 $|2x-5|<3$ 的解集是（　　）.

A. $\{x \mid x>4\}$　　B. $\{x \mid 1<x<4\}$

C. $\{x \mid x<1$ 或 $x>4\}$　　D. $\{x \mid -1<x<4\}$

9. 已知直线 l_1：$x-2y-4=0$ 和 l_2：$x+2y-8=0$，则直线 l_1 与 l_2 和 y 轴围成的三角形的面积为（　　）.

A. $\frac{9}{2}$　　B. 9

C. 18　　D. 36

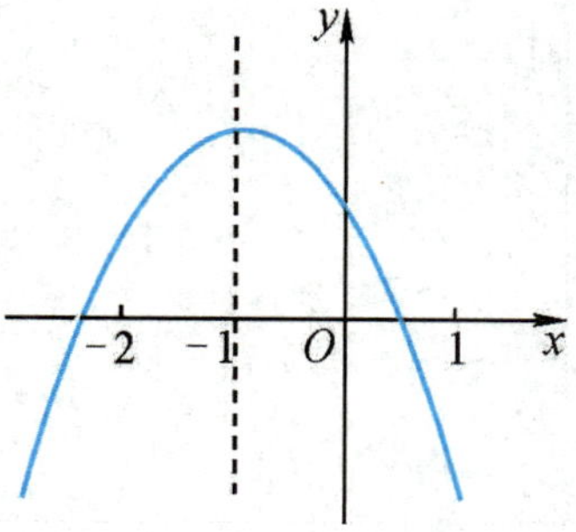

10. 已知函数 $f(x)=ax^2+bx+c$ $(a\neq 0)$ 的图像如图所示，则 a，b，c 的符号为（　　）.

A. $a>0$，$b>0$，$c>0$

B. $a>0$，$b>0$，$c<0$

C. $a>0$，$b<0$，$c<0$

D. $a<0$，$b<0$，$c>0$

二、解答题（共3小题，共40分）

11. 计算：$2011^{\circ}-\sin\frac{\pi}{6}-\log_3 2\cdot\log_2 3+P_2^1$.（14分）

12. 已知函数 $f(x)=\log_2(x^2-x-2)$.（1）求函数 $f(x)$的定义域；（2）当 x 为何值时，$f(x)$的值为2？（13分）

13. 已知直线 l：$x+y-2=0$ 和圆 A：$x^2+y^2-12x-12y+54=0$.（13分）

（1）求圆 A 的圆心和半径；

（2）判断直线 l 和圆 A 的位置关系；

（3）能否找一个圆，使得与直线 l 和圆 A 同时相切. 若有，求出圆的标准方程；若没有，请说明理由.

高职考试综合模拟试题（二）

（满分 100 分，时间 60 分钟）

一、选择题（共 10 题，每小题 6 分，共 60 分）

1．设全集 $U=\{0,1,2,3,4\}$，集合 $A=\{0,1,2,3\}$，$B=\{2,3,4\}$，则 $\complement_U A\cup B$ 等于（　　）.

A．$\{4\}$　　B．$\{0,1,2,3,4\}$

C．$\{2,3,4\}$　　D．$\{4,1\}$

2．已知 $\sin\alpha=\frac{1}{2}$ $(0<\alpha<\pi)$，则 α 的值是（　　）.

A．$\frac{\pi}{6}$　　B．$\frac{\pi}{6}$或$\frac{7\pi}{6}$　　C．$\frac{\pi}{3}$或$\frac{4\pi}{3}$　　D．$\frac{\pi}{3}$

3．函数 $y=3\sin(2x+45^\circ)$ 的最小值和最小正周期分别为（　　）.

A．-3 和 π　　B．-3 和 2π　　C．3 和 π　　D．3 和 2π

4．经过点 $(2,1)$ 且与 $x+2y-3=0$ 平行的直线方程为（　　）.

A．$2x-y-3=0$　　B．$x+2y-4=0$

C．$x+2y-3=0$　　D．$2x-y-4=0$

5．椭圆$\frac{x^2}{m^2}+\frac{y^2}{4}=1$过点 $(-2,\sqrt{3})$，其焦距为（　　）.

A．$2\sqrt{3}$　　B．$2\sqrt{5}$　　C．$4\sqrt{5}$　　D．$4\sqrt{3}$

6．若 $\lg a$，$\lg b$，$\lg c$ 成等差数列，则（　　）.

A．$b=\frac{a+c}{2}$　　B．a，b，c 成等差数列

C．$b=\frac{1}{2}(\lg a+\lg c)$　　D．a，b，c 成等比数列

7．不等式 $(x+3)(x-1)>0$ 的解集为（　　）.

A．$\{x\mid x>1\}$　　B．$\{x\mid x<-3\}$

C．$\{x\mid -3<x<1\}$　　D．$\{x\mid x<-3$ 或 $x>1\}$

8．数字 1，2，3，4，5 构成的没有重复数字的五位数中，3 不在首位的五位数个数为（　　）.

A．24　　B．48　　C．96　　D．120

9．函数 $y=\frac{2\sin x}{x^2-1}$是（　　）.

A．偶函数　　B．奇函数

C．非奇非偶函数　　D．既是奇函数又是偶函数

10. 下列不等式中，正确的是（　　）.

A. $0.3^{0.1}<0.3^{0.2}$　　B. $0.3^{0.1}>0.3^{0.2}$

C. $\log_3 0.1>\log_3 0.2$　　D. $\log_{0.3} 0.1<\log_{0.3} 0.2$

二、解答题（共 3 小题，共 40 分）

11. 三个数成等差数列，其和为 15，若将这三个数加上 1，4，19 后得到的三个数成等比数列，求此三个数.（14 分）

12. 已知 $\sin\alpha=-\frac{4}{5}$，且 α 是第三象限角，求 $\sin\left(\alpha+\frac{\pi}{4}\right)$的值.（13 分）

13. 已知过点 P（-2，1）的直线被椭圆 $x^2+2y^2=8$ 截得的弦 AB 的中点恰好是 P 点.

（1）求直线 AB 的方程；

（2）求弦 AB 的长.（13 分）

高职考试综合模拟试题（三）

（满分 100 分，时间 60 分钟）

一、选择题（共 10 小题，每题 6 分，共 60 分）

1. 已知 $a=-\sqrt{11}$，集合 $A=\{x \mid x<-3\}$，下列表述正确的是（　　）.

A. $a\notin A$　　B. $\{a\}\in A$　　C. $a\subset A$　　D. $\{a\}\subset A$

2. 4 位同学和 2 位老师站成一排一起照相（姿势不算），若 2 位老师相邻，不同的站法共有（　　）种.

A. 240　　B. 480　　C. 60　　D. 120

3. 已知：若 $\log_a 5>\log_a 7$，则 a 的取值范围是（　　）.

A. $a>1$　　B. $0<a<1$　　C. $a>0$　　D. $a<0$

4. 过点 $P(-1, 2)$，且垂直于直线 $2x-y+3=0$ 的直线 l 的方程为（　　）.

A. $x+2y-3=0$　　B. $2x+y=0$

C. $x+2y-1=0$　　D. $2x-y+4=0$

5. 下列函数，在其定义域内为偶函数的是（　　）.

A. $f(x)=\sin x$　　B. $f(x)=2^x$

C. $f(x)=-\dfrac{x^2}{x^2-1}$　　D. $f(x)=\dfrac{(x-1)^2}{x^2}$

6. “$\sin\alpha=\dfrac{1}{2}$”是“$\alpha=30°$”的（　　）.

A. 充分不必要条件　　B. 必要不充分条件

C. 充分必要条件　　D. 既不充分也不必要条件

7. 等比数列 $\{a_n\}$ 中，$a_1=3$，$q=2$，则 48 是它的第（　　）项.

A. 4　　B. 5　　C. 6　　D. 7

8. 函数 $y=\sqrt{9-3x}+\lg(2x-4)$ 的定义域为（　　）.

A. $(2, 3]$　　B. $(2, 3)$

C. $[2, 3]$　　D. $(-\infty, 2)\cup[3, +\infty)$

9. 一个焦点坐标为 $(0, -10)$，虚轴长为 16 的双曲线的标准方程是（　　）.

A. $\dfrac{x^2}{64}-\dfrac{y^2}{36}=1$　　B. $\dfrac{x^2}{36}-\dfrac{y^2}{64}=1$

C. $\dfrac{x^2}{25}-\dfrac{y^2}{36}=1$　　D. $\dfrac{y^2}{36}-\dfrac{x^2}{64}=1$

10. 直线 $x-2y-2=0$ 与圆 $(x-1)^2+(y+3)^2=5$ 的位置关系是（　　）.

A. 相交　　B. 相离　　C. 相切　　D. 相交且过圆心

二、解答题（共 3 个小题，共 40 分）

11. 计算：$e^{\ln 3}+\left(-\frac{8}{125}\right)^{\frac{1}{3}}-3\lg 2-3\lg 5-\sin 30°+C_5^4$.（14 分）

12. 已知$\triangle ABC$中，$a+b=10$，$c=6$，$\angle C=60°$，求$S_{\triangle ABC}$.（13 分）

13. 已知椭圆$\frac{x^2}{5}+y^2=1$的左、右焦点为F_1，F_2，过F_1的直线l的倾斜角为$\frac{\pi}{4}$，且直线与椭圆交于A，B两点. 求（1）直线l的方程；（2）求$|AB|$；（3）求三角形ABF_2的面积是多少？（13 分）

高职考试综合模拟试题（四）

（满分 100 分，时间 60 分钟）

一、选择题（共 10 小题，每小题 6 分，共 60 分）

1. 设全集 $U=\{-1, 0, 1, 2\}$，集合 $M=\{-1, 0\}$，集合 $N=\{0, 1\}$，则集合 $\complement_U M\cap N=$（　　）.

A. $\{0\}$　　B. $\{1\}$　　C. $\{-1, 0, 1\}$　　D. $\{-1, 1, 2\}$

2. $\cos 75°$的值为（　　）.

A. $\dfrac{\sqrt{6}+\sqrt{2}}{4}$　　B. $\dfrac{\sqrt{6}-\sqrt{2}}{4}$　　C. $-\dfrac{\sqrt{6}+\sqrt{2}}{4}$　　D. $-\dfrac{\sqrt{6}-\sqrt{2}}{4}$

3. 已知函数 $f(x)=-8\sin 4x+6\cos 4x$，则该函数的最小值和最小正周期为（　　）.

A. $-10, 2\pi$　　B. $-2, 2\pi$　　C. $-10, \dfrac{\pi}{2}$　　D. $-2, \dfrac{\pi}{2}$

4. 已知 5 人站一排照相，则甲不能站排头的排法有（　　）.

A. 24 种　　B. 48 种　　C. 96 种　　D. 120 种

5. 下列函数在其定义域内是偶函数的是（　　）.

A. $y=\sin^2 x$　　B. $y=\sin x+2$　　C. $y=\cos x\cdot\tan x$　　D. $y=\dfrac{\sin x+\cos x}{\sin x-\cos x}$

6. 函数 $y=\lg(4-2x)+\sqrt{6+2x}$的定义域为（　　）.

A. $(-3, 2)$　　B. $[-3, 2)$

C. $[-3, 2]$　　D. $(-\infty, -3)\cup(2, +\infty)$

7. 设 $0<\alpha<\dfrac{\pi}{4}$，则方程$\dfrac{x^2}{\cos\alpha}+\dfrac{y^2}{\sin\alpha}=1$ 表示的曲线是（　　）.

A. 焦点在 x 轴的椭圆　　B. 焦点在 y 轴的椭圆

C. 焦点在 x 轴的双曲线　　D. 焦点在 y 轴的双曲线

8. 设 $x\in\mathbf{R}$，则 $x^2>1$ 是 $x>1$ 的（　　）.

A. 充分不必要条件　　B. 必要而不充分条件

C. 充要条件　　D. 不充分且不必要条件

9. 直线 $3x+ky+1=0$ 与直线 $2x-y+2=0$ 平行，则 k 的值为（　　）.

A. $-\dfrac{2}{3}$　　B. $-\dfrac{3}{2}$　　C. 3　　D. 6

10. 在同一坐标系中，当 $a>1$ 时，函数 $y=\log_a x$ 和 $y=a^{-x}$的大致图像是（　　）.

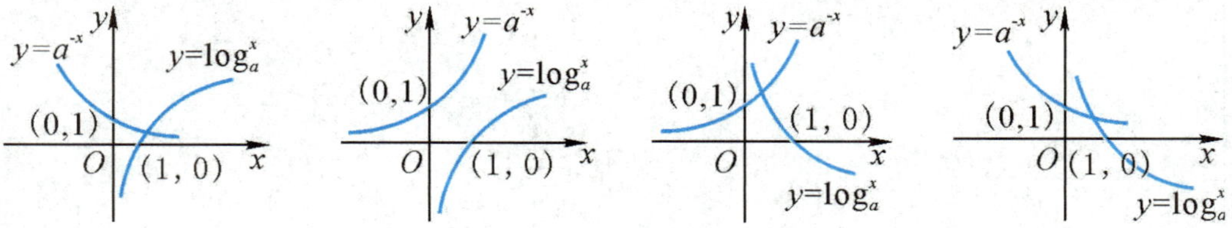

A　　B　　C　　D

二、解答题（共 3 小题，共 40 分）

11．已知四个正数，前三个数成等差数列，其和为 48，后三个数成等比数列，其最后一个数为函数 $y=-x^2+4x+21$ 的最大值，求这四个数．（14 分）

12．某农户现准备了 36 米的建筑材料，一边靠墙修造一间日字形的矩形养殖场舍（如图所示），若矩形房间中 BC 长为 x 米，问 x 为多长时，所造矩形养殖场舍 $ABCD$ 的面积最大？最大面积为多少？（13 分）

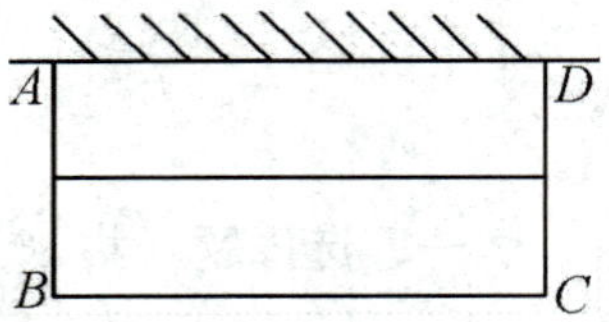

题 12 图

13．已知：直线 l 经过点 $P(0,m)$，倾斜角为 $\frac{\pi}{4}$，圆 C 的方程是 $x^2+y^2=2$，问：(1) 当 m 为何值时，直线 l 和圆 C 相切？(2) 当 m 为何值时，直线 l 与圆相交所得的弦长为 $\sqrt{6}$？（13 分）

2017年重庆市高职招生考试数学试卷

数学　试题卷

数学试题卷共3页。满分200分。考试时间120分钟。

注意事项：

1. 答题前，务必将自己的姓名、准考证号填写在答题卡规定的位置上。

2. 答选择题时，必须使用2B铅笔将答题卡上对应题目的答案标号涂黑。如需改动，用橡皮擦擦干净后，再选涂其他答案标号。

3. 答非选择题时，必须使用0.5毫米黑色签字笔，将答案书写在答题卡规定的位置上。

4. 所有题目必须在答题卡上作答，在试题卷上答题无效。

5. 考试结束后，将试题卷和答题卡一并交回。本试题卷解密时间：2017年6月7日17:00。

一、选择题（共12小题，每小题7分，共84分）

在每个小题给出的四个备选项中，只有一项是符合题目要求的，选出正确答案，并将答题卡对应位置上的答案标号涂黑.

1. 设集合 $A=\{0\}$，则下列结论正确的是

(A) $A=0$　　(B) $A=\Phi$

(C) $0\in A$　　(D) $\Phi\in A$

2. 命题“$x=3$”是命题“$x^2-9=0$”的

(A) 充要条件　　(B) 充分而不必要条件

(C) 必要而不充分条件　　(D) 既不充分也不必要条件

3. 设 a,b,c 均为实数，且 $a>b$，则下列不等式一定成立的是

(A) $ac>bc$　　(B) $ac<bc$

(C) $a+c>b+c$　　(D) $a+c<b+c$

4. 设函数 $f(x)=kx-1$ 为减函数，则必有

(A) $k<1$　　(B) $k>1$

(C) $k<0$　　(D) $k>0$

5. 下列函数为奇函数的是

(A) $e^x - e^{-x}$　　(B) $e^x + e^{-x}$

(C) e^x　　(D) e^{-x}

6. 已知$\{a_n\}$为等比数列，$a_1 = 81$，公比为$\frac{1}{3}$，则 $a_6 =$

(A) $\frac{1}{3}$　　(B) $\frac{1}{9}$

(C) $\frac{1}{27}$　　(D) $\frac{1}{81}$

7. 设 $\sin\alpha > 0$，$\cos\alpha < 0$，则 α 是

(A) 第一象限的角　　(B) 第二象限的角

(C) 第三象限的角　　(D) 第四象限的角

8. 过点(1,0)与点(2,2)的直线的方程为

(A) $2x - y - 2 = 0$　　(B) $2x - y + 1 = 0$

(C) $x - 2y - 1 = 0$　　(D) $x - 2y + 2 = 0$

9. 函数 $f(x) = 3\sin^2 x$ 的最小正周期为

(A) $\frac{\pi}{2}$　　(B) π

(C) 2π　　(D) 4π

10. 在 $\triangle ABC$ 中，已知 $A = 75°$，$C = 45°$，则 $\frac{AC}{AB}$ 的值为

(A) $\frac{1}{2}$　　(B) $\frac{\sqrt{2}}{2}$

(C) $\frac{\sqrt{3}}{2}$　　(D) $\frac{\sqrt{6}}{2}$

11. 经过圆 $x^2 + y^2 + 2x = 0$ 的圆心且与直线 $x + y = 0$ 垂直的直线方程为

(A) $x + y - 1 = 0$　　(B) $x + y + 1 = 0$

(C) $x - y - 1 = 0$　　(D) $x - y + 1 = 0$

12. 从1,2,3,4,5五个数字中随机地有放回地依次抽取三个数字，则数字2只出现一次的取法总数为

(A) 16　　(B) 48

(C) 75　　(D) 96

二、填空题(共6小题,每小题7分,共42分)

请在答题卡上对应的位置作答.

13. 设$f(x)=\begin{cases}1+\ln x, & x>0,\\ x+1, & x\leqslant 0,\end{cases}$则$f(e^2)=$__________.

14. 已知角$\alpha\in(0,\frac{\pi}{2})$,$\sin\alpha=\frac{\sqrt{3}}{2}$,则$\cos\alpha=$__________.

15. 设$\{a_n\}$是等差数列,且$a_4-a_1=6$,则$\{a_n\}$的公差为__________.

16. 抛物线$y^2=8x$的焦点坐标为__________.

17. 函数$f(x)=2-3\sin x$在$[0,2\pi]$上的增区间为__________.

18. 若椭圆$kx^2+2y^2=4$的一个焦点坐标为(2,0),则实数$k=$__________.

三、解答题(共6小题,共74分)

请在答题卡上对应的位置作答.

19. (本小题满分12分)计算:$2^0-\log_2 4+\lg 0.1-C_3^1+(-3)^{-1}$.

20. (本小题满分12分)解不等式组:$\begin{cases}|2x+1|<3,\\ x^2-3>2x.\end{cases}$

21. (本小题满分12分)已知在等差数列$\{a_n\}$中,$a_5=3$,$a_{12}=-11$.

(Ⅰ)求$\{a_n\}$的通项公式;

(Ⅱ)设$\{a_n\}$的前n项和为S_n,求S_n的最大值.

22. (本小题满分12分)设函数$f(x)=\sin(\omega x+\frac{\pi}{3})-\cos(\omega x+\frac{\pi}{3})(\omega>0)$的最小正周期为$6\pi$.求:

(Ⅰ)ω的值;

(Ⅱ)$f(x)$的最大值及取得最大值的点的集合.

23. (本小题满分12分)某商场以每件30元的价格购进一种商品,试销中发现这种商品每天的销量k(件)与每件的售价x(元)满足函数关系$k=\begin{cases}162-3x, & 0<x<54,\\ 0, & x\geqslant 54.\end{cases}$

(Ⅰ)写出商场每天销售这种商品的利润y(元)与售价x之间的函数关系式(每件商品的利润=售价-进价);

(Ⅱ)商场在销售这种商品过程中要想获得最大利润,每件商品的售价是多少?每天的最大利润是多少?

24. (本小题满分14分)设椭圆C的中心为坐标原点,右焦点为圆$x^2+y^2-2\sqrt{3}x-6=0$的圆心,离心率为$\frac{\sqrt{3}}{2}$.

(Ⅰ)求椭圆C的方程;

(Ⅱ)设直线$y=x+\lambda$与椭圆C有两个不同交点,求λ的取值范围.

2018年重庆市高职招生考试数学试卷

数学　试题卷

一、选择题（共8小题，每小题7分，共56分．在每个小题给出的四个备选项中，只有一项是符合题目要求的．）

1．已知集合 $A=\{0,1\},B=\{0,2\}$，则 $A\cup B=$

（A）$\varnothing$　（B）$\{0\}$　（C）$\{1,2\}$　（D）$\{0,1,2\}$

2．在等比数列 $\{a_n\}$ 中，若 $a_3=2,a_5=8$，则 $a_1=$

（A）$\frac{1}{2}$　（B）$\frac{3}{2}$　（C）2　（D）3

3．设指数函数 $f(x)=a^x$ 的图像过点 $(3,8)$，则 $f\left(\frac{1}{2}\right)=$

（A）$\frac{1}{2}$　（B）$\frac{\sqrt{2}}{2}$　（C）$\sqrt{2}$　（D）2

4．不等式 $|1-2x|\leqslant 3$ 的解集为

（A）$[-2,1]$　（B）$[-1,2]$

（C）$(-\infty,-2]\cup[1,+\infty)$　（D）$(-\infty,-1]\cup[2,+\infty)$

5．在 $\triangle ABC$ 中，$AC=15,BC=10,B=60^\circ$，则 $\sin A=$

（A）$-\frac{\sqrt{6}}{3}$　（B）$-\frac{\sqrt{3}}{3}$　（C）$\frac{\sqrt{3}}{3}$　（D）$\frac{\sqrt{6}}{3}$

6．以 $A(-4,2),B(2,4)$ 为端点的线段的垂直平分线的方程为

（A）$3x+y=0$　（B）$3x+y-6=0$

（C）$x+3y=0$　（D）$x+3y+6=0$

7．设 S_n 为等差数列 $\{a_n\}$ 的前 n 项和，若 $S_3=2a_3$，则 $\frac{S_6}{S_2}=$

（A）3　（B）7　（C）9　（D）12

8．从1,2,3,4,5,6,7,8,9这九个数中，任意取出三个不同的数，其和为偶数的取法总数为

（A）34　（B）42　（C）44　（D）50

二、解答题（共 3 小题，共 44 分）

9.（本小题满分 14 分）

计算：$4\times\left(\frac{1}{4}\right)^{-\frac{1}{2}}+\lg 2^0-3\tan^2\frac{\pi}{6}+\mathrm{P}_{10}^2$．

10.（本小题满分 15 分，（Ⅰ）小问 8 分，（Ⅱ）小问 7 分）

已知函数 $f(x)=\sqrt{3}\sin\omega x-\cos\omega x\ \ (\omega>0)$ 的最小正周期为 π．

（Ⅰ）求 $f(x)$ 的最大值及 ω 的值；

（Ⅱ）求 $f(x)$ 的单调递减区间.

11.（本小题满分 15 分，（Ⅰ）小问 5 分，（Ⅱ）小问 10 分）

已知椭圆 C 的方程为 $\frac{x^2}{2}+y^2=1$．

（Ⅰ）求椭圆 C 的离心率；

（Ⅱ）过椭圆 C 的右焦点且倾斜角为 $60°$ 的直线与椭圆 C 交于 A,B 两点，求线段 AB 之长.

2019年重庆市高职招生考试数学试卷

数学　试题卷

一、**选择题**（共10小题，每小题6分，共60分．在每个小题给出的四个备选项中，只有一项是符合题目要求的．）

1．设集合 $A=\{-1,0\}$，$B=\{0,1\}$，则 $A\cap B=$

（A）$\varnothing$　　（B）$\{-1\}$　　（C）$\{0\}$　　（D）$\{1\}$

2．若 $\ln a=\frac{1}{2}$，则下列等式成立的是

（A）$\sqrt{a}=\mathrm{e}$　　（B）$a=\sqrt{\mathrm{e}}$　　（C）$2\mathrm{e}^{a}=1$　　（D）$a^2=\frac{1}{\mathrm{e}}$

3．不等式 $|x-2|<2$ 的解集为

（A）$(0,4)$　　（B）$(-\infty,0)\cup(4,+\infty)$

（C）$(-2,2)$　　（D）$(-\infty,-2)\cup(2,+\infty)$

4．下列函数为偶函数的是

（A）$y=x^2-1$　　（B）$y=(x+1)^2$

（C）$y=\frac{x}{1+x^2}$　　（D）$y=\sqrt{x}$

5．若 $\cos\alpha<0$，$\tan\alpha<0$，则 α 是

（A）第一象限角　　（B）第二象限角

（C）第三象限角　　（D）第四象限角

6．不等式 $2x^2-5x+2>0$ 的解集为

（A）$\left(\frac{1}{2},2\right)$　　（B）$(-1,2)$

（C）$(-\infty,-1)\cup(2,+\infty)$　　（D）$\left(-\infty,\frac{1}{2}\right)\cup(2,+\infty)$

7．若实数a，b满足$\left(\frac{1}{2}\right)^a>\left(\frac{1}{2}\right)^b>1$，则

（A）$b>a>0$ （B）$b<a<0$

（C）$a>b>0$ （D）$a<b<0$

8．设双曲线的两个顶点坐标分别为$(0,-3)$，$(0,3)$，离心率为$\frac{4}{3}$，则该双曲线的标准方程是

（A）$\frac{x^2}{9}-\frac{y^2}{7}=1$ （B）$\frac{x^2}{9}-\frac{y^2}{25}=1$

（C）$\frac{y^2}{9}-\frac{x^2}{7}=1$ （D）$\frac{y^2}{9}-\frac{x^2}{25}=1$

9．将6名学生排成一排，其中甲、乙两名学生必须相邻，则不同的排法总数为

（A）120 （B）160 （C）240 （D）320

10．设$f(x)$是定义在$\mathbf{R}$上的偶函数，且在区间$(-\infty,0]$上为增函数．若$f(-1)=0$，则使得$f(x)>0$的x的取值范围是

（A）$(-\infty,-1)$ （B）$(-1,1)$

（C）$(1,+\infty)$ （D）$(-\infty,-1)\cup(1,+\infty)$

二、解答题（共3小题，共40分）

11．（本小题满分14分，（Ⅰ）小问6分，（Ⅱ）小问8分）

在等差数列$\{a_n\}$中，$a_1=-4$，公差$d=2$．

（Ⅰ）求a_{40}的值；

（Ⅱ）若该数列的前n项和为50，求n的值．

12．（本小题满分13分，（Ⅰ）小问8分，（Ⅱ）小问5分）

在$\triangle ABC$中，$\cos A=-\frac{5}{13}$，$\cos B=\frac{3}{5}$．

（Ⅰ）求$\sin C$的值；

（Ⅱ）若$AB=5$，求BC的长．

13．（本小题满分13分，（Ⅰ）小问6分，（Ⅱ）小问7分）

设点A,B的坐标分别为$(1,4)$，$(3,2)$，求：

（Ⅰ）线段AB的垂直平分线方程；

（Ⅱ）过A,B两点且半径为2的圆的方程．